新零售时代零售行业的变革与发展研究

于馨然　殷朝兵　著

中南大學出版社
www.csupress.com.cn
·长沙·

图书在版编目(CIP)数据

新零售时代零售行业的变革与发展研究 / 于馨然，殷朝兵著. —长沙：中南大学出版社，2024.8

ISBN 978-7-5487-5677-4

Ⅰ. ①新… Ⅱ. ①于… ②殷… Ⅲ. ①零售业—商业经营—研究—中国 Ⅳ. ①F724.2

中国国家版本馆 CIP 数据核字(2024)第 018303 号

新零售时代零售行业的变革与发展研究

XIN LINGSHOU SHIDAI LINGSHOU HANGYE DE BIANGE YU FAZHAN YANJIU

于馨然　殷朝兵　著

□**出 版 人**　林绵优
□**责任编辑**　陈应征
□**封面设计**　优盛文化
□**责任印制**　唐　曦
□**出版发行**　中南大学出版社
社址：长沙市麓山南路　　邮编：410083
发行科电话：0731-88876770　　传真：0731-88710482
□**印　　装**　河北万卷印刷有限公司

□**开　　本**　787 mm×1092 mm　1/16　□**印张** 13　□**字数** 280 千字
□**版　　次**　2024 年 8 月第 1 版　□**印次** 2024 年 8 月第 1 次印刷
□**书　　号**　ISBN 978-7-5487-5677-4
□**定　　价**　78.00 元

前　言

大数据与云计算、数字经济时代、“互联网 +”、新零售、5G 网络、人工智能、VR 技术、工业 4.0 时代这几个词已然成为近年来的热词，昭示着一个新时代的到来。面对这波高科技的浪潮，市场云谲波诡，传统商业模式显然不再适用。在这样的环境中，传统零售企业能否顺利转型、不被淘汰，尤其是经营中存在着牵一发而动全身的连锁效应的连锁零售企业能否“杀出重围”，未来又该何去何从，成为摆在零售业从业人员面前的现实问题。

在新零售时代，实体渠道、电子商务渠道、移动商务渠道的融合是大势所趋，电商平台与实体零售店必将从斗争走向融合，渠道边界将不复存在。

零售行业中的企业只有融合线下门店，灵活运用大数据、互联网、人工智能等技术，才能立于不败之地。可见新零售是零售企业转型的方向，传统零售与电子商务在未来都将独木难支，线上和线下全面融合发展，才能让企业站稳脚跟。

本书通过分析零售业的变革以及出现的新零售业态，从新零售核心技术、物流供应链体系、跨境电商平台等方面来阐述新零售的面貌，具体包括以下几个方面。

零售基础篇：本篇旨在为读者介绍零售业的基础知识，让读者深入了解零售的各个方面的知识，并为后续介绍奠定坚实的基础。

技术变革篇：本篇主要对新时代背景下零售行业在变革过程中需要用到的技术进行探讨，包括“互联网 +”、场景技术、全渠道、大数据、VR 技术以及人工智能等。这些技术的创新应用不但加快了零售行业变革的步伐，而且在一定程度上增强了行业整体的先进性与创新性。

零售发展篇：一是就传统零售如何迎接新零售进行了讨论；二是介绍了逐渐占领新零售高地的各类“新物种”；三是围绕共享新零售、社交新零售、红人电商畅想零售行业未来发展趋势。

在新零售概念正式提出后，笔者将新零售最新商业实践的方法论和案例进行梳理和总结，著成此书，相信此书会为新零售趋势下的决策者和从业者提供战略业务的决策参考以及商业实践的落地方法。

由于笔者水平有限，书中难免存在不足之处，欢迎读者批评指正。

目 录

零售基础篇

技术变革篇

零售发展篇

零售基础篇

NEW
RETAIL

第一章　不可不知的零售业知识

第一节　探秘零售与零售行业

一、零售

（一）零售的概念

“零售”伴随着人类文明产生，是最古老的贸易方式。“零售”（retail）不是一个新的词语，它源自古法文动词 retaillier（现代法文 retailler），是“切碎、分割（cut up）”的意思，是一种大批量买进、小批量卖出的商品交易活动。

零售是向最终消费者个人或者社会集团出售生活消费品及相关服务，以供其最终消费之用的全部活动。

商务部流通产业促进中心 2017 年发布的《走进零售新时代——深度解读新零售》报告中对零售的定义如下：“零售是一种直接面对消费者的商品交易方式，基于解决交换双方的‘双向契合’困境而生，即零售商介入买卖之间的迂回交换，使交易双方消除了在产品、时间、地点、数量等方面的‘欲望双重一致性困境’，同时降低了流通费用，提高了流通效率，以更大优势满足消费者需求。”

新零售咨询和研究专家范鹏提出：“零售是将产品和服务出售给消费者，提供个人或者家庭使用，从而增加产品和服务价值的一种商业活动。”①

可以看出，无论人们如何阐述零售的概念，其本质都是生产者对接消费者的过程。

① 范鹏．新零售：吹响第四次零售革命的号角 [M]. 北京：电子工业出版社，2018：55.

（二）零售的特点

1. 交易次数多，交易平均金额小

零售是针对最终消费者的销售活动，它不同于生产制造商、批发商的销售活动。生产制造商和批发商的顾客主要是指生产者或转售者，他们购买产品的目的可能是再生产，也可能是再出售。零售是向最终消费者出售商品，因此人们经常将零售企业的“顾客”概念等同于“消费者”。因为零售主要面对的是数量众多的个人消费者，所以零售的特点是交易次数较多，平均交易金额较小。

2. 既卖产品又卖服务

提供服务是零售企业销售过程中不可或缺的活动，尤其是随着现代社会生产力水平的发展和信息时代的来临，商品同质化严重，任何一种商品在品种、质量和价格方面的优势都在日益弱化，因此零售商之间和相关行业之间都将提高服务质量作为竞争的一个有力手段，这主要表现在以下几个方面。

（1）越来越多的企业开始运用定位战略，以便准确及时地掌握市场需求，销售符合消费者需求的商品。

（2）企业不断研究改进商品的销售方式，形成良好的经营作风和服务理念，不断增强服务意识。

（3）企业不断完善服务环境，通过商品的陈列方式、店堂布局、音乐等营造更具吸引力的购买环境，让顾客在购买的过程中获得美的享受。

（4）服务项目不断创新。

3. 商品组合

当今的市场需求变化快，消费者的需求呈现多样化、个性化和层次化特点，零售商为满足变化中的消费者的不同需求，经营的商品种类既要齐全，又要有畅销商品。

4. 多种业态共存

由于生产力发展水平不平衡，社会经济差距必然存在，与此相关的供与求的状况便有所不同，表现为商品丰富程度和人们的生活质量、生活物资需求量、消费方式等方面都存在差异性。为了满足不同层次、各具特色的社会需求，零售业的多种业态应运而生，并且各种零售业态都受到其目标市场顾客群的认可和支持，从而出现了多种业态并存、大中小型企业同时发展、综合经营与专业经营兼顾的零售局面。

5. 集中控制趋势

规模大、效率高、管理好的大型零售企业在市场竞争中赢得的市场份额正在扩

大，一些中小型的零售企业将被淘汰。

6. 连锁经营

所有大型零售商都是采取连锁经营模式。

（三）零售的功能

零售的功能包括以下几种。

1. 服务功能

（1）零售服务是零售经营活动的基本职能。零售服务的重要性是由零售业本身的特点决定的。零售业是一个与顾客“高接触”的行业，以顾客为导向的经营观念决定了零售服务是零售经营活动的基本职能。顾客选择一家零售商店，一是为了购买让自己满意的商品，二是为了享受商店舒适的环境和周到的服务。在零售企业经营的商品大同小异的情况下，要保持明显的商品差异化优势十分困难，只有在拥有优质商品的基础上，以完善、周到的服务把顾客潜在的需求转化为现实需求，才能形成自己的竞争优势，对商品销售起到强有力的推动作用。

（2）零售服务对企业盈利有着积极作用。良好的服务对企业的盈利有着积极影响。服务本身具有价值，零售服务能增加商品的附加值，减少维护顾客的成本。服务形象的好坏直接影响企业吸引顾客的能力，企业服务水平高，自然会受到顾客的欢迎。服务质量的高低决定了顾客成交率和回购率的高低。优质服务不仅可以留住老顾客，还可以产生好的口碑传播效应，吸引新顾客。国外咨询公司的研究证实，企业的服务质量每提高 1%，销售额即增加 1%；服务人员每怠慢 1 个顾客，就会影响 40 位潜在顾客；而 1 个对服务感到满意的顾客会带来 8 笔潜在生意，其中至少有 1 笔会成交。因此。良好的零售服务能够帮助企业赢得良好的声誉，并通过声誉赢得更大的市场份额，从而有能力比竞争对手收取更高的服务价格。

（3）零售服务能起到防御性营销的作用。良好的服务能起到防御性营销的作用——留住现有顾客，提升顾客忠诚度。顾客不再从这家商店购物或者顾客动摇的现象在零售业中十分普遍。美国福音姆咨询公司在调查中发现，从一家商店转向从另一家商店进行经常性购买的顾客人群中，每 10 个人有 7 个人是因为服务问题。这样，零售商就必须不断吸引新顾客，以替代失去的顾客，这种替代需要付出很高的成本和代价。据估计，在美国，零售商店的一位老顾客会在 10 年内购买平均 50 000 美元的商品，而且忠诚顾客会主动再来购买，因此零售商在他们身上投入的营销成本和销售成本比招揽新顾客所投入的成本要低得多。

2. 消费功能

零售贸易中的商品陈列、广告宣传、现场操作等能唤起潜在的消费需求，培养人们新的爱好和需求，影响消费者的消费倾向、消费方式和消费时尚，为扩大再生产开拓更为广阔的市场，为消费水平的不断提高创造新的物质条件。

3. 市场引导功能

市场引导是以信息采集和规模经营为基础的。零售信息采集和信息反馈能使供应商的生产和经营更适应消费者的需求；而零售商的规模经营，则能使供应商依附于零售商，从而使供应商更自觉地为零售商提供合格的服务。大型零售商对中小型零售商也应当具有引导功能。大型零售商如果能在降低成本的基础上提高服务水平和管理水平，会迫使中小型零售商同样提高服务水平和管理水平，从而使整个零售业的面貌发生根本性改变。这样一方面使零售业的组织化程度大大提高，另一方面由于建立了统一的质量标准和服务标准，会使零售业的经营行为趋向公平、合理、规范，也会增强消费者的信心，提高消费者的满意度。

二、零售业

（一）零售业的概念

零售业是一个古老的行业，并随着社会经济的发展而发展。据记载，我国的商朝时期就有商人和零售商业活动，西方的商行出现较晚，但在近代发展较快。研究零售商业发展的过程，有助于促进我国零售业的快速发展。

零售业是指以向最终消费者（包括个人和社会集团）提供所需商品及其附带服务为主的行业。具体来说，零售业是指通过买卖形式，将工农业生产者生产的产品或服务行业提供的服务直接售给居民作为生活消费用或售给社会集团供公共消费用的商品销售行业。

零售业是一个与普通百姓息息相关的重要行业，它紧贴日常生活消费，是反映一个国家和地区经济运行状况的晴雨表。国民经济是否协调发展，社会结构与经济结构是否合理，会首先在流通领域，特别是消费品市场上表现出来。零售业的每一次变革和进步，都会带来人们生活质量的提高，甚至促使一种新的生活方式兴起。零售业还是一个国家和地区的主要就业渠道。由于它对劳动就业有突出贡献，很多国家甚至把扶持、发展零售业作为解决就业问题的一项经济政策。现在，越来越多的零售商运用先进的计算机技术和各种通信技术对不断变化的消费需求迅速做出反应，这也体现了现代零售业是高投资与高科技相结合的产业。

（二）零售业的特点

零售业在不同时期具有不同的发展特点，总的来看，有以下三个方面的特点。

1. 既是劳动密集型又是技术密集型

传统的零售行业是由劳动密集型企业组成的，现代零售业虽然仍需要大量的服务人员来完成商品的交易过程，但现代零售业态（如超市、便利店等）由于广泛应用新的销售方式（如开架售货）和现代技术，服务人员的数量已经大幅减少。不仅如此，现代零售业也是应用现代技术最快的行业之一，现代通信技术、网络技术、后勤管理技术、条码技术、空间布置设计技术以及物流技术都已经被广泛用于现代零售业中。另外，由于竞争越来越激烈，零售业的营销方式也在不断发展，营销过程中更多地应用了数据分析技术和客户关系管理系统。[①] 总体上说，现代零售企业已经从企业信息化向信息化企业发展。

2. 高度竞争性行业

零售业的竞争主要分为替代性竞争和同业竞争两类。替代性竞争主要是指现代的或新的业态替代传统的或老的业态。在这种竞争中往往是新的业态占据优势地位，但传统业态由于发展时间长，对日常消费的影响也非常大，所以传统零售业态往往具有很强的生命力，零售业业态的更替需要一个漫长的过程。例如，超市替代集市的过程就是一个比较长的过程，集市并不会因为超市的出现和发展而在一夜之间消失。任何一种业态的产生、发展与消亡总是与其社会背景联系在一起的，因此了解某种业态产生和发展的社会背景对洞察该种业态的发展前景具有十分重要的意义。同业竞争是指同类业态的不同经营企业之间的竞争。由于不同业态的竞争结构不同，各种业态中的企业所面临的同业竞争程度也不一样。比如，超市的同业竞争集中在大卖场，因为大型连锁超市业态是外资竞争的焦点，但便利店没有外资大规模进入，同业竞争主要是内资企业之间的规模竞争。当经营业态的发展从快速成长期过渡到稳定成长期后，同业竞争将会比替代性竞争更激烈。取得替代性竞争胜利的关键是一个发挥业态本身的优势，而取得同业竞争胜利的关键是提高竞争企业的核心竞争力。因此，培育企业的核心竞争力才能让企业持续发展。

3. 本土化意识缺乏是目前现代零售业存在的主要问题

当企业进行连锁经营后，就会不断向外扩展，追求规模经济，进而使该零售业态向跨地区、跨国界的方向发展。在向其他地区和国家发展的过程中，由于不同地区和国家之间的文化、经济和政治都存在差异，一种发展模式很难在所有国家和地区都适用，所以必须实施本土化战略。[②] 本土化包括三层含义：一是国家间的本土化，要求跨国经营企业应该在统一的发展模式下建立与异国社会相适应的发展战略与发展模

① 刘月馨，赵莉莉，朱艺．新零售技术与零售业创新路径探索 [J]. 老字号品牌营销，2022（9）：39-41.
② 郑后建．零售企业本土化策略及其反思 [J]. 商学研究，2017，24（6）：5-10.

式；二是地区间的本土化，要求地区性公司在发展跨地区经营业务时，其经营活动必须与该地区的特殊环境相适应；三是店铺间的本土化，要求店铺的经营管理活动与该店铺的条件、环境和员工情况相适应。外资零售企业通过调查和分析，把本土化工作做得越来越细。事实证明，本土化工作做得越细致，越能吸引顾客，否则难以取得好的业绩。因此，本土化已经成为进一步发展零售业的首要工作。

（三）零售业的分类

1. 实体零售业

我国学者对于零售业态的定义分为两种。一种认为零售业态是指为了满足某一特定目标市场需求而形成的零售业态，主要是指各种店铺形态，一般不包括无店铺形态。另一种认为，零售业态以有店铺销售和无店铺销售、面对面销售和自我服务销售以及进货特征为基准，分为多种形式，把无店铺零售包含在内。本书所要研究的“实体零售业”是基于零售业的基本概念和分类提出来的：实体零售业是指其交易的平台为实体店铺，即有店铺零售。

2. 网络零售业

网络零售是伴随电子商务的兴起而出现的一种新型零售业态。根据中国电子商务研究中心发布的《2009 年中国网络零售调查报告》中给出的网络零售定义，网络零售是指交易双方以互联网为媒介进行的商品交易活动，即通过互联网进行的信息的组织和传递，实现了有形商品和无形商品所有权的转移或服务的消费。买卖双方通过电子商务（线上）应用实现商品交易（资金流）、交易信息的查询（信息流）和商品交付（物流）等行为。网络零售也称网络购物，包括 B2C 和 C2C 两种形式。

第二节　零售业态

一、零售业态的定义

“零售业态”一词最早出现在 1965 年的日语汉字词汇中，最初是指店铺的营业形态，后逐步扩展为经营形态。关于零售业态，日本许多学者分别从不同的角度对其进行了分析，其中比较具有代表性的有消费者需求学派、企业经营形态学派、企业经营战略学派和广义狭义学派。其中，消费者需求学派认为零售业态是指与消费者的购买习惯的变化相适应的零售经营者的经营形态；企业经营形态学派认为零售业态是指具有相同经营方式和相同经营技术、方法的零售商业机构的集合；企业经营战略学派认为零售业态是指零售经营者关于具体零售经营场所——店铺的经营战略的总和。除此之外，兼村容哲等日本学者还从广义和狭义两个角度来理解零售业态，从狭义角度来看，零售业态是指销售层面上的营销要素组合形式或为消费者提供各种零售服务的店铺，而广义角度的零售业态不仅包括狭义角度的零售业态，还包括支持狭义零售业态运营的运营组织和所有制形式等。因此，从狭义的角度看，百货商店、超级市场和购物中心等是零售业态，但从广义的角度看，不但百货商店、超级市场和购物中心等是零售业态，而且自由连锁店、特许连锁店和正规连锁店等也是零售业态。

深受日本学者的影响，我国学者在相当长的一个时期内都是使用"零售类型"或"零售种类"等词语来研究零售产业的。20 世纪 80 年代以后，我国学者对日本零售产业研究成果进行介绍，引入"零售业态"一词。"零售业态"在学术界得到了广泛的认可和使用，并逐渐取代了"零售类型"或"零售种类"等词语。对于"零售业态"的理解，我国学者充分借鉴和吸收了日本学者的研究成果，目前比较有代表性的定义是以孙明贵为代表的企业经营形态学派的观点，其认为零售业态是零售店铺的形态与经营方式的结合。①

以吴小丁为代表的企业经营战略学派认为不同的组合和内容形成不同的零售业态。具体说来，针对特定的目标市场，经营者通过对店铺选址、价格策略、店铺设施和附加服务等进行决策来促进消费者购买商品，这些决策的结果就形成了零售业态。以清华大学经济管理学院中国零售研究中心的李飞为代表的消费者需求学派认为，零售业态是指零售企业为满足消费者需求而形成的经营形态。而我国国家标准《零售业态分类》（GB/T 18106—2021）中有关零售业态的定义则综合体现了消费者需求学派、企业经营形态学派和广义狭义学派的思想，其将零售业态定义为"为满足不同的消费需求，商品零售经营者对相应要素进行组合而形成的不同经营形态"。

从以上分析可以看出，随着零售产业的发展，零售业态的定义也在不断变化，但这些定义大体上都是基于企业经营战略、消费者需求、企业经营形态和广义狭义这四个学派的思想展开的。尽管企业经营战略学派和消费者需求学派的定义已经蕴含着演化的思想，但现有零售业态的定义都不能完整地体现零售业态演化的特征。因此，笔者根据本书的研究需要，以企业经营战略学派、消费者需求学派、企业经营形态学派和广义狭义学派等四个学派的思想为基础，尝试从零售业态演化的现象中提炼出零售业态的定义，具体如下：零售业态是指企业为了应对市场竞争以及创造消费需求进行相应的要素组合而形成的不同零售经营形态。该定义以我国国家标准《零售业态分类》（GB/T 18106—2021）中对零售业态的认识为基础，突出了零售业态演化的思想。具体来说，一方面，为了应对市场竞争，现有零售业态会不断自我完善，反映了零售业态被动演化的渐变过程；另一方面，为了创造消费需求，新的零售业态会不断被创造，反映了零售业态主动演化的突变过程。

① 夏春玉．零售业态变迁理论及其新发展 [J]. 当代经济科学，2002（4）：70-77.

二、零售业态的构成要素

零售业态主要由6个要素构成——产品、服务、价格、店址、环境、沟通，如表1-1所示。

表1-1 零售业态的构成要素和主要维度

构成要素	主要维度
产品	品类数量（宽与窄）
	某类单品数（多与少）
	商品性质（食品、一般商品）
	商品质量（高、中、低）
	品牌归属（自有、代理、其他）
服务	服务范围（自我服务、有限服务、完全服务）
	人员服务（理货、导购、顾问）
	结算方式
	营业时间（8～12 h、16 h以上）
	顾客管理（非会员制、会员制）
	服务效率
价格	价格水平（高、中、低）
	促销方式（打折、酬宾）
店址	店铺区位（居民区、商业区）
	店铺地址（独立店、购物中心）
	商圈范围（500 m、2000 m、5000 m）
	停车场（无、小、大）
环境	店铺规模（大、中、小）
	店铺布局（宽敞和拥挤）
	商品陈列（十分讲究、一般、不太讲究）
	休闲设施（有、无）
	后台设施（仓店合一与仓店分离）
沟通	沟通方式（直达信函、报纸广告、电视广告、手机广告）
	沟通内容（促销活动与形象宣传）

零售业态由以上6个要素构成，这些要素本身的发展变化以及它们的组合方式发生变化都会演化出新的业态，这就使得零售业态多种多样，错综复杂。因此，与其他行业形态相比，零售业态具有多样性与动态性。

三、零售业态的分类

现代生活中人们所能够接触到的零售业态大多起源于美国，因此虽然世界各国在零售业态的分类上各有特点，但业态的划分都是参照美国零售业态的分类方式进行的。在学术研究中，美国学者经常以所有权形式和有店铺零售、无店铺零售战略组合为标准对零售业态进行分类，但在商业统计中，美国的相关机构并没有单独对零售业态进行分类统计，而是将零售业态和零售业种合并在一起进行统计。此外，美国人口统计局对零售业态的分类主要是以经营的商品类别为标准，包括服装店、餐饮店、食品商店、建材五金商店、家居商店等。日本在大力引进美国零售业态的基础上，结合本国的实际情况，对零售业态进行了适当的发展创新，其零售业态具有混合性特征。在学术研究中，日本学者常常以营业形态、经营形态和企业形态为标准对零售业态进行分类；而在商业统计中，日本通商产业省（现改组为经济产业省）则将零售业态划分为百货店、专业店、便利店、综合超市等。

尽管美日等国的零售业态分类不尽相同，但是通过分析，可以发现他们的分类有两个特点：一是选择的分类标准不同，零售业态的分类就会有所不同。由于各个国家的实际情况不同，零售业态的分类标准也多种多样，主要包括按店铺形式、商品类别和组织形式等进行划分；二是即使按照既定的分类标准对零售业态进行划分，零售业态的分类也存在着不同的层级。例如，零售业态按照店铺形式可以分为有店铺零售和无店铺零售，同时有店铺零售和无店铺零售又可以根据经营方式、商品结构、服务功能、目标顾客、店堂设施等进行更为具体的分类。基于这两点认识，结合我国零售业态发展的实际情况，可按不同标准对零售业态进行分类，结果如表 1-2 所示。

表 1-2　零售业态的分类

分类标准	一级分类	二级分类
店铺形式	有店铺零售	食杂店、专业店、专卖店、便利店、折扣店、百货店等
	无店铺零售	电话购物、电视购物、自动售货亭、网上商店、邮购等
组织形式	单店	—
	连锁店	直营连锁店、自愿连锁店、特许连锁店
聚集形式	独立店	—
	购物中心	社区购物中心、市区购物中心、城郊购物中心等
	商业街	步行街、半步行街、非步行街等
交易媒介	实体零售	便利店、专业店、百货商店、超级市场、购物中心
	网络零售	C2C、B2C 等

按照店铺形式，零售业态主要可划分为有店铺零售和无店铺零售。其中，有店铺

零售是指有能满足商品陈列、展示和销售等需要的固定空间和场所，并且商品交易行为主要在这一空间和场所内完成的零售业态。根据商品结构和店堂设施，有店铺零售又可细分为食杂店、便利店、专卖店、专业店、折扣店、百货店、仓储会员店、家居建材商店、超市、大型超市、购物中心和厂家直销中心等业态。无店铺零售是指由商家将商品直接送至消费者手中，而不需要在固定的空间和场所进行商品交易的零售业态。根据经营形式和服务功能，无店铺零售又可细分为电话购物、电视购物、自动售货亭、网上商店、邮购和直销等业态。

按照组织形式，零售业态主要可划分为单店和连锁店。单店是指仅有一个店铺的零售业态；连锁店是指为了实现规模经济效益，若干个经营同类商品的企业以某种形式组合成一个联合体，通过联合体对各个企业进行集中化管理和专业化分工，从而把各个企业独立的经营活动组合成联合体的规模经营活动的零售业态。连锁店又可具体细分为直营连锁店、自愿连锁店、特许连锁店等业态。

按照聚集形式，零售业态主要可划分为独立店、购物中心和商业街。独立店是指在一定范围内没有其他的零售业态，从而独立为消费者提供服务的零售商店。购物中心是指为了向消费者提供综合性服务，将不同种类的零售店铺和服务设施集中在一个建筑物内或一个区域内，并对其进行有计划的开发、管理和运营的商业集合体。根据购物中心的规模和功能，购物中心又可细分为市区购物中心、社区购物中心、城郊购物中心、工厂直销中心等业态。商业街指一定数量的商店聚集形成的街道或区域，是供人们购物的场所。根据交通环境、规模、结构等，可对商业街进行进一步分类。商业街依据交通环境，可划分为步行街、半步行街和非步行街等业态；依据规模可划分为大型商业街、中型商业街、小型商业街等业态。

按照交易媒介，零售业态主要可划分为实体零售和网络零售。实体零售是指以实体商店为媒介进行交易的零售业态。根据目标顾客、商品结构、价格策略、服务方式等因素，实体零售又可细分为便利店、专业店、百货商店、超级市场、购物中心等业态。网络零售是指以互联网为媒介向最终消费者进行商品或服务交易的零售业态，即买卖双方通过互联网进行商品信息的组织和传递并达成交易，最后通过物流进行商品配送，从而完成整个交易过程的新型零售业态。根据商业运营模式的不同，网络零售一般可划分为消费者对消费者（customer to customer, C2C）和企业对消费者（business to customer, B2C）两种形式。

第三节　零售环境

环境是影响一个零售商行为的重要因素，零售商所处的环境会在很大程度上影响管理层的决策。

一、社会、文化与人口环境

社会、文化与人口因素的变化对所有的产品、服务、市场和消费者都会产生重大的影响。所有行业中大、中、小型营利性和非营利性组织都将面临由这些变化带来的机遇与挑战。人口总量、年龄结构、地理分布、家庭组成、性别结构、教育水平、宗教信仰、价值观念、消费习惯、消费潮流、购买习惯等社会、文化与人口因素正重塑当代人的生活、工作、生产和消费方式，因而要求有新的产品、新的服务和新的企业经营战略。

消费者可支配收入的增加意味着消费者购买力的增加，会促进零售业的发展；人口的增长意味着零售市场规模的扩大；人口年龄结构的变化意味着零售商要按照各年龄段顾客的不同需求来采购商品、设计店面；家庭规模的缩小意味着零售商在商品采购、商品陈列方面需要不断地调整策略；人口受教育程度的提高意味着消费者在消费的时候更加理性。

随着人口、购买力、动机的变化，再加上外来文化、价值观念的冲击和融合，消费者的价值取向也在不断地变化。现代消费者变得越来越理性，对国内乃至世界范围内的商品和服务有了更多的了解，想要得到更详尽的商品和服务信息，同时表现出个性化的消费倾向，更加关注购物乐趣。现代消费者出现了在家中购物的趋势，消费者的社会意识、环保意识也在不断增强。

二、经济环境

经济环境可直接影响各种经营战略的潜在吸引力。例如，如果利率上升，资本扩张所需要的资金就会更不容易得到；利率上升还会使可支配收入减少和对非必需品的需求下降。股价上升时，以发行股票作为开发市场的融资渠道的愿望就会更为强烈，市场的高涨也会使消费者和企业的财富增加。众多复杂的经济因素会影响零售商采取的战略，如利率、消费者收入水平和支出结构、通货膨胀率、税率、财政政策、货币政策、国内生产总值、汇率、进出口总量、关税、世贸组织协议等。

中国改革开放 40 多年来，经济的高速增长促使人们收入水平较大幅度提高。但是，人们收入水平的提高并不意味着零售商的收益是增加的，人们收入水平下降，也不意味着零售商收益会相应减少，因为消费者的支出不是随收入水平的提高而同等幅度增加的。

德国统计学家恩斯特·恩格尔（Ernst Engel）曾对比利时不同收入水平的家庭进行调查，结果发现收入分配与收入水平相适应并形成一定比率。此比率的变化情况如下：收入增加，食物方面支出所占比率趋于减少，教育、卫生与休闲支出所占比率上升。这便是恩格尔定律。

当前，经济全球化的影响不容忽视，它使世界各国的经济更紧密地联系在一起，互相制约，互相依存。中国加入世贸组织后，中国的经济更容易受到世界经济的影响。在这种复杂多变的经济形势下，机遇和挑战并存，零售商必须具有正确的认识和准确的判断，制定相应的发展战略和经营策略。

三、竞争环境

竞争是商品经济的基本特征。企业在开展经营活动的过程中，不可避免地会面临竞争。在零售市场上，不仅存在着同一业态零售商之间的竞争，还存在着不同业态零售商之间的竞争、来自潜在竞争者的竞争等。此外，随着顾客需求的变化和新的零售形式、技术的出现，零售业竞争已经超越了国界，零售市场的竞争变得更加激烈了。

从 20 世纪 90 年代初开始，以连锁方式发展的超市在中国兴起，年均增长速度高达 70%，尤其在北京、上海、广州等经济发达地区，其增长速度更快。零售门店的增加也加剧了零售市场的竞争。

四、技术环境

技术的应用是零售商竞争优势的来源之一，了解技术的发展情况并利用相关技术不断改进管理方式是十分必要的。毫无疑问，技术进步使得零售商和供应商以及零售商和顾客之间的信息交流更加顺畅，交易更加便利，运营更加高效，决策更加快捷准确，存货管理更好，工作效率更高。

目前，零售商正在不断尝试将新技术引入公司的运营管理和决策中。例如，运用 POS 系统可以使顾客更快地进行交易结算，并且出错率比手工结算的出错率要低得多。电视会议已被像沃尔玛、彭尼等这样的大型零售商所采用，该技术将零售店员工与公司总部连接起来，可以更好地培训员工、传播信息、激励员工。零售商还使用计算机制订员工工作时间表，进行财务记录，确定打折时间以及在其他方面提高生产率。

然而，让零售商头疼的是，技术发展得太快，几乎每天都会有新的软件和设备进入市场。虽然现在的零售商能够得到更多、更具体的针对零售商的技术，如规划店内装饰的软件、数据库管理系统和节能恒温器等，但是零售商是否应该亦步亦趋地采用这些新技术?

一般来说，研究先进技术是否应该在零售商经营中应用，需要考虑以下四个方面的因素。

第一，先进技术的价格和更换旧技术的代价如何。尽管先进技术的价格在持续下降，但有时采用一种先进技术取代旧技术所花费的人力、物力和财力的成本仍然使该种先进技术的应用不太值得。

第二，零售商必须界定清楚技术和人的角色，并使技术与组织使命、行业类型相一致。尽管技术能帮助零售商提高为顾客服务的水平，但它也会出现故障，一些顾客仍然会认为技术是非人性化的或者是很“冷漠”的。因此，先进技术的采用应最小限度地打扰供应商、员工和顾客。

第三，顾客是否希望采用这一先进技术使他们能够很快完成交易，并获得购买产品的反馈等。如果顾客期待采用这一先进技术，即使只是为了竞争，零售商也不得不采用。

第四，采用先进技术对零售商而言，能否获得不同以往的竞争优势。

五、政治环境

政治环境指零售企业面临的外部政治形势，主要包括社会性质、政治体制、政府政策等方面。这些因素的变化可能会给零售企业带来机会、风险和损失。

首先，零售企业必须考虑欲进入的市场所在国家的政治状况，它的社会性质和政治体制。通过对这些因素的研究，可以更好地了解这个国家的贸易法令、政策规章等，分析和估计进入这个市场的可能性和前景。其次，零售企业还必须考虑欲进入市场所在国的政治风险。政治风险主要来自两方面：一方面是国家政策的改变、政权的更替等。在这些因素中，又以国家政策的改变最为常见。由于其具有强制性，企业必须按照规定办事。政治形势和政策的变化往往有一个发展过程，所以企业要认真地研究分析政策的变化趋势。另一方面，如果企业的经营行为违反了法律法规，或损害了当地主要利益集团的利益，就会陷入政府干预的风险之中。

中国目前有较好的政治环境，政府对零售业大力支持等，为零售企业的发展提供了一个良好的经营环境。与此同时，中国的零售企业也面临很多的威胁。当前，国外零售巨头纷纷进入中国市场，给中国零售企业带来了前所未有的挑战。

六、法律环境

法律环境是指零售企业所在国家或地区的法律、法令等。这些法律法令等是政府为了保护企业公平的竞争环境、消费者利益、社会利益不受失去约束的商业行为侵害而制定的。任何零售企业总是在一定的法律环境中开展经营活动的，因此企业必须研究和熟悉这些法律，既要保证自身严格依法管理和经营，又要善用法律武器来保护自身合法权益不受侵犯。

不同的国家有不同的法律环境。例如，瑞典政府曾规定，只有已建立的商店才被许可在新的建筑区域开设新的商店；在法国，要开设新商店时，必须证明新店的建立不会对市中心的零售商产生影响，其原因在于某些商业的成功可能会对社会商业发展产生不利影响，如大量店铺倒闭，城市和社会环境被破坏等；许多欧洲国家出于环境保护目的，通过严格的住宅区法案来保护绿地，禁止在郊区发展大商场。因此，零售企业必须熟悉各项与零售业有关的法案，才能更有利于自身的发展。

中国已经颁布的与零售业相关的法律法规有《中华人民共和国商标法》《中华人民共和国食品卫生法》《中华人民共和国专利法》等，这些法律都从不同角度影响着企业的经营活动。

第四节　零售战略

一、零售战略的含义

在市场经济环境下，零售企业要生存、发展，关键之一就是要重视和切实制定零售战略。零售战略（retail strategy）是零售企业进行经营活动的总体计划和行动纲领。[①] 它将零售企业在战略期间的经营宗旨、目标、重点的具体活动等简明扼要地提出来，描绘出一张未来的蓝图。

零售战略具有显著的特点。首先，它要求零售商必须认真研究其所处的经济环境、法律环境和竞争环境。其次，它分析零售企业与竞争对手相比所具有的竞争优势，哪些方面对目标消费者具有吸引力。最后，它能使零售企业的全部经营活动协调进行，可以预见并规避风险。

二、零售战略的层次

在业务多元化的零售企业中，企业战略包括公司层战略、事业部战略和职能级战略三个层次，如图 1-1 所示。

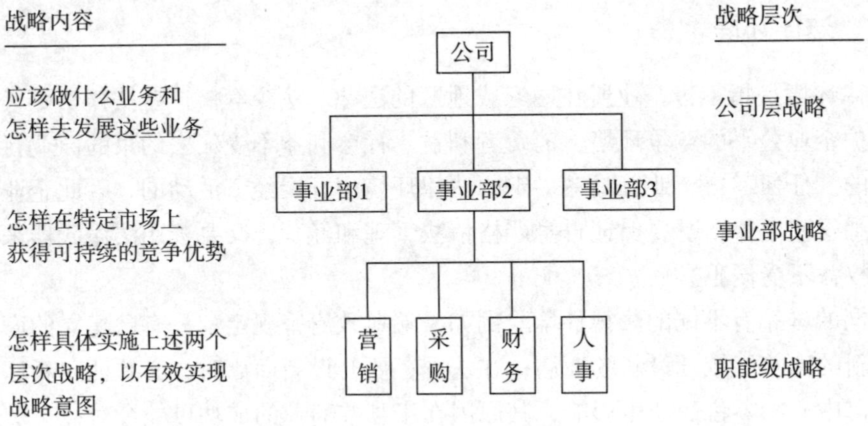

图 1-1　战略层次

（一）公司层战略

公司层战略是企业整体的战略总纲，主要任务是明确企业宗旨和组织整体的长期目标；为各个业务单位制定与战略相关的长期管理战略；识别新的发展区域，把企业

① 杨明．论零售企业的营销战略和管理 [D]. 武汉：华中师范大学，2013.

的资源与环境提供的机会匹配起来；为各业务单位分配组织的资源，制定协调各部门活动的策略。[①]

（二）事业部战略

事业部战略是在公司层战略的指导下，经营管理某个特定的业务经营单位的战略计划，是公司战略之下的子战略。它说明一个业务经营单位在企业层战略中的地位和任务，如何增加与竞争对手不同的优势、展开竞争。事业部战略解决的问题是业务经营单位试图吸引哪些消费者、有哪些竞争对手以及怎样向消费者传递价值。

（三）职能级战略

职能级战略是为贯彻、实施和支持公司层战略与事业部战略而在企业特定的职能管理领域制定的战略。企业各层次职能部门根据其职能战略采取行动，集中各部门的力量，支持公司战略的实施，促进企业战略的完善，保证企业战略目标的实现。职能级战略由一系列详细的方案和计划构成，涉及企业经营管理的所有领域，涉及财务、销售、公共关系、采购、储运和人事等各部门。职能级战略实际上是公司层战略、事业部战略与实际达成预期战略目标之间的一座桥梁。

三、零售战略的制定

零售战略的制定指零售商制定战略性零售计划的一系列步骤，如图 1-2 所示。零售商通过这一过程来确定目标市场，决定采取何种零售方式，以获得长远的竞争优势。

下面本书将结合某精品连锁店重新制定零售战略的过程，讨论零售战略的制定过程。该精品连锁店有三家规模达到 80 m^2 的分店，一家设在购物中心，一家设在繁华的商业街，还有一家设在商务区。该精品连锁店经营各式各样的商品，包括精致的陶瓷和玻璃制品、挂饰、艺术盆景、手工工艺品、首饰、手表、文具等商品，目标客户是那些愿意花费 100 ～ 1000 元购买精品的高收入人群。虽然该精品连锁店的营业成本较低，但公司没有计算机存货控制系统和顾客信息管理系统，开业两年来经营状况平平。因此，零售商决定重新制定零售战略。

---

① 刘治江 . 研究企业战略是企业家的重要任务 [J]. 经营与管理，1987（11）：36-37.

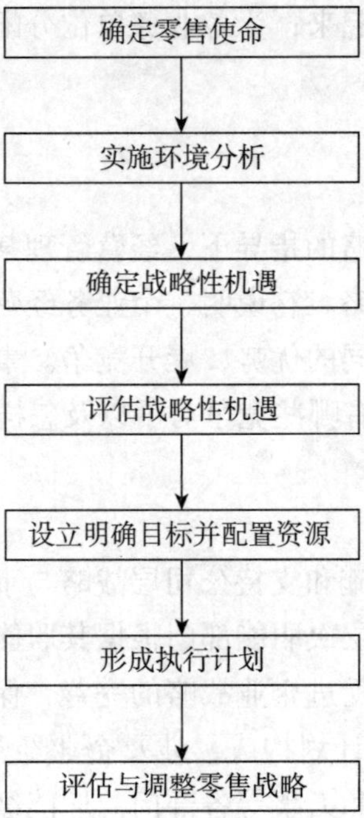

图 1-2　零售战略的制定流程

（一）确定零售商的使命

零售商的使命是制定零售战略的基础，零售战略的制定和实施都是围绕零售商的使命展开的。零售商的使命各不相同，下面首先对零售商的使命进行分析。

1. 影响因素

零售商的使命阐明了企业存在的目的，阐明企业经营什么、顾客是谁。零售商使命的形成受四方面因素的影响。

（1）零售商的历史。零售商过去的经营状况在很大程度上影响其零售使命的确定。这是因为零售商过去的经营状况会使它在某一领域形成自己的特征和优势，如保证低价、优良服务或具有供应链整合优势等，零售商自然会根据这些特征和优势来选择零售使命。

（2）管理者和所有者的偏好。零售管理者和所有者的个人偏好、目标和观念等会在一定程度上影响零售商使命的确定。例如，风险承担型的管理者倾向于确定激进的企业使命；风险规避型的管理者倾向于确定保守的企业使命。

（3）市场环境。环境的变化既会给零售商带来机遇，又会给零售商带来威胁，所以零售商必须根据市场环境中各个因素的变化来调整零售使命。

（4）零售商的资源。一定的财力、物力、人力和无形资产是零售商完成其使命的保证。因此，零售商确定使命时，必须充分考虑自身资源与使命是否适应。

零售商的使命和零售战略是相互影响的，零售商使命的修改会导致整个零售战略的重新制定，零售战略中某一阶段的调整也可能促使零售商重新审视他们的使命。

2. 使命陈述

使命陈述是对零售商的活动目标和它计划展开的活动范围的一般性描述。该精品连锁店确定的使命是成为商店所在地区高档精品零售企业的带头人，并最终实现每年50万元到100万元净利润的目标。该精品连锁店在其使命陈述中表明不会考虑商店所在地以外的零售机会、低价商品的销售机会和那些可能阻碍其实现每年50万元到100万元净利润这一目标的机会。

（二）实施环境分析

环境分析是指为确定零售机会，确定不同市场中消费者的需求，以及评估为满足这些需求所需的能力而进行分析的过程。环境分析包括宏观环境分析和微观环境分析两方面。

1. 宏观环境分析

宏观环境分析，即PEST分析。P是政治（politics），E是经济（economy），S是社会（society），T是技术（technology），PEST分析即对上述宏观环境因素进行分析。零售商在制定战略时要考虑各项相关法规，如《中华人民共和国消费者权益保护法》等。另外，经济环境的好坏会直接影响零售商的各项活动：经济发展良好时，消费者消费欲望强，消费能力高，市场潜力大，会为零售商创造战略机会；反之，则会给零售商带来威胁。社会文化的差异会造成消费者行为的不同，也是零售商制定战略时需要考虑的因素。新技术的出现也会给零售商带来机会和挑战。例如，因特网的广泛使用促使网络零售这一新的零售业态出现，给传统实体零售商带来很大的冲击。

为了评估宏观环境对零售商的影响，零售商在分析每一个环境因素时需要思考下面几个问题：外部环境中可能发生的新的发展或变化是什么？这些环境变化发生的可能性有多大？影响这些变化发生与否的关键因素是什么？这些变化将会对每一个零售市场、零售商及其竞争对手产生什么影响？

该精品连锁店在进行环境分析时，最关心的是精品零售业中网络零售商和电视直销商带来的潜在威胁。因为大多数顾客购买精品是作为礼品送人，即使能看见并触摸到商品，他们也无法预测收到礼物者对商品的感觉，所以他们并不一定非要亲自去商店挑选商品，这使得精品零售方式在向电子化方向发展。另外，电子零售商能够高效地收集顾客信息，然后在送礼时间将近时确定促销目标。但与此同时，经济和社会文化的变化也为该精品连锁店带来了机遇。随着经济的发展和消费者收入的增加，消费者越来越关心自己的生活质量，关注与他人的关系。因此，精品市场越来越具有发展潜力。

2. 微观环境分析

（1）行业竞争力分析。零售行业的吸引力极大地影响着零售战略的制定，甚至可能迫使零售商完全撤出市场。哈佛大学教授迈克尔·波特提出了一个分析模型——波特竞争力模型，认为行业内竞争者现在的竞争能力、潜在竞争者进入的能力、替代品的替代能力、顾客讨价还价的能力、供应商讨价还价的能力这五种力量影响了行业的竞争强度。

①行业内竞争者现在的竞争能力：零售行业的竞争对手众多，各零售商之间的竞争十分激烈。零售商要提高竞争力，需要进行差异化经营，提供与竞争对手不同的产品和服务。同时，还需要通过降低成本、提高效率等措施来提高自身的竞争力。

②潜在竞争者进入的能力：零售行业的进入门槛较低，潜在竞争者众多。为了提高竞争力，零售商需要密切关注市场变化，及时调整经营策略，增强自身的竞争力。

③替代品的替代能力：随着互联网的普及、电商的崛起，以及新零售等新业态的兴起，替代品的威胁越来越大。为了提高零售行业的竞争力，零售商需要积极探索新零售模式，提高自身数字化能力和营销创新能力，以适应市场变化。

④顾客讨价还价的能力：顾客是零售行业的核心，提升顾客满意度和忠诚度是零售商提高竞争力的重要手段。零售商可以通过提高产品品质、优化服务体验、提供个性化定制服务等方式来满足顾客需求，提高顾客满意度和忠诚度。

⑤供应商讨价还价的能力：供应商是零售行业的重要组成部分，对零售商的供货能力和成本控制有着重要的影响。为了提高零售商在本行业的竞争力，零售商需要与供应商保持密切合作，提高供应链效率，降低成本。

零售商需要从上述五个方面入手进行分析，并采取相应的措施来增强自身的竞争力和市场影响力。该精品连锁店在分析中发现，尽管商店所在地区同等规模的精品连锁店很少，但仍有一些顾客可以从其他零售商那里买到这些商品。该精品连锁店确定自己主要的行业竞争对手是百货商店的精品部和工艺品商店，潜在竞争对手是网络精品零售商。该精品连锁店认为应该通过管理顾客信息来支持精品的销售。精品供应商的分散和大型供应商的缺乏使供应商的议价能力不强。最后，虽然消费者会在传统节日选择应节食品作为礼品馈赠亲友，但精品仍然是消费者送礼品时的主要选择。总体来说，高级精品连锁行业目前的竞争并不是十分激烈，它本身有一定的竞争力。

（2）自我分析。自我分析是零售商针对自身的优势和劣势所进行的一种内部集中分析。对这些优势和劣势的分析使零售商知道应该如何把握机遇，同时知道应该如何避免外部环境的威胁。自我分析通过评价自身的资源特征和能力水平，发现与竞争对手相比自身的独特之处或不足之处，从而确定自身的核心竞争力。资源可以是有形的，也可以是无形的，零售商的有形资源包括以下几个方面。

①店址。零售商店的位置及仓库大小和位置是有形的资源。在购物区占据一流位置的零售商会有显著的营销优势。另外，仓库大小和位置也是一种影响零售商发展的资源。

②财务资源。战略能力将由零售商现有或可获得的财务资源决定。对流动资产，尤其是存货和包括工资在内的支出费用的良好控制能力，是零售商的重要战略能力。

③人力资源。员工技能、员工的组织和协作在零售活动中起到重要的作用。销售人员连接着顾客和零售商，他们的服务技能在赢得顾客忠诚度时起到关键作用。采购人员的采购技能和仓管人员的管理技能对零售商也相当重要。

④信息系统。信息系统可以用来进行销售和存货管理，它的成功设计和应用有助于零售商及时对市场潮流和顾客最终的满意程度做出预测和反应。

零售商的无形资源包括经营管理能力、经营管理方式、声誉、品牌形象、企业文化等。无形资源难以被竞争者模仿，一经形成，就是零售商独特的竞争优势。因此，零售商要深入分析和了解自己的无形资源优势。

自我分析考虑的应该是零售商每种资源与其能力的相关性，而不是列出所有资源和能力的清单。单独的资源或能力很容易被竞争者复制，如零售店址、店面设计、信息系统等，但这些资源或能力被优化配置后，却可以成为零售商难以被竞争者复制的优势。该精品连锁店的自我分析如表 1-3 所示。

表 1-3　某精品连锁店的自我分析

项　目	特　点
店址	极佳：该精品连锁店各店所处的地点都很好，商务区的商店便于上班族购买，在商业区的商店位于交通要道，购物中心的商店位于市内高客流地区
财务资源	好：该精品连锁店没有债务，并与当地银行保持着良好的关系
人力资源	有限：商店经理中有两位管理能力出色，另外一位经验稍显不足；店员非常关注顾客需求，对公司忠诚，人事变动率低
信息系统	差：该精品连锁店顾客数据库的利用率较低
经营管理能力	一般：该精品连锁店提供的商品缺乏特色，但能与供应商保持极佳的合作关系；员工与顾客的偷窃行为极少发生
品牌形象	一般：该精品连锁店提供的商品档次不一，使顾客对其定位模糊不清；商品售出后没有为顾客提供其他服务

（三）确定战略性机遇

在完成环境分析后，下一步是认清零售战略性机遇。该精品连锁店的战略性机遇如表 1-4 所示。

表 1-4　某精品连锁店的战略性机遇

战　略	战略性机遇
成本领先战略	扩大现有商店的规模，并增加店内商品的数量
	在现有商店内出售低价精品或新开出售精品的商店
	利用互联网销售相似的精品
差异化战略	减少经营的商品种类
	明确商店专卖高级精品的定位
	为顾客提供家居装饰和选购礼品方面的专业意见
集中化战略	将分店集中开在高级购物场所
	建立顾客信息管理系统

（四）评估战略性机遇

零售战略制定过程的第四阶段是对确定的战略性机遇进行评估，评估结果将决定零售商能否建立核心竞争力，以及能否抓住机遇，获得长远利益。因此，零售商必须从市场吸引力、自身竞争力和与使命的一致性这三方面对机遇进行评估。该精品连锁店对其战略性机遇的评估如表 1-5 所示。在市场吸引力方面，实施差异化战略和集中化战略的优势更大；在自身竞争力方面，实施差异化战略的优势更加明显；在与使命一致性方面，差异化战略和集中化战略与使命一致，成本领先战略与使命不一致。显然，实施差异化战略是该精品连锁店的最佳选择。

表 1-5　某精品连锁店对战略性机遇的评估

战略性机遇		市场吸引力	自身竞争力	与使命一致
成本领先战略	扩大现有商店的规模，并增加店内商品的数量	中	中	否
	在现有商店出售低价精品或新开出售精品的商店	低	低	否
	利用互联网销售相似的精品	高	低	是
差异化战略	缩小经营的商品种类	高	高	是
	明确商店专卖高级精品的定位	高	高	是
	为顾客提供家居装饰和选购礼品方面的专业意见	高	中	是
集中化战略	将分店集中开在高级购物场所	高	中	是
	建立顾客信息管理系统	高	低	是

（五）设立明确目标并配置资源

在评估了战略性机遇后，要根据评估结果确定一个特定的战略目标。零售商的整体目标包含在零售使命中，战略目标是指那些衡量整体目标实现进程中的具体目标。

因此，战略目标包含三个组成部分：所追求的目标、一个实现目标的时间框架和实现目标所需的投资水平。

零售战略目标是零售商在一定时期希望达到的经营目的。在零售商期望达到的众多目标中，以下是主要考察的四个目标。

1. 销售额与市场占有率

销售额是指企业在一定时间内通过销售商品或提供服务获得的货币收入的总额。市场占有率表明零售商占该行业总销售额的比重。稳定增加的销售额与提高市场占有率是零售商追求的目标。

有些零售商把销售额的增长作为衡量业绩的最重要的战略目标，强调短期利润或局部利润，所以积极开设分店，寻求地理扩张，以达到增加销售额或提高市场占有率的目标，但盲目追求高销售额和市场占有率会导致零售商内部资源无法支撑目标的实现。

该精品连锁店的战略目标是投资 100 万元进行战略重整，以实现在新战略实施后第一年的市场占有率达到 30%，并以每年 20% 的速度递增，在第五年市场占有率达到 60%。

2. 利润

利润目标是零售商主要考虑的第二个战略目标。利润是零售商经营活动所得的收益减去支出。任何零售商都必须获得一定利润，以维持生存。

3. 公众满意度

如今，公众对零售商提供的商品或服务的满意度越来越受到零售商重视。零售商所关心的公众包括股东、顾客、供应商、员工以及政府。其中，顾客满意是公众满意的关键和基础。现代零售竞争就是争夺顾客，所以零售商在确定战略目标时，必须将顾客满意这一目标放在优先地位。

该精品连锁店的战略目标是通过售前的消费者调查、售中的热情服务和售后的积极跟进，获得较高的消费者满意度。

4. 零售商形象

零售商形象指顾客、社会团体或组织对零售商的印象。在消费者的消费日趋理性化的今天，零售商良好的形象是一笔无形资产和一种难以复制的竞争优势。该精品连锁店的战略目标是塑造高档、可靠和具有个性的商店形象。

总之，零售商在制定零售战略的过程中，要根据企业的外部环境和内部资源来确定相应的战略目标。同时，战略目标必须是根据零售商确定的使命设定的，必须与使命保持一致。

（六）形成执行计划

零售战略制定的第六个步骤是针对确定好的目标，制订执行计划。执行计划就是通过开展一系列的零售活动来实现所定的目标。

（七）评估与调整零售战略

零售战略制定的最后一个步骤是对战略执行的结果进行评估，并根据评估结果做出相应的调整。如果零售商实现了甚至超额完成了战略目标，那么零售商会对零售战略更有信心，会更加坚定地执行零售战略。如果零售商没有实现战略目标，那么其需要对整个零售战略的制定和执行进行审查和分析。一般情况下，审查和分析从零售战略的执行情况开始。如果零售战略的执行没有出错，表明零售商需要对其零售战略甚至使命重新进行考虑，然后根据考虑结果，决定是否要开始新一轮零售战略的制定。

在实际的零售战略制定过程中，这些步骤是相互影响的。例如，在制订执行计划的过程中，零售商可能发现要实现目标必须分配更多的资源。如果零售商的资源不足以支持该零售活动，那么零售商就需要修改目标或者考虑放弃这一目标。

四、零售战略的实施

零售战略实施就是将零售战略付诸实施，因此它比零售战略的制定更加重要。

（一）零售战略的实施阶段

零售战略实施过程是一个自上而下的动态管理过程。[①] 所谓“自上而下”主要是指，零售战略目标在零售企业高层达成一致后，向中下层传达，并在各项工作中得以分解、落实。所谓“动态”主要是指在零售战略实施的过程中，常常需要在“分析—决策—执行—反馈—再分析—再决策—再执行”的不断循环中达成战略目标。零售战略实施有四个彼此关联的阶段——战略发动阶段、战略计划阶段、战略运作阶段和战略控制与评估阶段。

1. 战略发动阶段

在战略发动阶段，企业的领导人要研究如何将企业战略的目标转化为企业大多数员工的实际行动，调动起大多数员工实施新战略的积极性和主动性，转变不利于战略实施的旧观念和旧思想，以使大多数人逐步接受新的战略。对于一个新的战略，在开始实施时通常会有相当多的人有各种疑虑，因此要向广大员工讲清楚企业内外环境的变化给企业带来的机遇和挑战、以往战略存在的各种弊病、新战略的优点以及存在的风险等，使大多数员工能够认清形势，认识到实施战略的必要性和迫切性，树立信

① 蒋晓辉．基于企业战略规划的动态管理与实施程序分析 [J]. 财讯，2021（15）：104.

心；打消疑虑，为实现新战略目标而努力奋斗。

2. 战略计划阶段

在战略计划阶段，将经营战略实施过程分为若干个战略实施阶段，每个战略实施阶段都有相应的目标、政策措施、部门策略以及方针等。要定出各阶段的时间表，要对各阶段目标进行统筹规划、全面安排，并注意各个阶段之间的衔接，远期的目标方针可以概括一些，但是近期的目标方针则应该尽量详细一些。战略实施的第一阶段应该使新战略与以往战略有很好的衔接，以减少阻力和摩擦。第一阶段的目标及计划应该更加具体化和具有操作性，应包含年度目标、部门策略、方针等，使战略最大限度地具体化，使企业各个部门可以具体操作。

3. 战略运作阶段

企业战略的运作主要与下面六个因素有关：各级领导人员的素质和价值观念；企业的组织机构；企业文化；资源结构与分配；信息沟通；控制及激励制度。通过这六个因素，战略真正落实到企业的日常生产经营活动中，成为制度化的工作内容。①

4. 战略控制与评估阶段

战略是在变化的环境中实施的，企业只有加强对战略执行过程的控制与评价，才能适应环境的变化，完成战略任务。这一阶段主要包括建立控制系统、监控绩效和评估偏差、控制及纠正偏差三个方面内容。

（二）零售战略的实施要素

零售商实施零售战略必须考虑两个方面的因素。

1. 可控因素

可控因素也称为零售组合，是指零售商按照经营战略的原则要求，将零售店的地理位置、商品、价格、服务、店铺设计以及促销手段等协调配合、综合运用的总称。可控因素可分为以下四类。

（1）零售选址与业务经营，如店址的选择、店铺规模、建筑物样式及各种设施设备的选择、人力资源管理、组织结构模式、营业时间、业务预算、储运、设备维修等。

（2）商品与服务，如经营商品或服务的广度、深度、质量决策，存货水平、进货，经营调节等。

（3）商店设计与形象，如通过对店铺外观和内部进行设计与布局，营造店铺氛围，塑造店铺形象。

① 杜志渊 . 企业实施经营战略应考虑的因素 [J]. 山东经济，2002（1）：75.

（4）价格与促销，如价格水平、价格制定与调整、零售广告、公共关系、人员推广等。

上述可控因素有利于零售商实施零售战略。

2. 不可控因素

不可控因素主要包括顾客、供应商、竞争对手、技术、产品生命周期、宏观经济及区域经济状况、天气和季节性因素、法律限制等。例如，经营花卉、生鲜食品、服装、节日用品等商品的零售商无法控制天气的突变和季节的演进，只能力求降低经营风险，而无法消除风险。

零售商在实施零售战略的过程中，必须调整零售战略中的可控因素，以尽量减少不可控因素给经营活动带来的影响。

（三）零售战略实施的原则

在零售战略的实施过程中，应遵守以下三个基本原则。

1. 适度合理性的原则

由于经营目标和零售战略的制定过程中受到信息、决策时限以及认识、能力等因素的限制，对未来的预测不可能很准确，所制定的零售战略也不一定是最优的，而且在战略实施的过程中，可能出现企业外部环境及内部条件的变化较大、情况比较复杂等问题，只要在主要的战略目标上基本达到了预期目标，就应当认为这一战略的制定及实施是成功的。

2. 统一领导、统一指挥的原则

对零售战略了解最深刻的应当是零售企业的高层管理人员。一般来讲，他们要比企业中下层管理人员以及一般员工掌握的信息多，对企业战略的各个方面的要求以及相互之间的关系也了解得更全面，对战略意图体会最深，因此战略的实施应当在高层管理人员的统一领导、统一指挥下进行。只有这样，企业资源的分配、组织机构的调整、企业文化的建设、信息的沟通及控制、激励制度的建立等各方面才能相互协调、有条不紊地进行，才能使企业为实现战略目标而有效地运行。

3. 权变原则

零售战略的制定是基于一定的环境条件假设的，在战略实施中，事情的发展与原先的假设有所偏离是不可避免的。战略实施过程本身就是解决问题的过程，如果企业内外环境发生变化，以致原定的战略不可行，那就需要对原定的战略进行调整，这就是战略实施的权变原则。权变原则适用于零售战略实施的全过程。

第二章　新事物：新零售的诞生记

第一节　三大变革催生新零售

一、消费变革

（一）消费 4.0 时代悄然到来

随着科学技术的发展，生产效率和交易效率不断提高，中国居民的消费形式持续变化，消费从 1.0 时代进入 4.0 时代，消费驱动也经历了从“价格”到“品格”再到“格调”的变化。

1. 消费 1.0 时代——计划消费

在消费 1.0 时代，消费者和柜台服务员隔着长长的柜台进行交易，消费者把手中的粮票、布票、煤油票等递给柜台服务员，以换取柜台上的东西，这就是中华人民共和国成立初期人们的消费形式——计划消费。在计划经济体制下，市场供需由政府严格把控，大量生活用品采取配额制供给。商品种类稀少，选择范围狭窄，消费者只能被动地按计划进行消费。消费 1.0 时代还不是市场经济，在计划经济体制下，商品通常有价值，而没有市场价格，产品大多数用于分配，而不是用于交易。

2. 消费 2.0 时代——自由选购

随着经济体制的改革和生产力的发展，人们的生活水平逐渐提高，消费 1.0 时代的消费模式越来越不能满足人们的消费需求。为了满足人们的基本消费需求，商品的销售与购买渠道开始变得多元化，消费步入可以自由选购的 2.0 时代，消费者开始关注与产品配套的服务。

3. 消费3.0时代——品质消费

随着科技的进一步发展，产能开始出现过剩的情况，商品种类越来越多，供给渐渐大于需求。物质的丰富推动了人们消费观念的改变，人们开始追求消费的品质和服务的质量。为了满足人们多样化的消费需求，各种百货商场、超市、便利店等大量出现，消费至此从自由选购的2.0时代进入品质消费的3.0时代，消费者可以在全球范围内购买自己想要的商品。

4. 消费4.0时代——个性消费

随着“80后”“90后”甚至“00后”成为主要消费群体，互联网时代个体开始崛起，消费者需求变得多元，呈现出长尾趋势，消费升级促使更多的消费者开始追求商品的附加值。[①] 品质、审美，甚至是人格认同，都已成为消费的动因，越来越多的人购买一种商品或服务是出于喜爱，而并非需要，消费更加注重个性化、情感化和社交化。随着消费动机的改变，“冷冰冰”的标准化的产品将逐步被“有温度”的定制化的非标准化产品所替代。在《DT研究院》的新品调研中，八成左右为“90后”“95后”和“00后”，购买意愿最高的新品品类TOP5分别是衣服（61.2%）、化妆品/护肤品（55.7%）、食品饮料（49.5%）、鞋（42.6%）和手机（41.3%）。

在消费4.0时代，大众消费愈发趋于个性化。消费者需要个性化的产品，要求产品不仅仅在功能上解决他们的某个痛点，还要在情感上让他们产生一种“连接感”，消费就是要有“格调”。产品打造需要从三个层面来实现：物理层面要求“有用”，至少要有3个功能差异点；化学层面要求“有趣”，能够与消费者愉悦地交互；社会层面要求“有爱”，即有情怀，寻找文化与情感的共鸣点，形成有共同价值观的群落。

消费的变化深深地倒逼着业态的变革。以购物中心为例，如果将单纯的购物场所打造为能引起人们心灵共鸣的生活化场景，它就更加具备了情感的温度。在购物中心1.0时代，消费者需求比较简单，目的性比较强，购物中心的业态基本上是以零售为主，只是为了满足消费者基本的生活需求。在购物中心2.0时代，消费者开始出现多样化的诉求，购物中心开始细化市场需求，明确定位，配上主题，引进新品牌，注重差异化，打造一站式购物中心。购物中心3.0时代电商兴起，消费模式不断变化，购物中心也大幅度增加了体验式业态，注重消费者体验。而当购物中心已经远远不能满足消费者消费升级迭代的需求，不能引起消费者的心灵共鸣，或者满足其情感需求的时候，从场所到场景的购物中心4.0时代就已经来临了。

（二）崛起的年轻消费群体

在数字技术的推动下，中国消费市场快速升级，形成了全新的消费市场结构和消

① 吴少欣. 个性化消费时代下的消费者行为研究[J]. 福建质量管理，2019（7）：58，9.

费者行为。

在不知不觉中，以“95后”为代表的新一代消费者，正在以惊人的成长速度和庞大的人群规模，接棒成为消费的主力人群，他们的消费习惯和需求将成为预判消费趋势的重要参考。

据2020年相关数据统计，“95后”出生人口已经接近全球人口的1/4，其中中国“95后”人数高达2.6亿。那么“95后”到底是怎样的一群人？

他们是互联网原住民，热爱网购，与智能手机形影不离，习惯通过互联网获取信息；他们大多数是家里的独生子女，良好的家庭条件使他们的消费倾向更高；他们是社交活跃者，自我意识和个性较强；他们偏爱直播、短视频，内容消费更加碎片化和视觉化；“95后”也爱追星，粉丝经济的崛起和演出市场的繁荣和他们有很大的关系；“95后”大多爱玩游戏，但他们不仅仅关注游戏本身；另外，“95后”还很懒，懒人消费的兴起也与他们有关……

“95后”究竟是如何花钱的？他们的消费习惯到底是怎样的？

一是品质消费正在成为常态。这一代的“95后”出生于人均可支配收入较高的时期，他们享受了良好的经济发展福利，消费倾向较高。同时，独生子女的占比较高，良好的家庭条件使他们的消费观也与父辈不同。

第一财经商业数据中心发布的《2016年进口消费洞察报告》显示，“95后”对于进口品质产品的购买力远超其他年龄段人群。世界著名咨询公司罗兰贝格通过调研发现，截至2016年底，中国的千禧一代人均月收入6726元，人均月支出4386元，收入支出比达到3∶2。

在基本物质生活需求得到充分满足的背景下，与上一代相比，他们在消费过程中，对自我的消费需求、消费喜好非常清晰，喜欢购买适合自己的产品，并且不再只限于满足基本生活需要，而更加注重商品和服务质量，更加注重品牌和美誉度，追求品质生活。

同时，“95后”消费者也更愿意与品牌商沟通其喜好，交流关于商品和品牌的想法，并愿意参与产品及服务的设计过程。

二是移动社交购物时代的来临。作为互联网原住民的“95后”，除了社交聊天，还要社交购物。与“80后”“90后”主要聚焦微信、微博和QQ空间不同，约三分之一的“95后”青睐直播类、视频类平台。短视频和社交网络偏碎片化的信息更适合“95后”随时“刷”和分享。相关数据显示，“95后”的短视频月人均播放次数和播放时长均为“95前”的1.8倍；直播的月人均播放次数是“95前”的2倍。极强的分享意愿和多种社交渠道令“消费”与“社交”捆绑，在与家人、同学、朋友分享某件商品的时候，“95后”消费者更容易受到分享带来的刺激和影响，从而增加购物的冲动，俗称“被种草”。① 而购物之后，往往都会进行分享，最后变成了“分享—购

① 罗冰．在线社交、平台类型与消费意向关联性分析[J]．商业经济研究，2021（1）：86-89.

买—分享—再购买”的裂变模式。

他们“种草”意愿强烈，并且拥有很强的品牌传播和种草能力，去中心化和点对点的传播方式将更能打动他们。

此外，在社交购物中还有一个很重要的购物诱因——意见领袖（KOL）。尤其在各类自媒体、博主盛行的当下，一些社交圈子的建立都是聚集于某个公众号、某个微博号或是某个博主，这在美妆圈、时尚圈尤为明显。

三是“懒人经济”崛起。“懒人消费”是“95后”消费者的另一重要特征。“懒人经济”是一种新型消费需求，从本质上讲是由人们想省时省力、图方便的想法催生的。随着生活节奏的加快，人们把越来越多的时间花在了工作、通勤和社交生活上，越来越不愿意花时间自己动手，互联网的出现也使年轻人追求简单、快捷的生活方式，于是“懒人经济”应运而生。

尤其是进入移动互联网时代后，网购、外卖以及跑腿业务等服务如雨后春笋般涌现，持续满足“懒人”足不出户的全方位生活需求，推动了“懒人经济”的快速发展。

2018年淘宝发布的《懒人消费数据》显示，2018年中国人为“偷懒”花了160亿元，较上年增长70%。多属“躺平生物”的“95后”人群需求增长最快，增幅为82%，其中懒人家具用品增长了28%，肥宅快乐椅、懒人饮料帽、懒人刷牙器、懒人免洗喷雾、懒人嗑瓜子神器是淘宝热搜的懒人神器。

四是超前消费越来越被追捧。“超前消费”正在成为“95后”消费趋势的关键词之一。

在中国，月收入4000元以上的年轻人办理信用卡的比率已超过76%，超前信用消费已被大部分中高收入的年轻人所接受。事实上，各类互联网金融平台凭借其低门槛、高效率的特点，让许多囊中羞涩的年轻人有了更多“买买买”的“资本”。

而这样的超前消费行为也反映出当今社会消费观念和文化的变迁。不同于走储蓄消费路线的父辈和祖辈，越来越多的“95后”选择超前消费。这种变化的根源一方面在于，“95后”这一代成长在物质相对丰富的时代，缺少关于贫穷的记忆。另一方面在于，其父母多数能够在经济上给予帮助，使得“95后”缺少对负债危险性的认识。

蚂蚁花呗联合DT财经发布的《2017年中国年轻人消费生活报告》显示，中国近1.7亿“90后”中，超过4500万人开通了花呗，也就是说，平均每4个“90后”中就有1个人在用花呗进行消费。

当然，超前消费也存在着许多问题，如存在过度消费、盲目消费、攀比和炫耀性消费等问题，让部分年轻人深陷入不敷出的还款焦虑。专家指出，“超前消费”有其存在的合理性，追求消费带来的物质和精神享受并没有错，但是不能过度，量入为出是需要遵循的基本准则。[①]

新时代消费者的崛起正在倒逼零售业不断升级转型，不知从何时开始，一些新兴

① 游士兵，黄静．超前消费的理论前提和动作要点[J]．统计与决策，2000（9）：2.

体验业态悄然出现在各大购物中心。南京的水游城和河西金奥国际购物中心在商场里建起了“农场”。在水游城 1000 m^2 的屋顶农场里，顾客可以看到挂在枝头的果蔬。金奥国际购物中心的五楼中庭是近 100 m^2 的室内生态互动体验种植区，玻璃屋顶下种满花草，吸引了不少热爱植物的父母和孩子。虚拟现实（VR）主题体验馆、新密室逃脱、跨境电商体验店等新业态也纷纷在商场内跑马圈地。京东全球购、中粮我买网、苏宁海外购、聚优澳品等多家跨境电商企业分别进驻了国内多家大型商场，成为跨境电商 O2O 门店，消费者络绎不绝。

（三）消费者主权时代，消费者为体验买单

1.“丰饶经济”让消费选择多样化

丰饶经济学（the economics of abundance），或叫富足经济学，是《连线》主编克里斯·安德森（Chris Andersen）挂在嘴边的词汇，自从写了《长尾理论》之后，他更把丰饶经济学视作发现长尾理论的基础。在他看来，从传统意义上去理解经济，是对生产资料和稀缺资源的整合分配，谁能捕捉到匮乏资源便成为赢家。传统意义上的经济主要考虑资源获取与配置，谁能获得稀缺资源并合理整合，就能成为市场的赢家，因为产品只要生产出来就不愁销，可以轻易在市场上“出清”。丰饶经济时代的消费者选择面更宽，消费逻辑是市场上堆积了各种产品等待消费者选择，是完全的买方市场，此时的消费者俨然成了一个挑剔的鉴赏家，用近乎苛刻的眼光审视诸多商品。

2.“信息经济”消除了信息不对称

从前，卖方在交易关系中具有信息优势，他们清楚成本，掌握价格，甚至行业内还可以通过“价格卡特尔”的方式设置一个竞争的底线，各自守住一块市场，其乐融融。然而，互联网时代让商家走向一个平台，而且是一个红海竞争的市场，商家开始内讧，不断暴露成本信息。更重要的是，消费者通过 Web3.0 的网络传播方式，开始眼观六路，耳听八方，仿佛拥有了千里眼、顺风耳，变得更加明智，开始知道商品成本、知道质量。信息不对称的现象逐步消失，消费者在消费过程中越来越拥有主导权。

3.“注意力经济”让商家难以控制舆论

注意力经济指企业最大限度地吸引客户或消费者的注意力，通过培养潜在的消费群体，以期获得最大未来商业利益的一种特殊的经济模式，对于解放创意产业生产力，增进消费者选择权利，具有积极的现实意义。Web1.0 和 Web2.0 的技术可以让商家用上“高音喇叭”，只要愿意付钱，就可以实现信息的定向推送，就可以买到注意力。过去“今年过年不收礼，收礼就收脑白金”的狂轰滥炸式的广告让全国人民都知道了脑白金，当然也成就了它的销售传奇。然而，Web3.0 是双向甚至多向的互动社

交，再也没有门户网站或者电视广告可以拥有如此垄断的话语权了。消费者可以选择自己是否相信，甚至一个差评就可能毁掉一个品牌。无论是什么品牌，只要没有赢得信任，走进消费者的内心，消费者就不会买。如果反复推送信息，引起消费者反感，他们就会取消关注，屏蔽信息。

消费主权时代，消费者追求的其实是体验，即产品的体验、服务的体验，并为体验买单。消费者似乎真正成了“上帝”，好的体验会在群体中迅速“引爆”，口碑营销让传播像病毒一般迅猛。当然，糟糕的体验也会在群体中传播，引起众怒。从消费变革的角度来看，新零售是一场围绕着“体验”的革命，谁能在消费主权时代获得信任，谁就占据了竞争的主导权，就能成为领导者。围绕着这次体验革命，零售的渠道也在持续变化，以适应消费的变革。

二、技术变革

未来，新技术将改变人类生产和生活的方方面面，也推动着零售行业的变革。

（一）大数据、云计算技术让精准营销成为可能

新科技带来的最大变化是提升了消费者体验、运营效率，改变了消费者的消费场景。在消费者端，新科技可以大幅提升消费者体验。例如，在亚马逊的无人超市，消费者不用排队，也无须等待结账。传统的实体零售店最大的痛点是不能有效收集、监控消费者行为，无法精细化运营，但电商可以通过对数据的收集分析，进行精准的商品推送、关联，通过大数据监测消费者的购买行为，优化营销方案，建立精准的消费者画像。新零售有一个非常典型的变化，就是充分重视数据的收集、挖掘与使用，此前主要是电商企业在运用数据驱动业务，现在大量实体企业也开始从数据中寻找驱动力了。

屈臣氏引入科技公司 Rubikloud，将大数据应用于零售业务，辅以机器学习及数据图像化，提升顾客体验及运营效率。这家公司可以在整合数据的基础上，为顾客量身打造推广策略，提升推广成效。早些年的时候，阿里巴巴集团控股有限公司（以下简称“阿里巴巴”）充分运用了自身的交易数据，提供多种分析工具，为商家赋能。这种数据可以发现新老客户的变迁情况，掌握具体品类与产品的销售情况，找出最有效果的营销方式与流量引导渠道。这种数据驱动策略目前已经被大量零售企业应用。

大数据技术不仅可以帮助企业掌握交易情况，制定精准营销策略，还可以帮助企业掌握消费者的潜在需求，以消费者为导向设计产品，研究发展趋势。目前，大量线下品牌依然忽略了数据的收集与使用，没有建立收集到店顾客、成交顾客信息的机制。即使有收集，也缺乏后期的价值挖掘与精准营销。例如，一个消费者可能多次在同一个商家那里买过东西，有时在线上购买，有时在线下购买，但商家缺乏统一的数据库，“识别不出”这是同一个人，导致无法清晰地掌握顾客状态，这种问题正是大数据可以解决的。例如，卡西欧在智慧门店的部署中，利用最新的移动互联网、大数

据、云计算和物联网等技术，为新零售注入强大动力。基于英特尔硬件基础架构和数据分析能力，可以实现在吸引客流、提升消费体验的同时，提升对消费者洞察和精准营销的能力。

无论是理念的变革还是商业模式的创新，零售以消费者为中心的本质不会变。未来零售企业的竞争力不再是价格、商品、营销，而是对消费者的洞察以及分析数据的能力，这也是未来零售企业的核心竞争力。

（二）商业智能使消费体验极致化

商业智能是个很宽泛的概念，简要地说，就是人工智能在商业中的运用，商业智能目前主要的运作场景、应用领域就是在零售业。零售行业是对技术触觉最为灵敏的行业之一，会根据市场的迭代做出快速反应。从采用 POS 机、条形码、嵌入 RFID 等技术到电商热、O2O 模式重构，再到如今 AI 助力的新零售，零售行业一直积极运用新技术。不过无论零售业的模式如何改变，都离不开其实质：商家以更低成本获取更多的需求信息，更精确地分析需求信息，更快地反馈需求信息，从而节省时间和成本，提高效率；顾客消费需求更精准地被满足，买到性价比最高的东西。而人工智能（AI）也只有从零售行业本质入手，解决行业痛点，才能实现整个业态的变革。

1. 人工智能造就智慧门店

AI 落地零售行业场景非常多，较为成熟的场景包括智慧门店、智能买手、智能仓储与物流、智能营销与体验、智能客服。[①] 在这五大部分中，智慧门店是业内重点探索的领域，是技术综合应用的体现。无人值守便利店 Amazon Go 是对智慧零售门店管理的一种理想状态的实践探索，消费者用手机扫码进入，并登录自己的 ID，就可以选择商品，实现线下选购、线上结账。智媒云图人工智能工作室经采访调研发现，目前 AI 实际落地门店主要是通过摄像头的图像识别、人脸识别进行辅助管理的。例如，在百货商场不同的门上装好摄像头后，能通过图像识别相关技术，对人流做评估，也可为安全疏散提供决策建议，减少人力巡店成本。据了解，未来的智慧门店将结合摄像头的图像识别、情绪识别，与移动端的管理 App 协作，实现远程店面管理。

2. 人工智能优化供应链管理

除智能门店外，AI 在优化后端的供应链上有着广阔应用空间，其核心为合理控制库存。[②] 通过智能买手，便可对接整个供应链。例如，过去采购人员采购水果，需要先考察果农，了解产量，结合店内销售数据下订单。如果能够利用 AI 相关技术，对接门店销售数据、天气数据、汽车交通数据、种植数据，就可以实现产品组合优

---

① 吴勇毅．人工智能造就新零售帝国，你准备好了吗？[J]. 销售与市场，2018（10）：50-54.

② 沈知寒．人工智能型企业的供应链管理问题探讨 [J]. 市场周刊（理论版），2021（18）：42-43.

化，自动采购，采购后物流部门自动运输、自动销售。在这个过程中，机器扮演了买手的角色。据了解，以上这样的采购系统已经在国外一些大型线下超市发挥作用，中国的一些大型超市近年也已开始采用。射频识别（RFID）是产品电子代码（EPC）的物理载体，附着于可跟踪的物品上，可全球流通并被识别和读写。这个系统基本可以代替人工，实现智能盘点货物。如今亚马逊、京东都已经建立了无人分拣系统，所有商品由机器分拣，分拣完后放在传送带上打包，最后发货。

人工智能还可以真正解决零售供应链中的牛鞭效应，实现所谓的供给侧改革。牛鞭效应是指从零售商经过分销商、经销商最后传递到品牌商的过程中，每一层级对需求的粗放预估偏多造成的整个产能过剩、产品滞销现象。它是市场营销中普遍存在的高风险现象，是销售商与供应商在需求预测修正、订货批量决策、短缺博弈、库存责任失衡和应对环境变异等方面博弈的结果，增大了供应商的生产、供应、库存管理和市场营销的不稳定性。例如，零售商根据消费者反馈预估单个商品销售 5000 件，向上传递给分销商订货，分销商自动多加 1000 件，每一级经销商都自动多加 1000 件预定量，最后传递到品牌商，预估的生产需求就比真实的市场需求放大（1000× 渠道层级）。按照这样的预定数量生产，商品进入流通后，各级渠道消化不了就会产生滞销，成为库存，而库存是拖垮品牌商的“达摩克利斯之剑”。如果可以实现整个供应链的可视化，有大数据的市场预测，就可以更准确地知道行业内某一个商品的市场需求。行业根据需求去做采购和资金准备，商品的价格自然会降低，商品质量、毛利、客户体验自然会提高。

3. 人工智能优化客户服务

对于零售领域，客服不可或缺，人工智能客服的应用降低了人工客服的工作量，提高了解决问题的效率。过去，人工智能客服只能用于解决客户向公司提出的咨询和投诉，且仅支持文字回复。如今人工智能客服面向千万商家，具备自然语言处理能力和深度学习技术。它可以对商品有关问题进行回复，并根据客户信息为其推荐能满足其个性化需求的产品，还能提供修改订单、退货和退款等服务。此外，优化顾客体验是 AI 落地零售行业的重要场景之一。系统根据顾客的浏览记录、购买记录等线上行为判断顾客的喜好或需求，向顾客推荐其可能会购买的商品，提高顾客需求与商品供给的匹配性，以此提高成交量。

京东商城 50% 的约 300 万个最小存货单位（Stock Keeping Unit, SKU）已经实现人工智能采销，尤其在图书、快速消费品领域，几乎全部实现系统自动预测、补货、下单、入仓、上架，京东几百个仓之间货品调配的所有指令全部由机器完成。未来在采销业务中应用人工智能将成为大趋势。一个成熟的采销人员面对 100 个 SKU 已经是极限，像快速消费品、图书这种上千万个 SKU 的品类，让采销人员采销将产生极其庞大的人力成本。相比较而言，人工智能做选品、计划、定价、库存管理，可以让每个商品的销售都实现最高的效率、最低的成本。未来，传感信息系统、电子标签信息系统和摄像（声音）系统三者之间，既会交互也会共享，还会彼此补充，共同形成零售的海量、动态的信息的集合。这样一来，对于商店的经营者来说，线下的店和网上的店就没有区别了，线下甚至比网上的店更有优势，因为销售人员对顾客的行为（包括行为背后的动机）会有更加真切的把握。

4. 人工智能将成为未来零售业的超级大脑

零售前端面向用户的是电商平台、淘宝店、超市等形态和场景，后端是一套复杂的物流仓储体系，用于调配商品，使商品以最快的速度向消费者流动。整个物流网络连接用户和商品的时效性越高，体验就越好，流转的效率越高，成本就越低。阿里巴巴的菜鸟、京东物流在零售领域的竞争最终是后端供应链体系的效率的竞争。京东的仓储布局有三四层，需要一个超级大脑来决定商品的流向、数量和布局，而这显然不是人脑可以完成的，需要人工智能来实时计算和预测调配。基于这个超级大脑，机器人、无人机、无人仓将让整个商品流通变得更加高效。京东的 Y 事业部作为京东的人工智能部门，正在做以下几件事：第一是洞察消费者需求；第二是根据消费者的需求做预测；第三是根据预测选品、定价，做自动化库存。人工智能会成为零售的大脑，将能实现智能的销售分析、商品分析、顾客分析、供应商分析、人员分析等多方面的功能，真正实现零售智能化、体验极致化。

（1）销售分析。主要用于分析各项销售指标（如毛利、毛利率、坪效、交叉比、进销比、盈利能力、周转率、同比、环比等），而分析又可从管理架构、类别、品牌、日期、时段等维度进行，这些分析维度又可采用多级钻取，从而进行相当透彻的分析；根据海量数据，可产生预测信息、告警信息等分析数据；根据各种销售指标，还可产生新的透视表（如最常见的 ABC 分类表、商品敏感分类表、商品盈利分类表等）。

（2）商品分析。商品分析的主要数据来自销售数据和商品基础数据，据此产生以分析结构为主线的分析思路。主要的分析数据有商品的类别结构、品牌结构、价格结构、毛利结构、结算方式结构、产地结构等，通过对商品广度、商品深度、商品淘汰率、商品引进率、商品置换率、重点商品、畅销商品、滞销商品、季节商品等多种指标的分析，指导企业调整商品结构，提升商品的竞争能力，进行合理配置。

（3）顾客分析。顾客分析主要指对顾客群体的购买行为的分析。如果零售商有会员卡，可以通过会员登记的月收入来区分；如果没有会员卡，可以通过小票每单金额来做假设。据此还可进行更细致的划分，如喜欢什么样的商品、购物时间习惯、用什么方式来支付、有哪些消费习惯等。此外，还有商圈客单量分析、商圈里的购物高峰分析、假日经济对企业的影响分析等。

（4）供应商分析。通过对供应商在选定的时间段内的各项指标（订货量、订货额、到货时间、库存量、退换量、销售量、销售额、周转率等）进行分析，为供应商的引进、储备和淘汰（或淘汰其部分品种）及库存商品的处理提供依据。主要分析供应商的组成结构、供应商的送货情况、供应商所供商品情况（如销售贡献、利润贡献等）、供应商的结款情况等。比如，有些供应商所提供的商品销售得一直不错，在某个时间段里的结款非常稳定，而这个供应商的结算方式是代销，那么如果资金不紧张，而这个供应商所供商品销售风险又小，就可以考虑将代销改为购销。

（5）人员分析。通过对公司的人员指标进行分析，特别是对销售人员指标（着重看销售指标，毛利指标为辅）和采购员指标（销售额、毛利、供应商更换、购销商品数、代销商品数、资金占用、资金周转等）的分析，达到考核员工业绩、提高员工积极性、为人力资源的合理利用提供科学依据的目的。

（三）VR/AR 是未来消费体验升级的终极武器

国内互联网巨头都在虚拟现实（VR）行业积极布局，将自己定位为平台，通过开放平台来促进 VR 硬件和内容的开发，最终通过 VR 来丰富自己的业务使用场景。例如，阿里巴巴不仅接连投资了几个增强现实（AR）项目，还推动了 Buy+ 的落地。阿里研究院的《新零售研究报告》认为，VR 技术将会成为类似 PC 的网络入口。未来人们躺在家里戴上 VR 头戴式显示器，就可以直接“穿越”到商场、购物街、超市、美食店、体验店等任何场景，如亲临购物场景一般，选择心仪的商品，眨眨眼或动下手指就可以下单，省下不少精力时间。VR 的新零售应用领域主要是 Buy+ 购物、汽车试驾、旅游体验等方面。AR 技术除了常规视觉或常规取景器外，叠加虚拟图像信息图层，可广泛应用于零售升级。

虚拟现实技术是促进新零售消费模式全面发展的重要技术，可以让消费者完全到达一个真实模拟的商场，消费者可以看到商品价格、产品材料、生产地，同时可以试穿、试玩等，随心选择需要的商品，支付完成后，只需要在家等着物流送货上门。VR 购物比传统电商购物更加真实和令人兴奋，产品展示方式从电商平面海报展示转变为 VR 的 3D 立体互动呈现，消费者更能沉浸在购物的氛围中。意大利的 inVRsion 发布了一款名为 ShelfZone 的 VR 软件，用来解决零售商和零售公司制作 3D 商店、购物中心的问题。一旦 VR 技术在购物领域的应用走向成熟，那么新零售使实体和虚拟融合就是水到渠成的事情了。

在阿里巴巴和百联集团的畅想里，未来的南京路将是无处不在的，人们既可以通过互联网和高科技，躺在家里逛遍南京路，又会被极致的到店体验吸引出门，跟家人和朋友一起享受逛的乐趣。不想出门时，无论身在世界何处，只要戴上 VR 眼镜，就能瞬间“穿越”到南京路，挑选购买街边的小吃和永安百货的新款商品。

（四）DT 时代：从“互联网 +”到“大数据 ×”

数据处理技术（data technology, DT）时代是以服务大众、激发生产力为主的技术时代。人类正从 IT 时代走向 DT 时代。以大数据技术为代表的 DT 时代变革，表面上是对过去技术的提升，实际上和人们所熟知的 IT 时代是两个时代。IT 时代是让自己更加强大，DT 时代是让别人更加强大；IT 时代是让别人为自己服务，DT 是去服务好别人；IT 时代让 20% 的企业越来越强大，80% 的企业可能无所适从，而 DT 时代则有可能释放 80% 企业的能力，带来翻天覆地的变化；IT 时代把人变成了机器，而 DT 时代把机器变成了智能化的人。未来制造业的最大能源不是石油，而是数据。

未来，计算能力将成为一种生产能力，而数据将会成为最大的生产资料。有了计算能力和数据以后，人类世界会发生翻天覆地的变化，人类将会从“由外看”转变为“由内看”。人类对于内心世界的了解很浅薄，而数据会使人类对自身的了解更加深入。DT 时代是客户体验至上的一个时代，这需要数据计算能力的提升，云计算将成为一个可能的开始。对零售而言，DT 时代究竟是怎样的一个时代？

现在是一个 DT 的时代，这体现在什么方面？本书用“三化”建设来总结。第一，数字化。数字化在进行着飞跃式的发展，所有的媒体都在往数字化方向发展，最重要的是人的数字化，而这个是最难做到的。第二，程序化。因为有了技术，所以人们能够做到很多以前做不到的事情，如千人千面、定向识别等。第三,一体化。打通整个链条，将整个购买过程中的消费者连接起来，而不是割裂开来。随着经济的发展和人民生活水平的提高，从以往的需求大于供应的卖方市场到趋于供需平衡，再到供应大于需求的买方市场，大量的同质化商品已经不能满足消费者多样化、个性化的需求。

DT 时代最了不起的是利他思想，IT 时代是让自己越来越强大，目的是知道别人不知道的东西，而 DT 时代是只有相信自己的员工、自己的客户、自己的合作伙伴比自己做得更好，才有可能使自己强大起来。DT 时代不是技术的变革，而是思想的变革，不是因为人和机器的关系发生了变化，而是人与人的思想发生了变化，人与人之间的关系发生了变化。值得庆幸的是，中国拥有全球第一的人口基数和全球第二的经济规模，具备发展大数据、走进 DT 时代的天然优势和基础，这是保证大量数据来源的坚实基础。同时，中国拥有全球第一的互联网用户数和移动互联网用户数，加之国土面积广、经济体量大，这些海量数据资源和应用需求潜力都是其他国家难以企及的。

“互联网 +”的本意是指互联网、云计算、大数据等创新科技的进一步发展，会推动传统行业的转型升级，带来巨大的价值。互联网和传统行业的加法是物理反应，是运用比较简单的互联网手段，例如网络直销、微博传播，获得明显的竞争优势。DT 时代将是“互联网 ×”，进入了互联网下半场，互联网真正要做的是乘法，用网络协同和数据智能完成对传统零售行业的解构和重构。

第二节　如何理解新零售

一、新零售概念的“横空出世”

未来，线上与线下零售将深度结合，再加上现代物流，服务商利用大数据、云计算等创新技术，构成未来新零售的概念。“新零售”概念抛出后，迅速引起了大众的热议。尽管目前业内对新零售的概念没有形成统一的认识，但是毋庸置疑的是，它代表着一种趋势，这一趋势就是从价格消费时代向价值消费时代转变和升级。

新零售是指企业以互联网为依托，利用先进的技术手段，如大数据、人工智能等技术，对产品的生产、流通和销售过程进行升级和改造，进而对业态结构和生态圈进行重塑，并对线上服务、线下体验以及现代的物流行业进行深度融合的新型零售模式。

具体来说，新零售是以消费者为中心，将各个环节数字化，通过数据将各个场景串联起来（包括电脑、移动终端、实体店以及未来有可能实现的新的通路等），利用先进的数字化技术，将线上虚拟与线下实体进行全面融合，覆盖全渠道，为消费者提供无缝消费体验，并以现代物流配送形式来取代实体交付形式的高效、快捷、普惠型的泛零售业。

新零售业通过数据挖掘与商业逻辑的转变，实现了从生产牵引消费到消费牵引生产的逆向转变。新零售可以说让传统的零售业数字化，并且对资源配置进行了优化，对价值链进行了重塑，进而促进消费升级，催生新的服务，形成了新型的零售业态。这一转变必将给传统零售业带来新的契机。

未来，线上和线下以及物流必须结合在一起，才能创造出真正的新零售。那么新零售到底是什么，将会给人们带来什么样的挑战和思考？

（一）新零售要求抛弃旧思想

新零售要求人们首先要解放思想。换句话说，就是要求人们抛弃旧思想，拥抱新思想。旧思想指的是传统的思想和封闭的思维。这里并不是说传统的思想不好，而是时代不一样，传统的思想已经无法适应这个快速发展的互联网时代。互联网正在改变着“85后”“90后”这一社会主流的网购消费群体，而“85后”“90后”正在改变这个世界，企业家如果还不改变传统的思想和封闭的思维，那么企业的危机就来了。所以，人们应该学会拥抱新的思想，并努力去学习新的思想和思维模式。当然，坚持旧的思想并不意味着企业立马就会倒闭，企业仍然可以获得利益，但可以肯定的是，这种利益是不可能长久的，可能是十年，也可能是五年，甚至更短。如果到那个时候才发现自己需要转变思想就已经晚了，就已经错失了最好的时机。

（二）新零售是消费升级的产物

新零售的概念其实是建立在消费升级的基础上的。消费者对服务的特殊要求和对个性化的追求，都是迫使零售业整体升级的原因。很多纯电商只注重产品，而忽略了产品的体验感和实时购买的快感，同时传统零售商只注重实体店的发展，而忽略了电商的快捷、灵活的优势。这些商家的做法显然是不合理的，因为消费者的消费已经升级了，旧的服务模式已经不能满足消费者的需求了。所以，为了顺应时代的发展，跟上消费者消费升级的速度，真正满足消费者的需求，必须将线上和线下进行融合。所以说，新零售其实是消费发展到一定阶段的必然产物。

（三）新零售是一个混合业态

单纯的传统线下零售和单纯的传统电商这两种形式在未来都将不复存在，取而代之的是新零售——一个混合业态。这个概念其实是“互联网+”的升级版本，新零售行业不单单是“互联网+传统零售”，它还包含了“传统零售+互联网”。其实，目前我国绝大多数企业都是传统企业，所以传统企业在面临新零售这一发展趋势时需要做的事情显然就会更多一些，机遇也相应地会更多一些。

（四）新零售是去库存化

新零售就是线上和线下以及物流结合，通过物流来去库存。这里所说的去库存不是说没有库存，而是通过线上和线下以及物流的融合，实现渠道零库存管理。

零库存对于现在的企业来说无疑是一种理想的状态，这与现在很多大品牌采取的零库存管理存在着很多的差异，其中最明显的差异是供应链管理手段和技术手段方面的差异。新零售的去库存是通过采用先进的技术手段，将流通各个环节的固化库存，通过分享或共享来连接，实现虚拟化的库存管理，最终实现零库存。这种模式对于目前的企业来说是最先进的库存管理模式。

（五）新零售依托于大数据技术

新零售是以互联网为依托的新型零售模式，互联网会产生大量的数据，而大数据正是时代赐予人类的财富。因为通过对数据进行分类，人们能从中发现不同的需求。这就是人们所说的从企业生产到按需定制的转变。但是，需要注意的是，这并不是纯个性化的定制，而是通过对数据的分析而产生的精准化模式，比个性化定制要更高一筹。

总而言之，现在是一个新的时代，为了顺应时代的发展，无论线下企业还是线上电商都必须做出新改变。

二、新零售与传统零售的区别

（一）思维、心态、精神不同

传统零售：企业高层领导经营思维一般比较保守，企业高层领导这种思维特点对企业发展的好处是不会无方向地扩张，不足是可能会满足现状，不想突破；中层管理人员往往因为利益冲突导致多个部门各自为营；基层人员受公司战略方向、中高层领导的影响，对学习一些新事物、新知识显得比较抵触。

新零售：传统零售企业转型新零售，需要高层领导具有颠覆性的经营新思维，需要中层管理人员有线上和线下融合包容的心态，需要基层人员不断学习的求知精神。

（二）渠道的布局不同

传统零售：从早期的“行商”（如货郎担）、“坐商”（如绝大部分固定的门店），到“网商”（如第三方网店平台），这些靠的是体力、线下位置、平台流量产生购物行为。

新零售：新零售强调“云商”概念，购物方式从用“脚”出门购物到用“手”握住鼠标和触摸手机购物，到接下来的用“嘴”语音购物、用“眼”VR 购物、用“脑”意念购物，购物的通道不断增加，从单一渠道到多渠道，再到所有渠道的协同，全渠道是商业的未来。

（三）场景不同

传统零售：传统场景是到店、拿货、付款、走人，网店零售的场景是浏览、购物车、付款、收包裹，相对来讲都比较简单。

新零售：场景因为时间和空间的变化而变得更加复杂，要深度融合，提供更多样的场景，包括门店购、App 购、VR 购、智能货架购、直播购等。

（四）购物时间、空间、方式不同

传统零售：消费者只能在规定的时间、固定的场所买到大众化的商品。

新零售：消费者可以在任何时间、任何地点，以任何方式购物，想买就买，并且可以选择到店自提、门店配送、快递配送、定期送等配送方式。

（五）对待社群的态度不同

传统零售：“中间化”，一件商品要经过好几层传递；电子商务“中心化”，流量聚集在平台，花钱买流量才有生意。

新零售：“社群化”，吸引目标客群，注重“便利、品质、性价比、独特性”，零售进入精细化运作时代。

（六）对待顾客的态度不同

传统零售：以商品为本，想方设法把商品卖给消费者。

新零售：以人为本，聚集社群属性相同的消费者，根据他们特点和所需提供相应的产品或服务。

（七）对导购的赋能不同

传统零售：传统意义上的导购是在店铺里面等待顾客并引导购物的人。

新零售：新零售的导购将超越时间和空间的限制，成为全渠道智能导购并且微商化，导购并不一定是全职。新零售赋予新导购更多的职能，如顾客引流、社交传播、销售引导、售后服务等，以满足顾客在任何时间、任何地点，以任何方式购物的需求。

（八）对待 IT 的态度不同

传统零售：IT 系统主要作为工具使用，以提高经营效率为目标。没有 IT 系统支持，很多店也开得好好的。

新零售：IT 系统是经营的基础和核心，首先要使顾客、商品、营销、交易、管理在线化，打通各个环节，然后运用大数据技术等先进技术让经营决策更科学合理。

（九）对待互联网的态度不同

传统零售：集中在 PC 互联网时代，流量高度中心化，零售商即使拥有搭建网店的技术和运营能力也无法获得成功，电商业务只能依靠平台。

新零售：集中在移动互联网时代，线上流量碎片化以及实体门店自带流量，只要解决 IT 系统建立问题，具备线上和线下一体化的运营能力，零售商就形成了自己的新零售体系。

三、新零售的本质与特征

（一）新零售的本质

未来服务商将利用大数据、云计算等创新技术，将线下与线上零售及现代物流深度结合，形成“新零售”。按照亿欧公司创始人黄渊普的理解，“新零售”是更加全面地通过整个线上和线下融合，利用先进的技术，了解消费者的需求，去反推整个生产，以达到 C2B 完全无库存销售。[①] 也有文献将“新零售”解读为线上和线下以及物流的紧密结合（“线上 + 线下 + 物流”），核心是以消费者为中心的会员、支付、

① 黄渊普．传统企业将是 O2O 的主角 [J]．销售与市场，2014（23）：1.

库存、服务等方面数据的全面打通，目标是向线上和线下全客群提供全渠道、全品类、全时段、全体验服务，全面满足人们随时随地、随心所欲购物的需求；蒋亚萍、任晓韵将其解读为以互联网技术为手段，线上和线下结合，架构“店商＋电商”的经营格局，实现零售创新[①]；杜睿云和蒋侃认为，“新零售”的核心要义是推动线上和线下一体化进程，关键在于线上与线下形成合力，从而完成电商平台和实体零售在商业维度的优化升级，促进价格消费时代向价值消费时代的全面转型[②]。

2017年3月，《C时代新零售——阿里研究院新零售研究报告》中对“新零售”进行了明确说明，即“‘新零售’是以消费者体验为中心的数据驱动泛零售形态”。“新零售”的核心在于重构，从而产生全新的商业业态，核心价值是最大程度地提升流通效率，其基本特征包括三个方面：以信为本，围绕消费需求，重构人货场，实现“以消费者体验为中心”；零售二重性，从物理化和数据化二维角度思考“新零售”；零售物种大爆发，形成多元零售新形态，向人人零售迈进。

结合行业实践者、实战研究者等对“新零售”理念的解读，“新零售”的基本理念包含以下几个主要方面：其一，“线上＋线下＋物流”深度融合，为消费者提供全渠道、全面化的服务；其二，数据技术驱动，数据技术贯穿零售始终，打通线上和线下，提高零售效率；其三，以消费为核心的零售本质凸显，努力为消费者提供高效的、令其满意的乃至超过预期的服务。由此可见，“新零售”是对零售本质的回归，是在数据驱动和消费升级时代，以全渠道和泛零售形态更好地满足消费者购物、娱乐、社交多维一体需求的综合零售业态。

（二）新零售的特征

1. 新角色

新零售情境下，“组织者”和“服务者”成为零售主体中的新角色。

在传统零售活动中，零售商从事的是面向消费者的商品转卖活动，零售商从上游供应商那里采购商品，向下游消费者销售商品，从中赚取差价。在我国零售业的发展过程中，零售商的经销职能被弱化，不具备经营能力，而是为供应商和消费者的直接接触提供平台，向供应商收取相应的费用，如联营模式下的购物中心和百货商店。

在新零售情境下，零售主体在商品交易活动中的角色发生了变化。新零售平台成了整条产业链中商品交易活动和商务关系的组织者和服务者。新零售平台了解下游消费者的潜在需求，为消费者提供满足其需求的商品和服务。新零售平台利用大数据资源，为上游供应商提供精准的消费者需求信息，为其开展生产研发活动和市场推广活

① 蒋亚萍，任晓韵．从“零售之轮”理论看新零售的产生动因及发展策略[J]．经济论坛，2017（1）：101-103.

② 杜睿云，蒋侃．新零售：内涵、发展动因与关键问题[J]．价格理论与实践，2017（2）：3.

动提供服务和帮助，成为上游供应商的服务者。新零售平台利用自身强大的大数据分析处理能力和计算能力，为零售活动的各参与者提供一体化的服务。

2. 新内容

新零售情境下，零售商产出新的内容，建立持续互动的零售商—消费者关系，强化多场景购物体验，提供消费数据服务。

首先，传统零售活动中，交易围绕着商品展开，零售商的经营活动以商品为核心，并通过低买高卖获取中间利润。在新零售的交易活动中，零售产出的内容更加丰富，服务成为零售产出的核心内容，零售商由商品的销售者转变为商品和服务的提供者。新零售更加关注消费者的体验，零售活动不再是简单的商品—货币关系，而是持续互动的零售商—消费者关系。

其次，线上、线下的全渠道融合为零售产出的分销服务增加了新的内容。新零售平台通过商品数字化、会员数字化、卖场数字化等方式构建起以大数据分析为支撑的线上、线下融合的购物新场景，在环境服务、交付服务、品类服务等方面提升了消费者的购物体验。

最后，为上游供应商提供消费者画像的数据服务成为零售产出的新内容。传统零售产出只针对下游消费者，而新零售的零售产出则是针对完整商品交易活动的全部参与者。基于对终端大数据的分析，新零售平台可以掌握消费者的各种场景数据，可以对消费者生活场景进行还原，并形成消费者画像。新零售平台将上述数据与上游供应商进行共享，为供应商提供消费者的需求画像，帮助供应商进行按需定制和开展精准营销。

3. 新形态

新零售中出现了复合型、集合型、满足即时购买需求的经营形态。

零售业态的本质是零售组织的经营形态。对构成零售经营形态的商品、服务、环境等内容不断地进行边际调整，促使零售业态持续演进和变革。新零售下，构成零售业态的各要素均实现了数字化的变革，有力地推动了原有零售业态的转型和创新；而零售商通过大数据分析更加清晰地了解了消费者的需求痛点，并以此为核心对构成零售业态的各要素再次进行边际调整，从而形成了新的零售组织经营形态。新零售以更加精准、全面的消费者需求信息为基础进行零售经营要素的调整，形成了具有多样性、多内容、多触达点和多维度的具有复合型商业特点的新型零售经营形态。例如，盒马鲜生的组织经营形态不是以商品的组织为出发点，而是以消费者的具体需求为逻辑起点，零售经营各要素的调整也是围绕该需求展开的。这使得零售商经营形态的创新具备了更多可能性，由此形成的零售经营形态不同于传统零售中的零售业态，而是复合型、集成型、满足即时购买需求的经营形态。

4. 新关系

在新零售活动中，商业关系由对立、博弈的上下游关系转向互利共赢的合作关系。在传统的零售活动中，零售活动涉及的各商业主体之间的关系都简化为商品—货币的交易关系，这种交易关系的背后是产业链上各产业主体之间利益关系的对立。零售商与消费者之间的关系是独立的、单一的商品交易关系，零售商与供应商的关系是冲突的、相互博弈的。整条供应链是由生产端至销售端层层推压的推式供应链。新零售情境下，零售商与供应商之间的关系成了彼此信任、互利共赢的合作关系；零售商与消费者之间也形成了密切的互动关系，零售商成为消费者的“代言人”。整条供应链转变为以消费者需求为导向的拉式供应链。由此，在新零售中，商业关系被重新构建，商品—货币的交易关系转变为其背后的人与人之间的协作关系，各主体之间形成了以信任为基础的供需一体化的社群关系。

5. 新理念

新零售重构商业主体的价值排序，为消费者创造价值成为零售经营的出发点。零售经营的理念由市场供求关系决定。在产品供不应求的时代，货物资源相对匮乏，生产商主导商品流通渠道，零售经营的关键在于取得上游的货物资源。随着技术进步逐渐推动生产力的发展，大规模生产方式的出现和发展催生了大规模的商业销售，商品流通进入“渠道为王”的时代，零售经营的理念变为强化零售的资本投入，快速扩张，以实现规模经济。伴随着市场供求关系的进一步重构，消费由性价比消费转变为品质消费，消费者逐渐掌握市场主权，满足消费者异质性的需求成为生产活动和商业活动的出发点。新零售就是适应消费者主权时代需求的新理念、新模式。为消费者创造价值的“人本原则”成为新零售经营理念的基础，新零售技术的应用、零售要素的调整和变革都是为了更好地了解消费者的生活方式，从而更精准地满足消费者需求，为消费者不断创造价值。

第三节　新零售演进的必经阶段

新零售发展的背后逻辑是对传统零售业底层商业逻辑的彻底革新，革新过程可大致分为传统零售商面临困境、互联网企业外化能力、“新物种大爆发”三个阶段（图 2-1）。

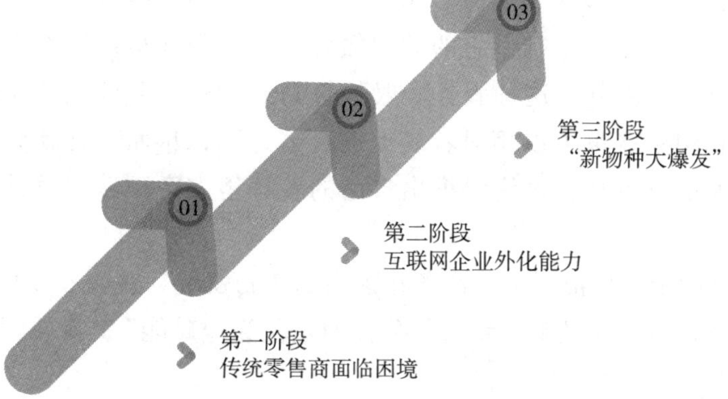

图 2-1　新零售必经阶段

一、第一阶段

在新零售的第一阶段，传统零售商会面临同质化竞争激烈、客户运营消费意愿不足、线上电子商务分流严重等困境，迫切需要从局部优化向全局升级转变，从而打开新的蓝海市场，获得二次增长机会。

受互联网冲击最大、最明显的零售业巨头是曾经的“鞋王”百丽。2011 年是百丽扩张最为“疯狂”的时期，在这一年百丽平均不到两天就开一家新店，2010—2012 年每年净增门店数量为 1500 ~ 2000 家，巅峰市值更是高达 1500 亿港元。百丽的成功依赖于百货公司的兴盛，然而失败也同样源于其对百货公司的执着。受线上电商竞争、顾客需求变化等的影响，曾经的“鞋王”掀起了关店潮。2015 年关店 400 多家，2016 年更是关店超过 500 家。企业由上至下未能全面升级，难以适应互联网时代的变化，让这家鞋业巨头轰然倒塌。2017 年 7 月 27 日，百丽以 531.35 亿港元、低于 10 年前上市首日 100 亿港元的估值正式退市。

二、第二阶段

在新零售第二阶段，互联网企业外化能力，基于原有业务的逻辑向实体倾斜，在优化业务逻辑的同时适配实体零售的场景需求。以阿里巴巴的零售通、京东新零售、腾讯智慧零售为代表，互联网企业为新零售模式的实施准备好了基础工具、数据支持和业务逻辑。

互联网行业发展日渐成熟，行业中的互联网广告、电商、游戏、社交等细分市场竞争趋于白热化，不少互联网企业开始将互联网独有的对客户需求的准确把握、大数据分析、客户运营等理念运用到传统行业当中。同时，不少传统企业也积极借鉴互联网行业的领先经验，快速拓展自身业务，构建全新商业模式。

除此之外，在全新商业模式的构建中，互联网逐渐成为基础设施，而云计算服务在这中间发挥了越来越大的作用。其实“云”是网络、互联网的一种比喻说法，是用来表示互联网和底层基础设施的抽象概念，而云服务指通过网络以按需、易扩展的方式获得所需的服务，这种服务一般是与IT、软件、互联网等相关的服务。云服务使得非互联网企业也可以相对容易地进行云计算，从而简化新商业模式。而在新零售领域，阿里巴巴与腾讯纷纷推出自己的新零售方案，希望通过云服务重构新零售。

阿里巴巴可谓全程见证了电子商务在国内的蓬勃发展。在新零售兴起之际，阿里巴巴基于多年服务商户的经验，将云服务依旧定位为“赋能”，旨在帮助商户在新零售时代重新构建“人—货—场”的关系。

例如，通过提高数据分析能力来提高企业运营能力，即通过提升对客户的洞察力度，测估每一个客户的价值，并对不同客户实施差异化策略。数据信息的记录，让商户能够更好地了解客户的决策链路节点（认知—兴趣—购买—忠诚），通过海量的客户数据来了解客户的兴趣偏好、生活方式等，最终以更高效、更精准、更智能化的方式更好地处理与客户的关系，做出决策。基于数据分析能力，商家可以识别不同人群，并通过精细化的有效触达与营销服务，实现客户的可识别、可洞察、可触达、可服务，最终实现运营效率的提升。

另外，全渠道业务也是阿里云在新零售服务中的重要组成部分。

2016年初，阿里巴巴云零售事业部第一次提出了“商品通”“会员通”“服务通”的三通概念，即打通商家线上和线下的商品体系、会员体系及服务体系，让商家做到线和上线下一体化，同时让客户获得更快的收货速度、更低的会员折扣、更好的购买体验。

基于其业务蓝图，商家可以实现智能“全渠道云货架”，也就是将线上和线下的商品、订单甚至客户连为一体，门店客户也可以引导到店客户参与智能设备互动，并通过扫码进行购买或收藏；同时，客户可以线上购买、门店自提。这不但实现了对到店客户的识别，更创造了离店后的二次营销场景，为门店运营带来新的增长点，而且能够提高仓库管理效率，降低运营成本，通过同步门店库存和电商库存的举措让企业的库存得到有效的应用。

与阿里云相比，腾讯虽不具备多年服务商户的经验，但凭借其通过其高流量的各类应用所积累的数据，腾讯云在新零售服务中也颇具优势。2021年的微信月活跃用户数为12.68亿人次，QQ月活数为5.52亿人次，中国99%的网民、每天1100亿次用户定位请求，让腾讯在用户画像方面可以达到极为准确的程度，而通过对用户的精准分析即可做到高效可控的智慧营销。

例如，企业通过对用户属性、兴趣爱好、行为特征等相关数据的分析，加上对热门商圈的定位标记以及对线上与线下行为数据的分析，便可做到对潜在用户的发掘。获取潜在用户后，企业还可以选择营销载体，最后通过微信建立起完整的闭环数据，形成会员体系。

所以，在新零售发展的第二阶段，也就是互联网企业外化能力的阶段，企业一定要善于利用各种可利用的资源，在充分发挥自身原有领域优势的同时，借助互联网构建新零售时代的新模式。

三、第三阶段

在新零售第三阶段，非零售企业“跨界打劫”，传统企业内部创新孵化，互联网公司投资赋能，新零售开启新物种大爆发阶段。基于不同商业理念运营的企业开始“跑马圈地”，快速进行试错，这一阶段涌现出了大量新零售的新模式。

2018 年 5 月 25 日，上汽通用汽车旗下的连锁汽车服务品牌——车工坊正式对外发布。除了核心的快修、快保业务，车工坊同时还具备新车销售、二手车交易、金融、保险等业务模块，并拥有三种类型的门店布局。

（1）A 类店（全功能）：包含综合维修业务及新车销售功能。

（2）B 类店（综合维修）：包含钣金、喷漆、保养、维修等服务项目。

（3）C 类店（社区服务）：社区快修快保店，更加贴近用户。

凭借这三类门店，车工坊开启了传说中的“汽车新零售”。通过线上和线下的联动和社区化的网点分布，车工坊努力贴近用户的生活，做用户家门口的便捷汽车快修保养服务。而这一选择也切中了很多汽车用户心中的痛点，4S 店太远，而且价格太贵，路边汽修店的配件质量参差不齐、技师不专业、维修价格不透明……便利店式的车工坊刚好可以取 4S 店之长，避路边汽修店之短。

除了业务模块、门店布局上的创新，车工坊还在跨界合作、异业联盟方面有所尝试。车工坊与多家品牌结盟，涵盖了车主出行服务、生活服务及便民服务等多个业务领域。比如，在品牌发布日的活动中，车工坊结合自身特色打造出友邻市集、匠心体验营、嗨 FAN 乐园三大场景化体验等。

另外，车工坊不仅能带来收益，还能收集用户数据。一方面，车工坊通过将汽车售后市场中的海量数据与企业内部运营数据联系起来，在分析中更深入地了解用户需求，提升了运营效率。另一方面，车工坊还可以通过大数据分析，帮助上汽通用更好地了解消费者的需求和喜好，最终为消费者提供更好的产品或服务。

2018 年 1 月，新零售服务商友朋宣布获得 2000 万元 Pre-A+ 轮融资。在成立不到一年的时间里，友朋还迅速完成了华盖资本 500 万元 Pre-A 轮融资、诺亚信创投 200 万元天使轮融资。

作为智能售货机制造商，友朋的优势在于，一旦形成完善的智能零售解决方案，就能够渗透更多样化的零售场景，为用户带来更优质的前端体验，使商户的后端供应链管理更高效。

依靠自主集成工厂以及软件研发团队，友朋为无人零售运营商提供多种智能零售解决方案。友朋通过提供一体化的硬件和软件服务，帮助零售运营商降低研发难度，解决了运营商因采购不同厂家的设备，数据无法互通而增加了后台管理难度的问题。

而通过开发不同系列的硬件产品，友朋还可以提供大屏终端、零食终端、快递自取箱、共享雨伞柜等，满足客户的不同需求。

不同于其他售货机厂商，友朋除了销售设备，还提供多种相关服务，如分析硬件投入成本是否划算、软件系统是否能够高效支撑运营等，并帮助运营商进行数据分析。而运营商也可以通过友朋的后台实时了解设备动态，实现对成本、销售数据和故障状态的动态监控，提升设备管理、商品补货的效率。通过这些服务，友朋的人效可达到 50 ～ 80 台，而目前国内大多数自动售货机运营商的人效为 30 ～ 40 台。

随着新零售进入第三阶段，新零售的新模式将不断出现。

第四节　新零售要求具备的几种思维

一、分享经济思维

想要赚钱不能自私，而要懂得分享，具有分享经济思维。在新零售业态下，分享经济思维是利器。没有分享经济思维，做不好新零售。

下面先来看一个小故事。

老王开了一家饺子馆，做的饺子很好吃。有个经常来吃饺子的顾客叫小李，小李几乎每个月都会来吃饺子，于是老王和小李就慢慢熟悉了。有一天，老王对小李说："小李，你觉得我家饺子好不好吃？"

小李说："好吃啊！我很喜欢！"

老王："既然好吃，那么我想和你谈一个合作计划。你愿意跟我合作吗？"

小李说："先听听看是怎样的合作。"

老王："合作计划是这样的——你既然这么喜欢吃我家的饺子，那么从今天开始，我正式邀请你成为我们饺子馆的合伙人。作为合伙人，可以享受以下几点优惠：你和以前一样，照例来吃饺子就可以了，以前你来我这里吃不打折，现在你成为我的合伙人，你来吃我给你打七折。如果有朋友问你哪里有好饭馆，你要记得帮我讲一句'老王那家店的饺子很好吃，你报我的名字可以打七折'。报你名字来吃饺子的朋友，每吃一盘，我奖励你 1 元。他们推荐的朋友来吃饺子，每吃一盘，我奖励你 0.5 元。"

小李说："好啊！好啊！"

于是，小李下个月就介绍了一些朋友来吃饺子。

到了月底，老王对小李说："因为你这个月的介绍，本店生意兴隆，他们一共来本店吃了 2000 盘饺子。这是按约定给你的 1800 元。"

小李觉得很棒，平时自己只是来吃饺子的，现在不仅能吃到打折的饺子，还能赚外快，真是太好了。

过了一段时间，小李家里有事情要忙，没有时间去帮老王介绍人来饺子馆了。但是他忙里偷闲，还是会来吃饺子，和大家聊聊天。有一天，老王拉着小李，递给他6000元，小李很诧异，坚决不收这钱。这时老王说："你上次介绍的那些朋友啊，他们吃了饺子后，感觉味道确实不同于其他饺子馆，从那以后他们经常会来光顾，并且他们也介绍他们的朋友来吃，我同样也给他们奖励了。这些是你应得的，当初多亏你介绍，我这饺子馆的生意才会这么兴隆。"

小李很感激，从此之后，就和老王的饺子馆长久地合作下去。

通过上面这个故事可以看到，通过分享可以实现多赢。

一般人思维：1元 ×1元 =1元。

老板思维：1元 ×1元 =10角 ×10角 =100角 =10元。

互联网思维：1元 ×1元 =10角 ×10角 =100分 ×100分 =10000分 =100元。

分享经济思维的核心是通过资源共享，使得闲置资源得到充分利用，以更低的成本达到优化配置、提高效率的目的。就像上面故事中的小李，他通过分享，充分开发了自己的朋友圈资源，从而让商家和自己都获得了巨大的利益。

可以说，分享经济思维让消费者通过分享成为消费商。例如，使用"滴滴"的人每分享推荐1位新顾客，就有20元推荐奖；购买"星巴克"产品的人每分享推荐3位新顾客，就免费得1杯咖啡；使用"优步"（Uber）的人每分享推荐1位顾客，就奖励30元现金。

分享经济产生的条件主要有三个。

第一，互联网（尤其是移动互联网）、宽带、大数据、云计算、物联网、移动支付、基于位置的服务（LBS）等现代信息技术及其创新应用的快速发展，使得分享更加便利和快捷，使分享经济成为可能。

第二，面对资源短缺与闲置资源浪费共存的难题，分享经济借助互联网能够迅速整合各类分散的闲置资源，准确发现多样化需求，使供需双方快速匹配，并大幅降低交易成本。①

第三，工业社会强调生产和收益最大化，崇尚资源与财富占有；而信息社会则强调以人为本和可持续发展，崇尚最佳体验与物尽其用。分享经济集中体现了新的消费观和发展观。

现在，分享经济思维已被运用到了人们衣、食、住、行等各个方面，并且获得了不小的成就。

按分享对象划分，分享经济主要包括六个类别。

（1）产品分享，包括汽车、设备、玩具、服装等，代表性平台企业有滴滴出行、优步、Rent the Runway、易科学等。

① 徐晓迪．电商时代快递众包发展初探：分享经济思维下"互联网 +"物流的模式与前景 [J]. 吉林工程技术师范学院学报，2017，33（9）：3.

（2）空间分享，包括住房、停车位、办公室、土地等，代表性平台企业有Airbnb、小猪短租、WeWork、Landshare等。

（3）劳务分享，主要集中在生活服务行业，代表性平台企业有河狸家、阿姨来了、京东到家等。

（4）资金分享，包括P2P借贷、产品众筹、股权众筹等，代表性平台企业有LendingClub、Kickstarter、京东众筹、陆金所等。

（5）知识技能分享，包括知识、能力、经验等，代表性平台企业有猪八戒网、知乎网、Coursera、名医主刀等。

（6）生产能力分享，主要表现为一种协作生产方式，包括能源、工厂、农机设备、信息基础设施等，如Applestore、Maschinenring、沈阳机床厂I5智能化数控系统、阿里巴巴“淘工厂”等。

二、用户思维

用户思维，顾名思义，就是“站在用户的角度来思考问题”的思维，即换位思考。

亚马逊（Amazon）创始人杰夫·贝佐斯（Jeff Bezos）曾经说过一句话：“我们不是通过卖东西赚钱的，我们是通过帮助用户做出一个对他有益的购买决定赚钱的。”这就是用户思维的通俗表述，也是亚马逊获得成功的主要秘诀。

新零售的核心就是重构“人、货、场”的关系。其中，“人”是放在第一位的，新零售也是以“人”为本。这里的“人”主要指用户，也就是消费者。所以，要做好新零售，用户思维必不可少。

虽然飞利浦是一个著名品牌，但有时候其产品也不尽完善。它有一款空气净化器，随机器附带四层滤网，但这四层滤网并没有分开包装，而是提前安装在机器中。通常情况下，用户拿到空气净化器后，看到一切都安装完善，会很自然地直接插上电源，打开开关使用。殊不知，飞利浦的这款空气净化器那四层滤网的塑料封套是需要手动拆除的，否则根本起不到净化效果，而且机器工作时也不会检测到这个问题而给出提示，这导致很多用户使用几个月后更换滤网时，才发现自己一直在使用没有净化效果的机器。

虽然设计者也做了告知工作——在电源插头上粘贴了一个小小的黄色标签，并在产品使用说明书上提示用户要先拆除滤网塑料封套，但问题是那个小小的黄色标签很容易被用户忽略，而且对于这种生活中常用的设备，很多人是直接使用的，不会事先仔细阅读说明书。

这就是用户思维不足导致用户体验出问题的典型案例。

其实，在实际经营过程中，那些获得成功的商家无不重视用户思维的运用。他们总是以用户为中心，围绕用户开展经营活动，提升消费体验。

猩便利成立于2017年6月，是一家重塑用户即时消费体验的高科技零售公司。

2017 年 9 月，猩便利获得了 1 亿元天使轮融资，11 月获得 3.8 亿元 A1 轮融资，并荣获“2017 年最佳生活服务 App”称号。

用户在猩便利的运营中占有核心地位。猩便利的一切设备、技术、服务都是为了提升用户体验，都是为了让用户在合适的时间和地点，发现恰好满足个人需求的优质好物。其高管曾经说，其运营思路正在从传统的运营商品向运营用户转变，给每个商品打上标签，经过大量数据的积累和分析，为每个单元进行定制，精准地满足特定消费者的需求。

在猩便利推出的自助式智能便利店里，用户通过手机扫码，移动支付，便能在不同场景下完成自助购物，非常便捷简单。

同时，猩便利还通过共享来提升用户体验。猩便利在店内的休息区有“共享图书”，成为会员的顾客可以免费阅读亚马逊的畅销书籍。而且，门店还贴心地为顾客提供免押金的共享雨伞、共享充电宝等其他增值服务，让顾客在购物的同时享受更贴心、更温情的服务。

在新零售业态下，企业不但要理解用户，而且要深度理解用户。没有认同就没有合同，只有深度理解用户，企业才能生存。

三、社群思维

在讲述社群思维之前，要先了解社群。很多人听到社群两个字就会想到社区，社群和社区的概念具有一定的交叉性。①

社区是现实中的地域性社会生活共同体，强调一定地域群体之间的互动。与社区相比，社群更强调群体交流、分工协作和兴趣相近，更强调群体和个体之间的交互关系。社群内部的成员有一致的行为规范，通过持续的互动，形成较为强烈的社群感情。由此可见，社区强调的是空间，而社群强调的是人以及彼此之间的互动。

在社群里面，每个人都是一个中心，大家都可以利用碎片化的时间和资源做同一件事情。

社群不仅仅是要传播内容，更要生产内容，社群成员不能只是内容的搬运工。社群内部成员不断交互，就会产生内容，而这就是社群本身的生产力和价值增值能力。

概括来说，社群就是一群有共同爱好、共同话题的人通过移动互联网聚集在一起，在虚拟的移动互联网平台上交流、互动，并且能够产生利益和价值。

社群具有不同的形式和规模，归纳起来有 QQ 群、微信群、公众号、论坛、贴吧、社团等几种。

要经营好一个社群不容易，需掌握三个要点。一是拥有共同的目标或兴趣。一个社群要想具有凝聚力，必须拥有一个共同的目标或兴趣，这是组建社群的核心。如果

① 吉彦杰 . 北大纵横，玩转社群思维 [J]. 科学之友，2015（8）：30-32.

做不到这一点，社群就是一盘散沙，即使勉强把人聚集起来，也很难持续发展。二是给成员持续带来价值。利益是驱动力，所以社群建立后，就要围绕目标或兴趣开发出新的东西，让成员获得持续的利益和价值。如此一来，社群才会持续发展、活跃。三是打造高效的运营团队。社群要产生价值，运营是核心和关键，所以一个健康的社群，必须有一个高效的运营团队。而且，最好让用户参与这个运营团队。这样做的好处有三点：一是降低运营成本，二是集思广益，三是让用户有参与感，调动用户的积极性。

每个品牌或企业都应该有一个自己的社群，当然，如果用户量非常大，也可以裂变为不同类型的子社群。因为没有社群的品牌，用户的黏性很低，极易流失。当然，建立的社群不可能覆盖每一个用户，这就需要抓住核心用户、铁杆粉丝。要知道，社群的重点不在于量，而在于质，不在于大，而在于影响力。

重要的是，玩转社群要有社群思维。在《社群思维》一书中，作者付岩用一句话定义了社群思维：社群思维是以关注并满足人的精神需求为出发点，通过打造具有共同价值观的精神联合体来解决实际问题的思维方式。

通俗地说，社群思维就是运用社群去解决实际问题的思维方式。具有社群思维，才更容易让社群变现，否则空有社群，而没有任何意义。

学习社群思维，不是学习如何做社群，而是学习如何把此思维运用到设计产品或服务用户当中，以重塑商业关系，提升生产效率。社群思维有三个关键点：跨界、连接、参与感。

（一）跨界

要学会用局外人的眼光看行业内的产品，因为行业的颠覆者可能来自行业之外。

比如，雷军做小米手机之前在做金山软件和UC浏览器，并非业内人士。开始做手机的时候，业内外也都不相信雷军会成功，但小米手机推出之后却一鸣惊人，出货量居高不下。

滴滴创始人程维此前在阿里巴巴工作，并非业内人士。就是这样一个毫无业内经验的人，用3年时间便实现了企业千亿估值的目标。

“不识庐山真面目，只缘身在此山中。”在运用社群思维的过程中，要学会跨界，跳到行业外，用行业外人士的眼光来看，否则就会受到局限，很难有颠覆性的创新。

（二）连接

商业（产品）不只是买和卖那么简单，产品是连接人与物或人与人的媒介。如果只把产品或服务定义为买卖关系，那就忽略了它背后更大的价值。人具有强烈的社群属性，人们活着的每一天都在和不同的人打交道。当然，人们不可能和每个人都建立联系，这时产品或服务便成了人们和陌生人对话的最好媒介。产品的买卖只是表象，就像货币本身并没有价值一样。因此，如何深挖产品背后的“连接”属性，显得非常重要。

其实，互联网的本质就是连接，是人与人、人与信息、人与商品、人与服务的连接。为什么社群那么流行？因为它是依靠圈子传播的。每个人身上都有很多标签，因此进入了不同的圈子，如一个人可以在“创业圈”，在“80后圈”，也可以在“清华校友圈”。社群连接的思维就是跨圈子传递信息，具有无中心化的传播特点和裂变式传播特性。

在“互联网+”时代，人们谈论的更多的是互联网思维，其实互联网只是一个“连接”的工具，让人与信息发生连接。比如，微信、QQ让人与人发生连接，京东、淘宝让人与商品发生连接，58到家、滴滴出行让人与服务发生连接。

（三）参与感

小米手机之所以获得成功，就是因为运用了社群思维。那么小米手机最初的社群从何而来？实际上小米在做手机之前，已经有了一个拥有100多万会员的小米论坛。这个论坛是小米在其用户的基础上建立的社群组织，当小米手机推出后，这个社群组织自然也成了小米手机粉丝的大本营。可以说，在小米发展的过程中，这个社群组织发挥了巨大的作用。小米发展和维护粉丝的绝招就是打造参与感。

在传统企业中，产品的研发过程和生产过程对用户基本是封闭的，用户只能在消费终端接触到产品。而小米产品在研发和生产过程中开放了尽可能多的节点，让用户尽可能多地参与进来。例如，小米MIUI系统基于用户意见每周更新的“橙色星期五”，小米网开放购买的“红色星期二”，小米线下的活动“爆米花”，小米每年的公司庆典“米粉节”，这些让用户具有更多参与感，既满足了他们在场介入的心理需求，也抒发了他们影响世界的热情，让小米成为“我们的小米”，而不是雷军的小米，这样企业就成功了。

可以说，用社群思维，让用户参与设计产品，更容易获得成功。

四、大数据思维

要了解大数据思维，首先要弄明白什么是大数据。大数据是一个体量特别大、数据类别特别多的数据集，并且这样的数据集无法用传统数据库工具对其内容进行抓取、管理和处理。

最早预测大数据时代到来的是全球知名咨询公司麦肯锡。麦肯锡称：“数据，已经渗透到当今每一个行业和业务职能领域，成为重要的生产因素。人们对于海量数据的挖掘和运用，预示着新一波生产率增长和消费者盈余浪潮的到来。”

那么，大数据与传统的数据有什么区别？其主要有以下三个区别。

第一，在线。大数据必须是永远在线的，而且是热备份而不是冷备份，即不是放在磁带里的，而是随时能调用的。不在线的数据不是大数据，因为使用者根本没时间把它导出来使用。① 只有在线的数据才能马上被计算、被使用。

第二，实时。大数据必须实时反应。用户在淘宝上搜索某件商品时，后台必须在10亿件商品当中找到它，让它瞬间呈现出来。如果要等1个小时才呈现出来，那就没有人再上淘宝购买商品了。10亿件商品、几百万个卖家、数亿的消费者瞬间完成匹配呈现，依靠的就是大数据。

第三，全貌。大数据还有一个最大的特征——不再是样本思维，而是一个全量思维。以前一提到数据，人们的第一个反应是样本、抽样，但是大数据不再抽样，不再调用部分数据，而是所有可能的数据，即全部数据。

其实，大数据真正的本质不在于“大”，而在于背后跟互联网相通的一整套新的思维。可以说，大数据带给人们的最有价值的东西就是大数据思维，因为思维决定一切。

那么，什么是大数据思维？这需要从以下几个方面来说明。

（一）由样本思维到全量思维

样本指从总体数据中按随机抽取的原则采集的部分数据。以前，人们通常是用样本数据研究来进行数据分析，这是因为采用传统的技术手段很难进行大规模的全量分析。比如，以前进行全国人口普查，需要大量基层人员挨家挨户地入户登记。这种统计方式工作周期长、效率低下，但那时受到技术条件的制约，只能这样做。登记完成后，分析人员基于样本思维进行分析和推测。而到了大数据时代，很多信息已经实时数据化、联网化，同时新的大数据技术可以快速高效地处理海量数据。这让人们能够以更低的成本、更低的代价做到全量分析。样本分析是以点带面、以偏概全的思维，而全量分析是真正针对全部数据进行分析。现在，大数据时代已经来临，人们的思维要从样本思维转变为全量思维。

（二）由精准思维到模糊思维

由于数据量小，在进行传统数据分析时，可以实现精准化，甚至细化到单条记录，并且出现异常的时候，还能对单条数据做异常原因分析等深究工作。但是，随着信息技术的发展，短时间内就会产生巨量的数据，这种情况下关注细节已经变得很难了。另外，即使是基于精准分析得出的规律，在海量数据面前也很有可能产生变异甚至突变。所以，在大数据时代，分析更强调大概率事件，即所谓的模糊性。模糊思维并不是要放弃精确，而是采取的一种近似、灵活的方法来解决问题。比如，Google对流感的预测就是一种模糊思维。Google会通过人们的搜索记录来预测某个地区发生流感的可能性，虽然这种预测不能保证绝对准确，但准确率却很高。

---

① 宋伟东，孙尚宇，耿继原，等 . 用大数据思维建构信息时代的电子政务 [J]. 测绘科学，2014，39（5）：18-22.

（三）由自然思维到智能思维

自然思维是一种线性、简单、本能、物理的思维方式。虽然计算机的出现极大地推动了自动控制、人工智能和机器学习等新技术的发展，机器人研发也取得了显著的成果，机器人也开始被应用，人类社会的自动化、智能化水平已得到明显提升，但对机器人的思维方式的研究始终无法取得突破性进展。然而，大数据时代的到来为提升机器智能带来契机，因为大数据将有效推进机器思维方式由自然思维转向智能思维。

人脑之所以具有智能、智慧，是因为它能够对周遭的数据信息进行全面收集、逻辑判断和归纳总结，获得有关事物或现象的认识与见解。同样，在大数据时代，随着物联网、云计算等技术的突破发展，大数据系统也能够自动地搜索所有相关的数据信息，并像人脑一样主动、全面、有逻辑地分析数据、做出判断、产生洞见，这样其无疑具有了类似人类的思维能力和预测未来的能力。

智能和智慧是大数据时代的显著特征，人们的思维方式也要从自然思维转变为智能思维，以适应时代的发展。

通过以上内容不难看出，大数据时代，人们思维发生改变。大数据不仅将改变每个人的日常生活和工作方式，还会改变商业组织和社会组织的运行方式。只有思维升级了，才可能在这个时代透过数据看世界，比别人看得更多、更远，从而在新零售领域取得成就。

技术变革篇

N E W
RETAIL

第三章　零售行业变革之“互联网+零售”

第一节　“互联网+零售”的连接战略

一、零售新形态：互联网时代的新据点

随着共享经济、粉丝经济、数字经济等的发展，延续多年的产业价值链被重构，更多的个体及企业有机会参与价值创造活动，整个零售产业开始进入“新实体零售”时代。

互联网与零售的深度融合使两者的价值变现能力得到进一步提升，在共享、开发、合作的互联网产业生态中，未来的零售产业将会发生重大转变。从表面上看，零售产业将呈现出数字化及互联网化的特征，而本质上则是零售产业的资源重新配置及新的商业价值的创造。

新实体零售时代，零售业将会涌现更多的高科技、服务理念、品牌文化，打破传统零售产业中的边界限制，在细分领域创造更多的细分价值。

具体而言，零售企业将借助大数据分析、综合平台打造、个性化与多元化的消费场景创造等新的手段及方法来获取更高的收益，将使零售产业中企业的变现手段及方式变得更丰富，让消费者及零售企业都能从中获益。

在零售产业向O2O转型的过程中，整合社会优质资源及社会化协同的发展模式受到了零售企业的一致认可。以营销整合平台为例，平台借助购物中心提供的海量的商品及用户数据，帮助实体商家实现线上与线下无缝对接，并为其打造丰富多元的消费场景，充分满足用户的个性化需求。

与此同时，平台会整合以移动互联网为代表的新一代信息技术及优质资源，并结合实体零售的运营经验，使用户与商家实现无缝对接，使商家通过为用户提供更具个性化的优质增值服务来创造更多的收益。

具体而言，新实体零售时代将具有以下几个方面的特征：互联网将在价值创造中

扮演核心角色；零售价值链被重构；整合优质资源的开放型平台成为消费者与商家连接的纽带；个性化、小众化需求将得到充分满足；催生新一轮社会化专业分工；零售企业将向互联网化及数据化转型。

二、新实体零售时代的渠道与物流之变

（一）渠道之变：打破传统的供应链模式

实体零售企业的互联网化转型将促使零售产业的诸多环节发生深层次变革。生产商生产、商品采购、供应商供货、运营方招商等都会发生改变，零售商将借助互联网及开放型平台使其采购方式从特定区域的单一渠道采购转变为全球采购，运营方招商范围也将扩展至全球所有品牌。

供应链发生重大转变，去中心化趋势凸显。无论是大型的购物中心还是小型的便利店，可以选择的产品品类及品牌数量将会大幅度增长。运营方在招商时可以选择的品牌组合及业态组合将会更为多元，更具合理性。

生产者与消费者之间的距离被大幅度缩短，消费者的个性化需求将得到充分满足。具体来看，实体零售企业的互联网化转型使渠道展现出以下几个方面的特征。

（1）传统供应链模式被打破，零售商与供货商之间的权利分配发生变革。

（2）继续通过垄断资源发展的企业将被淘汰，运营方的招商逻辑将被颠覆。

（3）全球化招商成为常态。

（4）实体零售供应链大幅度缩短。

（5）品牌商的品牌衍生产品和服务及组合将成为创造价值的关键所在。

（二）物流之变：完善物流配送服务

新实体零售时代来临之际，实体零售商与提供物流支持的物流企业必然需要对自身进行变革。这将推动我国新实体零售经济的转型升级与物流配送网络的不断完善，零售商与物流服务商对目标群体的进一步细分及优化调整，将明显提升投入产出比，并创造出新的消费渠道。

互联网时代，零售商面对的主流消费群体发生重大变革，“80后”及“90后”成为新一代消费群体，这一群体的生活方式、价值理念及需求、心理与上一代人存在着巨大的差异。女性消费时代逐渐来临，商家提供的产品及服务需要做出较大的调整。此外，我国人口将迎来新的拐点，老龄化问题日益突出，这必然会对服务经济及商业经济产生深远影响。

随着城镇化进程不断推进，我国的客户群体及消费群体将会日益复杂化及多元化，产业链的不同环节之间的界限变得十分模糊，企业要想生存下来，必须做出相应的调整。

对现代零售企业而言，对目标群体进行细分，积极借助互联网等技术手段建立完

善的全渠道运营体系及综合完善的平台服务体系，是十分有必要的。

迅速增长的跨境电商业务进一步激发了消费者对优质商品的购买欲望，而借助互联网的强大传播能力，产品本身的价值日趋透明，想要获取更高的利润，需要通过实施品牌化战略及提供优质的服务来提升产品的附加值。

实体零售企业向互联网化转型的过程中，企业需要为消费者创造新的价值及服务体验，这不仅表现在设计、生产、营销、交易环节，更体现在物流快递环节。高度发达的零售产业必须有优质的物流配送服务来提供强有力的支撑。

零售产业与物流产业在新实体零售时代所表现出来的特征主要有如下几点。

（1）传统商业向数字化商业、移动商业及智慧商业转型。

（2）实体零售企业的市场定位由单一的市场定位转变为多元化及复杂化定位，产品及服务需要覆盖海内外多个阶层的消费者。

（3）从以出售产品或服务为核心向人群经济时代转变。

（4）个性化及定制化的产品及服务成为零售企业及物流快递企业获取更高价值的关键所在。在经济全球化背景下，以前被忽略的小众化需求同样也能为企业创造巨额的收益。

（5）粉丝经济将在实体零售产业中爆发出巨大的能量，通过打造会员体系、实施数字化管理、将广泛的用户群体转化为忠实用户群体的企业将实现快速崛起。

三、苏宁之变：实体门店的场景化变革

在“互联网 +”时代，随着电商的发展，零售业也进入了新的发展阶段。在“互联网 + 零售”模式中，线上渠道不再是各零售商的唯一选择，线上与线下的融合成为主流模式。苏宁在这方面进行了有益探索，借助“苏宁易购”实现了线上与线下的结合。

2015 年 7 月 25 日，华南地区首家苏宁易购云店在深圳开业，宣告苏宁从线上渠道转向线上与线下的融合，实现了“互联网 + 零售”实体门店的场景化变革。[①]

（一）苏宁易购落地：四大功能与用户交互

在“互联网 +”时代，借助互联网进行改造的线下零售企业有很多，但是相较于苏宁来说，这些企业的改造力度都比较小。对于苏宁易购云店来说，其最大的特点就是从用户需求出发，对用户体验进行不断优化，这也是苏宁易购云店和用户进行交互的重要方法。

苏宁易购云店是苏宁在“互联网 + 零售”实体门店场景化改革方面的一大尝试，发挥着服务周边人群、门店实体化、通过互联网与用户交互的重要作用。云店具备的协同销售、服务、体验和本地化营销四大功能，促成了其在互联网零售、O2O 平台定型方面的成就。简单来说，苏宁易购云店不只为用户提供产品，还为用户提供体验

① 彭成京 . 实体门店的突围战：体验式 + 复合式场景消费 [J]. 创业邦，2017（11）：114-115.

和服务。

经过改造的苏宁易购云店，其电器经营面积缩减了50%，并且电器经营区域被改造成一个全方位、无死角的360°场景式体验区，构建一个真正的家庭生活场景，来展示各个产品。比如，构建了一个真实的厨房环境，展示冰箱、烤箱、油烟机等产品。另外，还增加了PPTV、海外购、金融服务、自营咖啡店等服务，构建了一个集娱乐、购物、休闲于一体的连锁卖场，为消费者提供了极致的消费体验，促使其经营业态朝着多元化方向发展。

除此之外，云店还开设了摄影课堂、餐饮课堂，这些课堂每个星期都会举办不同的主题活动，向消费者传达健康的购物理念，为消费者带来极致的购物体验。同时，在苏宁易购云店中，还有很多体验模块、休闲娱乐模块、特色零售模块和智慧服务模块等，这些模块给消费者带来的消费体验都是传统门店所不能带来的。

（二）苏宁消费金融：无缝连接消费场景

苏宁云店除了增加了诸多体验模块，为用户带来极致的消费体验之外，还增加了一项重要的服务——金融服务，将苏宁金融公司转移到了线下的实体门店中。如果说体验模块和特色零售模块能够使消费者在线上、线下场景间进行自由切换，那苏宁金融则进一步使消费场景无缝对接。以“任性付”为例，它将各种消费场景衔接起来，如家装、婚庆、购物、培训等，用户可调用的额度达到了20万元，为用户带来了更加便捷的消费体验。

苏宁金融是国内首家由民营企业出资成立的消费金融公司，其目的就是满足消费者小金额的日常消费所需，推动普惠金融的进一步发展，进而推动消费结构升级，使消费者“愿消费、敢消费、能消费”。

苏宁金融的成立及发展，不仅是法国巴黎银行、南京银行等金融机构推动的结果，还有赖于苏宁手中2亿用户的数据支持。苏宁通过对其后台数据的精准分析，实现了对贷款风险的有效控制。一方面，金融与征信密切相关。苏宁金融以数据分析为基础，对用户的消费习惯、消费能力、消费偏好、消费心理等进行分析，可为用户提供个性化的产品推荐服务，为个性化金融服务的开展打下扎实的基础。

苏宁金融入驻线下实体门店，借助申请提额、定制化金融服务等方式，为用户提供了便捷的线下金融服务。

（三）借助线下门店优势，打造跨境电商2.0模式

除了苏宁金融之外，在苏宁云店中，另一个备受关注的模块就是苏宁海外购。苏宁海外购借助“自营＋平台”的模式，以自营为主，以平台为辅，依托完整的跨境物流体系，为用户提供海外直供的正品，用户可借助易付宝等方式进行结算。为了让用户放心地购买产品，苏宁为其提供担保服务，支持七天无理由退换货。

苏宁易购云店的海外购专区展示了部分商品的实体样品；在背景墙的显示器上，

很多商品以滚动播放的方式展现，客户想要购买哪款商品，只需扫码就能快速下单购买。海外购的商品种类包括母婴、百货、美妆等；商品代购范围涉及美国、日本等多个国家，为客户提供了便捷的、畅快的、无忧的海外购物体验。

相较于传统电商来说，苏宁有很多独特的实体优势——将海外购专区设在线下门店中，让消费者不出家门就能购买海外商品，选中商品就能扫码下单。相较于单纯的线上模式来说，这种线上与线下相融合的O2O模式弥补了传统海外购模式的很多不足，为消费者带来了优质的消费体验，推动跨境电商模式全面升级。

第二节 以新思维引领新实体零售时代

一、构建“以顾客为中心”的价值体系

如今，零售企业所处的外部市场环境、人们的消费行为及习惯等都已不同于以往，零售企业也需顺应时代发展的需求，对原有理念进行改革。那么，在新零售情境下，企业需在哪些方面进行理念变革？

零售企业的发展离不开消费群体的支持。在新零售时代，尽管很多企业标榜要围绕消费者开展自身运营活动，但其在经营过程和日常服务过程中坚持的理念仍是传统的理念。

在新零售时代，企业应该改变传统的经营理念，将消费者需求放在核心位置，注重自身产品与消费者需求之间的对接，从而积累自己的长期顾客。为此，零售企业需围绕消费者来开展运营，体现自己的价值。具体而言，零售企业应该着重强调三个方面的价值。

（一）情感的价值

在新零售时代，企业之间的竞争不断加剧，面对这样的发展态势，零售企业越来越重视与消费者关系的维系。若企业的产品或服务能够获得消费者的认可，就能进一步将其培养成自己的长期顾客。为此，零售企业应该对顾客需求进行深入分析，明确消费者关注的因素，不断提升自身服务水平，提升消费者的购物体验。

总之，要将消费者放在最重要的位置上。百草味就是一个典型案例，其通过产品与服务来获得消费者的认可，体现企业的情感价值，进而增强自身的竞争力，并吸引更多顾客前来消费，形成良性循环。

（二）商品的价值

从消费者的角度来说，他们之所以光顾便利店、连锁店、大型商超，是因为要购

买自己所需的产品。因此，商品价值是消费者关注的重点。

零售企业需明确消费者的需求，据此推出相应的产品，重点打造商品价值。为了在同类企业中脱颖而出，还应突显自身产品的个性化特点，与此同时，增加商品的价值含量，对消费者的内在需求进行深入分析，通过产品激发其购买欲望。

（三）购物体验的价值

企业通过提升消费者的购物体验，能够有效增强消费者对自身经营的认可度。在新零售时代，顾客除了注重产品本身，还十分看重其消费过程中商家提供的环境及相应的服务。

也就是说，购物体验在企业竞争中占据着越来越重要的地位，在众多零售企业中，那些能够以优质的服务打动消费者的企业将拥有更广阔的发展空间。比如，百草味为消费者提供开果器及纸巾，体现了其服务的周到，得到了众多消费者的青睐。

二、差异化战略：提供完善的产品服务

如今，标准化的产品已经不能满足消费者的需求。面对激烈的市场竞争，零售企业应采取差异化经营战略，为自身发展开辟新的道路。

在实施差异化经营战略的过程中，无论是便利店、超市，还是专业零售店，都需要对传统模式下的标准化经营模式进行改革。因为传统模式下的零售店缺乏自己的特色，无法吸引顾客进店消费，其除了能够为消费者提供产品之外，无法使顾客获得其他方面的体验。为此，只有进行改革，才能使消费者逐渐摒弃对传统零售店的固有印象，促使他们进店消费。

具体而言，零售企业的差异化经营应体现在如下几个方面。

（一）商品差异化

按照传统模式经营的零售业态，往往让消费者感觉千篇一律。以百货商店为例，消费者在逛完一家店后，很少会再进入其他百货商店，因为这些百货商店的品类设置及经营方式没有明显的差别。

为了解决这个问题，零售企业需要在品类设置方面实施改革。具体而言，百货店经营者需要对原有的珠宝、服装、美妆等品类设置进行改革，超市则需对其设置的杂货、食品、生鲜等品类界限进行调整。如今，商品的种类不断增多，品类设置也可以体现零售企业的差异化。为了颠覆零售企业留给消费者的固有印象，经营者需实施品类改革。

为此，企业应该突出自身经营的个性化特点，在产品的结构组成、品类界限划分等方面体现自己的独特性，彰显自身的优势，走出同质化竞争的困境，增强自身发展的持续性。

（二）功能差异化

在现阶段，若零售企业除了为消费者提供其所需的产品之外不具备其他功能，在与其他企业竞争时就容易处于劣势地位。为了改变这种局面，零售企业需增加自身的功能，并体现其差异化特征。

（三）规划差异化

零售企业需摒弃传统观念，对以往的店面布局及规划进行改革。举例来说，部分卖场的门店布局等应在把握顾客需求和偏好的基础上重新设计，方便顾客购物，增强对顾客的吸引力。零售企业自身经营中应体现更多的人文关怀，对于以往经营过程中使顾客产生反感心理的强制性措施，如强制存包等，应停止使用。

当前，连锁零售企业出于方便总部进行大批量采购的目的，大都采用集中统一的品类管理模式。在这种模式下，门店的商品缺乏特点，所有商品都是统一采购的。

门店要增强对消费者的吸引力，就要对以往的品类结构做出改革。在具体实施过程中，企业需根据各个门店所处的地域、当地的消费水平、市场竞争激烈程度等，调整自身的品类结构，突出差异化特征。所以，企业需颠覆传统的品类管理方式，增强门店经营的灵活性。

另外，企业需对自己当前经营中存在的品类问题进行总结和分析，打造自己的优势品类，突出自身产品的差异化特征。

在新零售时代，促销重点将逐渐从产品价格转移到价值方面。爆品战略的作用逐渐弱化。针对不同的顾客，企业需推出不同的产品。传统模式下的商品陈列方式对顾客的吸引力也明显下降，再使用之前的产品推广模式，很难打动消费者。

如今，零售企业需抓住本质，制定合理的经营战略，明确自己产品的市场定位，采用合理的商品组合方式，并对传统零售模式进行改革，采用多元化的营销策略。

零售企业需要增强产品营销的针对性，在把握潜在消费者需求的基础上调整原有的产品结构，增加商品种类，更好地满足消费者的多元化需求。与此同时，要对以往的商品集中度进行改革，增强自身的市场竞争力。

采用新模式的零售企业需要在货品采购、品类管理、利润组成结构、门店设计、商品陈列等各个方面做出相应的调整。

三、建立快速反应机制，实现扁平化管理

（一）快速反应机制取代流程化机制

连锁零售企业发展到一定规模时，会在内部进行有效的管控，从而避免采购环节出现内部人员中饱私囊的现象，然而企业内部的管控体系也容易导致企业无法及时对外部市场的变化做出反应，给企业的发展带来阻力。

存在这类问题的零售企业难以根据市场消费变化及时采取应对策略，在消费者对新品产生需求时，其采购部门无法及时引进，门店的市场反应能力差。

在新零售时代，企业需提高自己的即时反应能力，根据市场变化做出合理决策，转变发展战略。连锁企业更是如此，为了使企业总部能够根据各个门店的发展需求采取针对性措施，零售企业需颠覆传统模式下的运营模式，加速整体运转。

第一，针对企业各个门店的消费变化，提高即时应变能力并形成相应机制。如今许多连锁零售企业将大部分精力放在总部的运营上，没有对门店经营给予足够的重视，但企业需要认识到一点，即只有当各个门店维持正常运营并不断取得发展时，企业才能获得持续性发展。

为此，企业应该针对各个门店的消费变化，提高即时应变能力并形成相应机制。企业需成立专业部门，负责对门店的消费变化进行数据收集、深度分析，并据此提出应对方案，使门店能够及时应对外部市场变化，避免与市场需求脱节。

第二，针对不同门店的市场上商品的变化，提高即时应变能力并形成相应机制。伴随着消费变化，商品市场已经不同于以往。在这种大环境下，零售企业之前的核心品类不再符合市场发展的需求，其品牌的影响力也有所降低。不仅如此，所在的地区不同，同一种产品的市场需求情况及销售情况也存在区别。

另外，为了维持自身的竞争地位，零售企业需根据各个门店的竞争实力，对其品类组合进行调整，从而凸显门店的竞争优势。所以，企业需针对不同门店所在地区的市场上商品的变化，提高即时应变能力并形成相应机制，通过改革品类结构、添加新品等使门店能及时应对市场变化。

第三，针对企业不同环节，提高即时应变能力并形成相应机制。随着企业发展规模的壮大，企业对采购、日常运营、产品推广、数据收集及分析等各个环节进行了精细化分工。为了提高企业的工作效率，加快整体运转速度，企业需针对不同环节，提高即时应变能力并形成相应机制。

（二）扁平化取代层级制

零售企业要使自己的门店经营体现差异化特点，就应该以扁平化管理模式取代传统模式下严格的等级制度，使门店拥有自主权，能够根据自身发展情况采取相应措施，选择供应商、品牌合作商，并根据市场变化调整品类结构，对顾客进行统一分类与管理。

企业应着重培养门店负责人的创新思维，允许他们尝试不同以往的门店管理模式。显然，在新零售时代，仍然将所有决定交给总部来做的方法，会使连锁店的运营面临太多限制性因素。为了解决这个问题，企业应对传统管理机制进行改革，逐渐放权。

与此同时，企业还需为连锁店提供必要的帮助，对其经营情况进行核查，使总部与各个门店能够协同一致，增强门店自身的创新能力，鼓励其灵活经营。

四、布局全渠道 + 走向新联合

（一）布局全渠道：取代单一的零售渠道

无论是哪种零售形式，其产生与发展都与消费者息息相关。在移动互联网时代，实体零售企业与线上零售企业之间的距离逐渐缩短，全渠道零售将成为该领域的主流发展趋势。

历年“双十一”的数据统计结果证明，实体零售企业开展线上业务能够激发自身潜力，提高业绩，采用线上和线下结合模式的服装企业再次迸发活力，得到消费者的青睐。与此形成鲜明对比的是，很多电商品牌的发展日渐衰微。

电商平台从最初专注于获取流量，到集中打造产品，注重品牌建立，发展到注重内容输出。在这个过程中，消费者的关注点也发生了变化。之前消费者只关注产品价格，如今的消费者更加注重产品品牌，以及该产品代表的价值理念。

相比于电商品牌，实体企业经过长时间的品牌积累，在开通线上渠道后，能够充分发挥自身的优势。而电商平台在品牌方面比较薄弱，在竞争中容易处于劣势地位。在现阶段，实体零售开拓线上业务具有广阔的发展前景。

（二）走向新联合：协作共赢代替各自为营

分析现阶段的快消品流通方式可以发现，产品流通渠道在其中发挥着决定性作用，但渠道掌握在品牌商手中，流通成本居高不下。另外，制造商、经销商及零售商之间缺乏有效沟通，最终导致整体运营效率难以提高。

有实力的制造商与小规模厂家的发展都受到限制，零售企业难以建立完善的品类管理系统，企业经营也无法对接市场需求。为了解决这个问题，运营方需对传统流通系统进行改革。在改革过程中，运营方应该从长远发展的角度出发，对快消品流通渠道进行布局。在这个过程中，品牌商应该加强与零售企业的合作，提高产品流通的效率，降低成本。

所以，不同环节的参与主体需相互配合，共同努力。可以是品牌厂家进行整合，可以是零售企业进行整合，也可以是通过资本参与，促使不同主体之间的结合，或由平台运营方承担整合任务。总之，在今后的发展过程中，厂家、零售企业需改变传统模式下各自独立的状态，逐步走向协作。

第三节　新零售下管理的进化与战略转型

一、创新思维：满足新一代消费者需求

在全球化背景下，随着互联网技术的发展及应用，网购、全球购等都极大地丰富了顾客获取商品的方式，同时推动了供应链和商业模式的创新，再加上新一代消费群体的出现，顾客对零售商有了更多要求。

但是，我国的零售商对这一现象还没有进行深入的认识，在商品供应及销售方面依然沿用传统的理念和方法，使得我国的零售业面临诸多问题。其中最为关键的问题就是如何在新经济环境下，使商品的性价比与顾客的期望值保持一致。要解决这个问题，对零售企业进行创新是关键。

传统零售商的经营理念是“卖商品”，其经营活动全部是从卖方角度出发的。在新零售业态下，零售商的经营理念要朝着“服务顾客”转变，要从买方角度出发进行经营。

目前，很多零售商深受商品经济的影响，还保留着以商品为中心的经营思想。尽管早在20多年前就在提倡“顾客是上帝”“要以消费者为中心”，但大多数实体店铺由于一直没有受到“死亡”的威胁，迟迟不愿意做出改变。即便部分实体店的经营者受大环境所逼，不得不做出改变，这种改变也非常被动，效果也不甚理想。

在新零售业态下，各类商品处于供过于求状态，消费者的需求也从对量的需求转向了对个性化、多元化的需求，再加之各种新兴的零售业态层出不穷，实体店零售商要发展，必须以消费者为中心，抓住消费者的需求变化趋势，调整经营策略。如此做的实体店零售商早已成功地完成了转型，如上海K11购物艺术中心、上海大悦城、百盛优客城市广场、成都太古里等。这些实体店都迎合了新一代消费者的消费心理，满足了新一代消费者对时尚、个性和优质体验的需求，将实体店的功能拓展延伸到了社交领域，打造了一个个备受年轻消费者喜爱的社交场所。

在新零售业态下，零售企业只有以消费者为中心，创新服务，改变经营思维，满足消费者多样化的需求，才能使线下实体店成功转型，才能使线上电商得以持续发展。

在新经济环境下，市场竞争呈现出了新特点，零售商要想脱颖而出，不仅要采用传统的降价打折、加快周转等方法，还要对店面进行装修，提升形象，要与物流结合，为顾客提供送货上门服务。

在这个物质丰盈的年代，消费者掌握着绝对的主导权，性价比高、个性化等成为消费者对商品的新要求。在这种情况下，零售商要吸引消费者消费，就不得不采取降

价打折等措施。即便是奢侈品，也不能幸免。

二、战略变革：实现实体零售转型升级

面对线上电商的冲击，很多线下实体店早已开始尝试转型。比如，步步高集团的梅溪新天地、辽宁兴隆大家庭、南京水游城等，都在尝试转型。但无论如何变，在传统零售向新零售转变的过程中，实体店都要围绕战略思维、经营观念和管理方法进行革新。

在传统零售向新零售转变的过程中，最先需要转变的就是战略思维，要摒弃长久以来的“二房东”思维，树立起良好的“自营”思维，做好经营工作。

在传统的市场环境中，实体店的管理方法采用了物业管理方法，形式非常粗放。在新零售业态下，这种管理方法不再适用，取而代之的是注重细节的管理方法，强调精细化管理。

在传统的市场环境中，实体店零售商受“二房东”思维的影响，采用物业管理方法对店铺进行管理。对供应商的态度是“管理”，对顾客的态度是“放任”，顾客上门，店员不闻不问或者在服务顾客的时候表现得非常不耐烦的情况屡见不鲜。即使经营者随着经验的积累，意识到这种方法是错误的，也无力去改变。

后来，很多民营实体店对管理有了新的认识，开始注重环境营造、品牌经营、功能组合，开始为顾客提供人性化的服务，满足消费者的各种需求。在这个阶段出现了很多优秀的零售企业。比如，注重人性化管理与服务的河南胖东来百货、提供优质会员服务的哈尔滨远大购物中心等。

在新零售业态下，零售商不仅要注重服务，还要积极学习互联网方面的知识，学习电商的成功经验，将互联网、信息技术、实体店铺、线上电商和物流融合在一起，在选择商品、下单、支付、物流配送、售后服务、评价、分享等各环节为消费者提供极致的体验，以增强顾客黏度，提升顾客忠诚度。

在精细化管理的过程中，无论是量化管理还是数据化管理，都能为实体店带来海量数据，这些数据可以转化为资源，为零售商、供应商等提供帮助，来强化细节管理。最重要的是，将这些数据资源与零售商的软件管理和硬件环境结合在一起，能够推动实体店零售商实现转型升级。

在新零售环境下，实体店要转型发展，就必须转变战略思维与管理方法，拉近和消费者的关系，赢得消费者的喜欢。

三、使命创新：回归零售经营活动本原

面对电商的冲击，很多人都认为传统零售企业的出路是全渠道营销。但是从实际情况来看，全渠道营销并不能发挥“拯救”传统零售企业的作用，甚至还有可能将零售企业推向深渊。

（一）百思买

百思买是美国一家非常大的家电零售企业，在个人电脑盛行之时，百思买非常迅速地做出了反应，成立了电脑事业部，在卖场中设立了电脑专区，以期能顺应市场发展趋势，获得再次发展。但是，在美国电脑城这个专业电脑卖场的冲击下，百思买的努力最终付诸东流。

（二）梅西百货

为了应对亚马逊等电商平台的冲击，梅西百货通过对线上渠道和线下渠道进行整合来构建全渠道模式，并进行重新定位，将自身定位为“为时尚、实力阶层提供服务”，来与电商平台形成差异化竞争。

但是，自全渠道模式应用以来，梅西百货关闭的线下门店超过 100 家，线上业务规模也没有得到较大的扩展，全渠道模式不得不宣告失败。对梅西百货的失败进行深入分析，可以发现其失败原因在于陷入了“全渠道融合陷阱”。

（三）沃尔玛

沃尔玛和梅西百货一样陷入了“渠道融合陷阱”。沃尔玛可谓全球零售行业的霸主，其于 1985 年开展电商业务，但发展至今，其电商业绩只有百亿美元。

对于实体零售企业来说，仅增加线上销售渠道，只不过是为顾客增加了一条购买渠道而已，并且这条路已经有很多人走过了。如果只是一味地追随，很难带领企业实现创新发展，甚至还有可能给企业发展造成阻碍。

在这种形势下，传统零售企业要发展就必须创新，而企业创新必须从使命创新开始。比如，沃尔玛收购了 Jet.com，并聘请 Jet.com 的创始人担任沃尔玛电商业务的总负责人。对于 Jet.com 的创始人和沃尔玛来说，其工作都是做好电商业务，但两者的使命有很大的区别。

对于沃尔玛来说，开展电商业务的目的是增加线上渠道，但公司的使命不会因为增加这个渠道而发生变化，其使命依然是为消费者提供优质、平价的商品。但是对于 Jet.com 创始人来说，其使命则是创建一个能和亚马逊对抗的电商平台。

因此，在新零售环境下，无论是经营理念的创新还是经营模式的创新，都要从使命创新开始，以此为起点做好企业创新工作，才能推动零售企业更好地发展。

第四节　实体零售的“互联网＋”实践启示

本节的研究实践案例为阿里巴巴集团控股有限公司（以下简称“阿里巴巴”）和银泰百货（以下简称“银泰”）的合作。

一、阿里巴巴＋银泰：互联网转型的纵深演进

网络零售巨头阿里巴巴与传统线下零售商银泰的结合，在广大实体零售商心中引发了强烈的不安。对于正处于“互联网＋”转型关键时期的诸多实体零售企业而言，从银泰借助阿里巴巴进行转型升级的发展之路中，又能学到哪些宝贵的可借鉴的经验？

移动互联网时代，通过制造话题来吸引社会各界的广泛关注，俨然已经成为企业界普遍采用的手段。在社交媒体崛起的年代，从来不缺少被广泛关注的话题。

阿里巴巴与银泰的联合，在整个国内零售产业内形成强大的话题效应，不少传统零售企业管理者纷纷思考自身的互联网化转型之路是否正确，没有阿里巴巴等巨头提供支撑，未来能否在激烈的竞争中脱颖而出。

阿里巴巴和银泰的深度合作实现了双方资源的优势互补，这让传统零售企业产生了强烈的危机感。许多从业者纷纷表示，按照这种发展趋势，实体零售产业最终将被阿里巴巴商业模式淘汰。

事实上，这种想法过于极端，在阿里巴巴的助力下银泰确实有极大概率能够崛起，但积极拥抱“互联网＋”的传统零售企业未必就会一蹶不振。从长期来看，网络零售与实体零售之间并不是谁会取代谁的关系，作为企业为消费者提供产品及服务的商业模式，消费者对两者都有一定的需求。

当然，这绝非让实体零售商或者网络零售商安于现状，在这个实体商业与数字商业深度融合的时代背景下，忽略这种趋势而不积极进行变革的企业必将被淘汰。实体商业与数字商业的融合将会带来两个方面的巨大变革：其一，企业运营方式会发生重大变化。实体零售商会从以前坐店等客的运营方式变为积极通过各种线上及线下的营销场景获取用户；而网络零售商则需要借助移动互联网、大数据等技术，与实体店实现深度融合。其二，提升实体零售的运营效率。未来，将会实现人货场的融合，入驻平台的商家将会通过线上及线下的全渠道运营方式，实现对消费群体的全面覆盖。传统零售企业只有积极拥抱互联网，才能在这场剧烈的变革中生存下来。阿里巴巴助力银泰转型的发展模式，为广大实体零售企业提供了一种行之有效的转型路径。

二、资源互补：联手构筑 O2O 商业帝国

毋庸置疑的是，未来的零售产业必将是线下与线上的深度融合。成功转型的实体

零售企业的运营将包括三个阶段：①简单的O2O；②品牌化及服务形象塑造；③将实体O2O作为一种基本运营手段。

这体现了实体零售企业向线上及线下融合的零售业态转变的过程，首先实体零售商采用简单的O2O赢得部分线上用户的信任；其次激烈的同质化竞争使企业不得不通过品牌化战略和服务形象塑造，来赢得消费者的信任；最后实体零售企业通过不断探索，将线上与线下融合的实体O2O模式运用得十分成熟，并将其作为基本的营销手段。

目前的实体零售企业所采用的实体O2O模式很难对其带来十分明显的积极效果。线上零售固然能够使广大用户享受到便捷、高效的购物服务，但实体零售所提供的产品体验、售后服务以及售货员提供的面对面指导等是前者很难做到的。

与国内零售商相比，美国、日本的实体零售商受到的电商冲击远没有这么严重，因为它们用极致的服务体验赢得了消费者的认可。

国内的零售商不仅在服务方面有所欠缺，其对待实体O2O转型的态度也有很大问题。很多企业缺乏足够的耐心，仅简单地将线上作为一种新的提升产品销量的渠道，只是将线下的商品搬到线上平台。事实上，实体零售商以获取更高的利润为目标布局线上，不但不会获得更高的利润，反而会造成自身成本的大幅度上涨。

“互联网+”转型是传统实体零售企业必须顺应发展趋势并积极推动行业向前发展，未来实体O2O模式将会作为零售产业的一种常态，届时实体企业也就完成了向“互联网+”转型的战略目标。实体零售商实施互联网化转型未必能走向成功，但不实施转型，等待它们的必将是失败的结局。

“互联网+”给以旅游行业为代表的诸多行业带来了新的变化，已经让人们看到了其具备的巨大潜在价值，人们有理由相信未来完成互联网化转型的实体零售业将会让广大消费者及企业从中受益。对于阿里巴巴助力银泰转型的商业模式，实体零售商不应该感到忧虑与恐惧，而应从中寻找可借鉴的经验，积极实施“互联网+”转型战略。

能够被以阿里巴巴为代表的巨头收购兼并的企业毕竟是少数，处于食物链顶端的行业巨头对绝大部分企业并不会有太大的兴趣。阿里巴巴与银泰融合的商业模式最为核心的意义就是，让广大实体零售企业可以从中寻找到一条可以借鉴的“互联网+”转型路径。

推进线上与线下融合的实体O2O模式，会让广大实体企业在找到一条新的发展路径、获取高额回报的同时，促进产业化及社会化分工。例如，自媒体提供专业化营销及推广支持，线上第三方交易平台为生产者及消费者提供对接服务，基于共享经济的众包物流解决配送难题等。在这种良性的实体零售O2O业态中，零售产业链的诸多细分领域将涌现出一批极具创造力的创业公司。

事实上，借助“互联网+”完成实体零售O2O转型也被视为一种能够化解阿里巴巴、亚马逊等电商巨头不断蚕食线下零售市场的有效手段。但最为关键的是从阿里巴巴助力银泰转型的发展模式中借鉴经验，认识到互联网化转型的迫切之处，自发地拥抱互联网，最终为推动我国实体零售的“互联网＋”转型之路提供强大推力。

三、启示：实体零售的“互联网＋”转型路径

为了能够在竞争日趋白热化的市场环境中生存下来，实施“互联网＋”转型成为实体零售企业的必然选择。

具体来看，实体零售商可以尝试通过以下几种方式来加快自身的转型进程。

（一）强化自媒体的人气凝聚和门店推广作用

媒体公布的数据显示，微信平台的强大引流能力能够为企业的营销推广产生极大的帮助，粉丝数量达到十万级别的微信公众号的营销效果可以和地方性报纸相媲美，而粉丝数量达到百万级别的微信公众号能产生的营销效果堪比全国发行的报纸的头条新闻。微信公众号营销成本相对较低，而且基于用户在平台留下的相关数据，能够让零售企业实现精准营销。

包括天虹商场、银泰百货、广州友谊商场在内的诸多实体零售商已经证明了微信公众号营销的巨大潜在价值。它们通过在微信平台打造涵盖线上购物、门店导购、活动推广、售后服务等多种功能的微信公众号购物平台，进一步加快了企业的互联网化转型进程。

（二）利用大数据和虚拟技术开发自有线上营销体系

在用户主导的新消费时代，实体零售企业需要借助大数据技术让目标用户实时获取商品信息，需尝试借助 VR/AR 技术向目标用户推出虚拟体验馆等，这不仅能够极大地提升服务体验，还能产生极高的营销价值，这也是实体零售企业应对网络零售剧烈冲击的一种有效手段。

此外，实践证明，为自身的商品打造数字化营销体系是当下实体零售商需要重视的问题。

（三）借助 App 营销占领用户的手机

App 营销正在成为企业界普遍采用的营销手段，零售企业在 App 营销方面更应该走在前列。在各种细分领域的移动应用产品层出不穷的年代，零售企业的 App 开发决不能流于表面，要将其作为未来的一种主流营销手段进行布局。比如，王府井百货等实体零售商缺乏对 App 的重视，内容更新十分缓慢，影响用户体验。

除了 App 营销外，借助为用户提供 Wi-Fi 服务，不仅可以提升用户体验，还能获取足够的用户数据，从而实现对广大用户的精准营销。

第四章　零售行业变革之“场景＋零售”

第一节　移动互联网重构传统零售模式

一、体验消费：与用户建立场景连接

互联网的快速崛起和电子商务模式的不断成熟，对传统零售业造成了巨大的冲击。“降维攻击”“跨界打劫”等被越来越多人熟知的词语体现了这一过程的内在逻辑——互联网零售与传统实体门店零售拥有两种不同的思维理念和运作模式，互联网零售对传统实体门店零售的冲击是“先进事物”对“落后事物”的变革、颠覆和取代。

因此，对传统零售商而言，其需要做的不是拒绝互联网带来的变革，或者在电子商务的冲击下自暴自弃，而是以开放的心态拥抱变化，积极进行互联网化的转型升级，培养以用户为中心的场景化思维，从而使自己成为互联网时代零售新生态下的“强势物种”。

不过，受传统渠道思维的影响，很多零售企业仅仅将互联网理解为一个新的营销渠道，而没有意识到其价值理念、商业思维和运营模式等方面发生了变革，因而无法真正实现整体性的转型升级。

与传统零售连锁渠道相比，互联网若只是作为一个单纯的渠道，其在流量获取的成本方面并不比以往的渠道成本有多少优势，特别是在最初的渠道搭建阶段，大多数电商运营者甚至是难以盈利的。

其实，互联网的发展普及已经为企业或商家摆脱渠道束缚、实现与用户的直接对接提供了条件和可能，关键是商家能够深刻理解、把握“场景”和“体验”这两大要素，以用户体验为中心，及时、准确地找到用户在不同碎片化场景中的需求痛点，有针对性地向用户推送最应景的产品或服务，从而实现与用户的场景化连接。

显然，场景化思维是基于对互联网商业形态的更深刻理解和认知，对移动互联时代用户碎片化、移动化场景进行合理区分和利用，为用户创造更优质的场景消费体验

的思维方式。出行场景、户外场景、实体店场景等，都是人们无法绕开，也不可能被互联网取代的，商家要做的是将互联网与这些实体场景有机结合起来，为用户提供更优质的场景体验。①

以场景化思维和场景体验去重新理解互联网的价值，那么互联网就绝不仅仅提供了一种新的渠道，而是针对用户场景需求痛点提供问题解决方案、为用户创造优质体验的一种创新性思维和商业生态。只不过 PC 时代多是室内办公场景，而移动互联网则更多的是户外移动化、碎片化的生活服务场景。

很多较为成功的互联网应用其实都是把握住了日常生活中十分常见的场景，并通过解决某些痛点优化了人们的场景体验，从而受到广泛追捧。例如，为人们提供优质出行服务的滴滴出行，为人们外出游玩提供问题解决方案的去哪儿，针对吃饭场景的大众点评，以及基于机场候机场景的航旅纵横等。

从这个角度来看，互联网的商业价值具有巨大的挖掘空间，因为还有很多的场景并没有被捕捉到，用户的场景体验也没有被优化。例如，人们对某些场景的体验诉求远非大众点评可以满足，仅靠实时导航应用也不可能完全解决驾车场景的所有痛点，医院场景体验的优化提升也不是简单的线上预约挂号就能够实现的。

以用户体验为中心，用场景化思维去观察和思考，便会发现其实社会生活中还有很多场景是可以被优化，从而创造出巨大的商业价值的。例如，围绕早晨从起床、洗漱到出门这一时段的场景，可以开发出一个包括日历、天气状况、新闻、路况乃至更多个性化内容的应用。再如，针对健身运动场景，可以推出音乐、运动记录分享、社交、饮料、保健品、服装等各种能够提升场景体验的产品或服务。

二、场景思维：为用户创造极致体验

任何成功的互联网商业应用都是契合场景特质、能够解决需求痛点，从而优化用户场景体验的。这也是为何很多 PC 时代被传统零售企业视为“洪水猛兽”的电商平台进入移动互联时代以后难以生存的原因。

在 PC 时代，消费者有充足的时间进行大而全的海量信息搜索、阅读大篇幅产品或服务介绍。与此不同的是，移动互联时代场景的移动化、碎片化，使人们更加青睐小而美、能够带来极致体验的产品或服务，或者是基于明星达人或朋友分享，选择能满足需求的相关产品或服务。

对传统零售行业来说，场景化思维就是以用户体验为中心，围绕具体的场景化需求，为用户提供最佳的痛点解决方案，以此赢得用户的认同和青睐，实现价值创造和收益获取。不过，这首先需要解决四个问题——找到目标客户，精准定位用户场景和需求痛点，明确自己的产品或服务能够为用户创造何种价值、形成怎样的口碑，以及变现之后如何进行后续的传播扩散。

① 朱东梅．消费场景体验化　拉近品牌与用户的距离 [J]. 现代家电，2018（4）：12-15.

需要注意的是，移动互联网和传统实体门店并非“你死我活”、相互对立的，而是相互融合、彼此助益的。场景化思维的运用是以手机为工具和载体的，是通过手机将移动互联网和实体环境有机融合起来，为用户创造优质的场景体验的。手机使用的频率越高，商家或应用能够连接到的场景就越多，从而被传播的机会也越多。

场景化思维体现了以用户体验为中心的互联网商业特质，在移动互联时代，用户体验的好坏不仅取决于产品本身的功能属性和质量，更取决于围绕产品所打造的整体性的服务场景。

例如，雕爷牛腩餐厅追求“无一物无来历，无一处无典故”，以求道的态度不断感知并提升服务水平，从而为消费者创造了远超一碗牛腩本身价值的更多价值——切牛腩的刀是用大马士革钢锻造的，炖牛腩的锅具是申请了专利的，店中供应给顾客的水也是极负盛名的斐济水（FIJI Water）和盛棠天然泉水（Saratoga Spring Water）。独具特色的优质场景体验使进店消费的顾客十分乐意将这些碗筷刀具以及自己的消费体验分享到社交媒体中。

再如，海底捞火锅以场景化思维为用户创造极致体验，从而获得了巨大成功。海底捞餐厅没有将目光局限于产品本身，而是从整个火锅消费场景出发，针对消费者排队时间较长、无处打发时间的痛点，创造性地在门店中设置专门的区域，为等待就餐的用户免费提供水果、饮品和美甲等服务，从而为人们带来了意外惊喜和价值，以微小的成本获得了巨大的口碑传播红利。

可见，互联网商业时代的传统实体零售商并非走到了“穷途末路”，只要实体零售商能够学会场景化思维，将移动互联网与实体环境有机融合起来，为用户创造出极致的场景体验，就可以像雕爷牛腩、海底捞火锅那样，成为互联网商业新生态下的“强势物种”。

三、场景跨界：与用户产生情感共鸣

对于 O2O 领域的场景化人们可能并不陌生。例如，想找人清洁家庭卫生时人们会想到 e 家洁，想要做按摩时人们会想到功夫熊等。不过，这里要研究的重点是实体零售领域的场景化。

不难发现，家居品牌商宜家出售的产品更多的是组合产品，购买某种单一的产品后，顾客考虑到搭配效果往往会去购买其他产品。在丰富的产品组合中，顾客感受到的并非简单的销售产品，而是追求美感、简约、精致的生活理念。这便是宜家为广大消费者创造的消费场景。

相比于纯粹卖书的新华书店而言，当下的消费者更愿意前往集餐饮服务、服装展示、读书等功能于一体的方所书店。前者就是为了销售图书，而后者则为消费者创造了丰富多元的生活场景，如人们可以在看书累了时喝一杯咖啡、欣赏艺术作品、听文学讲座等。

通过打造出一种轻松愉快的购物场景，实体店让顾客感受到的不再是冰冷的商

业交易，而是更具情感、更有温度的体验，能够提高顾客的忠诚度，增强顾客的依赖感。因此，场景化的本质在于让顾客产生情感共鸣。

尤其是在以用户为主导的新消费时代，在产品同质化和营销内容满天飞的背景下，通过单纯的商品功能和价格已经很难吸引消费者，人们更为关心的是商品及服务传递出的情感，只有那些满怀诚意的小而美的单品才能成为爆款。

当下，实体零售领域的场景化可以分为两种：一是类似宜家这样通过产品陈列的方式来创设场景；二是以方所书店为代表的通过不同生活元素的跨界整合，搭建出丰富的生活场景。

同样通过产品陈列的方式实现场景化的还有化妆品品牌康缇。例如，在不同功能的产品展示区，康缇会模拟出真实的环境：在身体护理区，康缇打造出了一个完整的浴室场景——装满水的雕花浴盆中铺满玫瑰花瓣，旁边的镂空货柜上摆放着各种类型的护理用品；在彩妆区，康缇则将其布置成了专业的化妆间等。

类似方所书店的场景搭建方式也被许多零售企业采用，其逻辑在于给顾客带来了优质的服务体验。个性休闲男装品牌卡宾就通过将男装、花艺、美发、家居及餐饮等元素整合起来，为顾客在门店内创造出了极具人性化的生活场景。

韩国美妆品牌悦诗风吟在上海地区的旗舰店内，借助于垂直绿色庭院及特色 Green Cafe 为消费者创造出了一种优良的购物场景，不仅有丰富多元的化妆品，还有充满绿意的庭院及来自韩国济州岛的咖啡与食物，可以让消费者在购买化妆品之余排解生活中的压力。

招商银行与韩国咖啡品牌 Caffebene 合作、优衣库与星巴克合作、服装品牌 GAP 出售杂志与书籍等，这种跨界组合的现象在近年来大量涌现。对于消费者而言，如果前往银行办理业务需要排队时能够有一杯咖啡陪伴，就不至于等得如此难受。同时，为了喝咖啡而前往门店的消费者也可以向银行服务人员咨询投资理财相关事务。

对于跨界合作的零售企业而言，它们能够互相获取对方的优质客户资源，更为高效地传播自身品牌，在共同创造的消费场景中，最大限度地发挥“合体”效应，从而实现价值最大化。

第二节　从技术到商业的零售变革之路

一、利用场景技术，迈向智慧零售时代

在零售行业内，伴随着全渠道战略的迅速发展，线下和线上的界限不再那么清晰。在今后的发展过程中，采用全渠道战略的企业有可能在市场上占据主流地位。

社会的进步、科学技术的高速发展，使得现代人对于消费形式的需求发生了巨大

的变化。目前，电商行业发展迅猛，线下实体店铺的经营方式也在不断变化。当下，很多电商企业和线下实体零售企业联合，如万达与百度和腾讯合作，成立万达电商，阿里巴巴与苏宁合作等，这些都是线上和线下结合的体现，加速了场景时代的到来。在这种大趋势下，实体零售企业进入转型阶段。

随着移动互联网时代的到来，手机、平板等智能产品已经深度改变了人们的生活方式和习惯，用户的时间更加分散，信息随时随地传播，人们不再局限于通过传统渠道购物，而是可以随时随地购物，选择更加多样。

在不久的将来，随着虚拟技术的发展完善，商家将能够利用智能产品实现生活场景与消费的结合。如此一来，场景的渗透作用会逐渐增强，甚至能够取代价格，成为市场运营的主导因素。图 4-1 所示为智能产品发展方向。

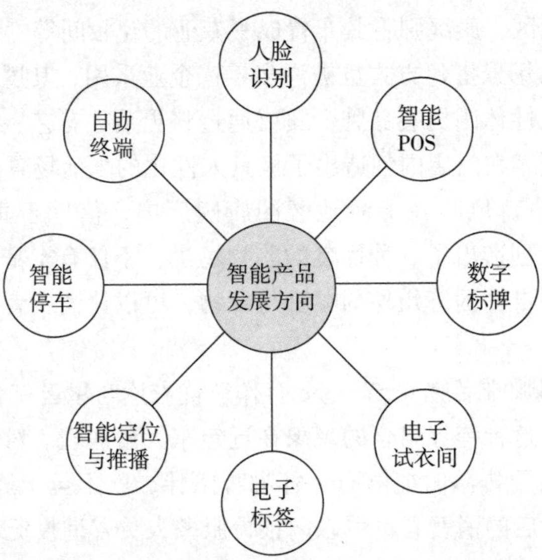

图 4-1　智能产品发展方向

（一）人脸识别

通过人们在消费过程中留下的视频可以收集丰富的顾客信息，如性别、年龄、购物种类、选取时间等，对这些信息进行整合分析，再利用其他智能技术，能挖掘出更多的数据信息，使商场实现低成本高效管理，同时能够建立庞大的消费者数据库，根据消费者需求优化自身产品结构。

（二）智能 POS 机

在不久的将来，智能 POS 机的形式将会变得更加多样，不但灵活、便携，其形态设计将更加符合人们的需求，而且可通过微信和支付宝支付，随时随地满足线上、线下支付需求。

智能 POS 机还能实现对销售数据的收集和整理，对各类产品的销售数据以及销售量变化进行分析，以帮助商家实时调整商品种类和经营策略。此外，还可添加人脸识别技术，使经营者能够对消费者的数据资源进行分类管理，从而提高营销的针对性。

（三）数字标牌

数字标牌的发展和应用将能够帮助商家更好地服务消费者。数字标牌不仅能够用来展示商品，还能使消费者提前了解商场的促销活动、查询商场商品、查询附近的其他服务（餐厅、影院等）、网上订票、网上订餐等。同时，数字标牌还能作为传感器，记录人流状况，帮助顾客安排出行购物时间，避开高峰期。

（四）电子试衣间

电子试衣间内安装了触摸屏，屏幕可识别出顾客所穿的衣服并给出建议，这款衣服应该搭配什么样的配饰（如手提包等）。另外，如果顾客对所选衣服的颜色和尺码不满意，能够直接在触摸屏上选择其他尺码和颜色，提示服务人员送进试衣间。

该屏幕还有推荐功能，能够帮助顾客选择出与其身材、穿衣风格相匹配的商品，并显示产品相关信息，如材料成分、当前库存数量等，帮助消费者快速做出决策，在短时间内买到合适且满意的商品。

（五）电子标签

如今，人们对食品安全提出了更高的要求。电子标签能够帮助消费者了解所购产品的各类信息，减少消费者对食品安全问题的担忧。消费者只需扫描产品包装上的二维码就能够获知其相关信息，如食品的原产地、深加工过程中添加的成分、生产时间、食用方法等，从而能够买到安全、放心的产品。

（六）智能定位与推广

当消费者在一个不熟悉的超市里购物时，可通过智能定位找到自己想购买商品的确切位置并利用导航到达那里，从而在短时间内完成购物。同时，商场可以通过数据分析技术，获知每位顾客的消费习惯，据此进行精准营销。

商家也可以根据智能定位，实时了解商场的顾客流动状况等信息，为营销活动的举办提供参考数据。

（七）智能停车

在今天，停车位已经成为相当紧缺的资源，开车购物的顾客最烦恼的事情就是寻找车位。通过智能停车，寻找车位将会变得异常简单。利用智能停车软件，顾客在旅途中，甚至在还没有出门时，就能够查看车位停车状况，安排自己的停车位置。

此外，停车场的出入口还可设置智能服务终端，为提供车位查询、停车缴费等功能，让顾客能够便捷停车，轻松购物。

（八）自助终端

自助终端是智能服务中的重要组成部分，能够简化用户的消费流程。自助终端应用于零售行业，可提供优惠券的自助取券、停车场的自助收费、会员自助办理及查询服务、会员积分及奖品兑换等服务。

未来超市线上、线下的界限将变得愈加模糊，自助终端设备的应用能够让消费者方便快捷地下单、购买、支付等，实现随时随地便捷消费。

二、场景消费时代，商超如何经营管理

场景本意是指在特定的时间和地点发生的行为，或者是由于特定的人物关系而组成的画面，是一种借助人物行动来展现剧情的特定过程。对于消费者而言，他们的消费行为发生在特定的时间和空间内，以及特定人物关系下，某种特定场景可能会触发某种消费行为。在新消费时代，场景是一种新的思维方式，也是以用户为中心的连接方式，是人们追求新生活方式及价值交换方式的具体体现。

对于即将到来的场景消费时代，超市运营方有必要及时做出调整，在产品品类、产品陈列、购物环境及营销策略等方面进行变革。

不少零售从业者认为，搭建场景应该是大型购物中心的专属。大型购物中心利用场景可以在购物、社交、娱乐、餐饮等领域创造出巨大的价值。但事实上，超市要想在激烈的市场竞争中生存下来，就必须对自身的运营方式进行调整。虽然超市不能像大型购物中心一样搭建大场景，但通过搭建一些小场景同样可以创造很大的价值。

商超场景运营的关键如图 4-2 所示，从中不难看出，若要更好地通过小场景创造价值，超市管理者必须在以下几个方面做出调整。

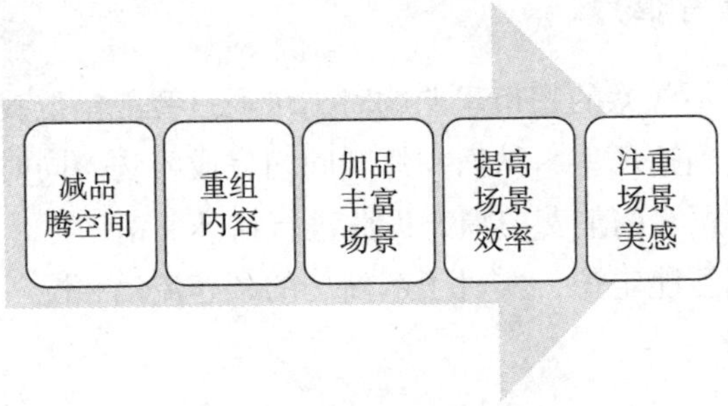

图 4-2　商超场景运营的关键

（一）减品腾空间

企业的经营始终离不开成本、效益和效率这几个关键要素，新消费时代零售必

须回归到商品中来，但回归到商品中来必须有渠道和配套设施作支撑，如今的商品流通渠道正在发生重大变革，层出不穷的移动 App 使消费者获取产品的渠道变得更为丰富。

在这种多渠道的商业环境中，商业逻辑也要发生变化，超市运营方必须在选品方面做减法。不同的超市针对的是不同的用户群体及消费场景，让这些主流客户群体的消费需求得到满足，并通过他们实现口碑传播，无疑是超市获取价值的关键所在。在产品品类方面，性价比较高产品和时尚潮流产品是最佳的产品组合，不符合这种性价比需求场景和时尚潮流需求场景的产品品类应该尽可能地减少。

在运营管理实践中，超市运营方可以通过以下几个步骤来减少产品品类。

第一，明确要削减的产品品类。根据运营数据，分析现有产品品类的周转率、销售贡献率、利润率等，确定要削减的品类。

第二，明确要运营的产品品类范围，找到那些消费需求相对集中及盈利能力相对较强的品类。

第三，明确增加的产品品类，在掌握消费者核心诉求的基础上，评估人们的消费场景，从而对现有产品品类进行补充。

需要注意的是，减品是一项长期的复杂的系统工程，需要考虑多种因素，并进行持续优化改善，绝非短时间内就可以完成的。在具体应该减少多少产品品类这个问题上，并没有统一的答案，因为这需要考虑场景容量、超市运营方的战略诉求、消费者的购买力等综合因素。

（二）重组内容

和大型购物中心的闭环生态场景不同的是，超市内的场景需要更多地考虑消费者停留时间及决策时间都相对较短的小场景。因此，在内容方面必须进行重组。以购物为核心的超市场景显然需要对顾客进行分流。

对内容进行重组需要重点考虑以下几点。

第一，围绕产品组合及强化产品展示效果创造更多的购买场景。

第二，以满足用户需求为核心，丰富商品的使用场景。

第三，在商品产业链上下游扩展更多的售卖场景，如阿里巴巴投资的盒马鲜生可以为在超市中选购商品的消费者提供现场烹饪服务。

第四，增加更多的娱乐性和趣味性。对于儿童群体而言，他们在大润发门店中印象更为深刻的就是玩具区、图书区、餐饮区、运动器材区等，因为这些场景可以让他们体验到更多的乐趣。

重组内容时需要考虑到多个方面，通过更多的场景，让广大消费者获得前所未有的极致购物体验。在这种由丰富多元的消费场景构成的良好的购物环境中，消费者的购物欲望无疑会极大激发。

（三）加品丰富场景

对超市而言，最为关键的是能够为消费者提供的时尚、安全、美观的产品，有效激发顾客购买欲，所以超市需要加品，丰富场景。例如，对电器品类而言，超市可以尝试加入料理机、酸奶机、美容设备，甚至是机器人及无人机等；对体育用品来说，除了常见的球类运动产品，还要有与攀岩、拳击、瑜伽、健身、垂钓等活动相关的产品；等等。当前大多数超市需要做的是增加更多的潮流新品，以吸引更多的年轻消费者，并对购物环境进行优化改善，更加灵活地进行营销推广等。在这些方面，超市可以借鉴线上零售商的经验。

（四）提高场景效率

超市管理者需要提高员工在超市运营（上新、展示、仓储、营销、服务等）方面的效率，要知道搭建场景不是将商品胡乱地组合起来，这样是不能创造巨大商业价值的。

对消费者来说，一些商品之间存在着密切的关联，如购买火锅材料时需要蔬菜、肉类、底料、蘸料、饮品等，这类产品能够创造价值的关键点在于产品品类的组合搭配。有些商品则相对独立地满足了用户的消费需求，如面包等。在围绕这类商品搭建场景时关键是提升消费层次，展现更多的艺术及文化色彩，如以前面包可能是与果酱搭配，而今天则更多的是与书、饮品及绿色植物搭配，构成消费场景。

（五）注重场景美感

搭建消费场景当然也要注重其美感。对超市而言，场景的美学价值体现在细节方面，细节上的优化调整可以让消费者获得更为丰富的情感体验。

例如，漫书吧、天虹 COOL ＋及 Brookstone 等线下门店通过丰富多元的跨界场景让顾客获得了前所未有的购物体验，并产生了强烈的情感共鸣。这种运营模式在未来可能会成为零售产业的主流模式。

消费场景和商品、环境、行为、内容、服务密切相关，体现了互联网时代开放、融合、共享、连接等各种新思维，但无论如何复杂多变，从本质上来讲，都是为了让广大消费者认可产品价值和服务价值，从而实现商业价值的最大化。

三、服装零售店如何借助场景创造价值

近年来，消费场景化受到了服装零售企业的格外重视，它不但给企业创造了更多的销售渠道，还使服装产业的整体市场格局产生了重大变革。在消费需求越发具有个性化的移动互联网时代，服装零售企业需要为广大客户提供丰富多元的消费场景，从而让他们多元化的消费需求得到充分满足。

（一）场景时代

在新消费时代，人们的消费需求与消费习惯已经发生了很大的改变，消费场景概念的火热正反映了当下处于不断变化状态中的生活理念与消费文化，也让服装企业与广大消费者及整个行业之间的关系发生重构。

与此同时，消费场景也让国内服装企业在优化产品及服务方面具备了更为广阔的想象空间。各行各业在“互联网 +”的浪潮下纷纷进入转型升级阶段，借助于消费场景化理论，可以让服装企业优化及完善自身的产品及服务，激发创新思维。

在如何搭建迎合用户需求的消费场景方面，不同领域的企业给出了各自的答案。例如，微信、微博等社交平台将社交元素与电商融合，创造出了各种各样的社交电商场景；斗鱼、熊猫等直播平台通过聚集优质内容生产者，创造出了丰富多元的直播场景。

易观智库与场景实验室联合发布的《场景白皮书 2016》中指出：迎合当下需求的场景模式将是一种基于商业表达、能够快速积累海量资源的一个连接，对消费关系、购买关系、表达关系及生态关系进行获取及转化。

场景消费正逐渐演变为一种思维模式，它强调将互联网及移动互联网视为连接不同消费者并创造各种消费场景的有效工具。更为关键的是，消费场景也成为企业获取用户流量的关键所在。[①]

（二）场景的具体表现

场景是一种全新的连接方式，可以借助社交媒体平台或者二维码扫描等方式，实现人与产品及服务或者人与活动之间的连接。以酒店为例，未来的酒店 O2O 场景将是消费者借助 VR 设备实现选房、扫描二维码购物、利用社交媒体对产品及服务进行点评等。借助微信提供的连接方式，酒店运营方可以创造一种以满足客户需求为目的的营销服务模式，搭建出各种各样能满足用户需求的消费场景。

场景是一种价值交换方式及全新的生活方式。微信用户通过关注公众号可以阅读自己感兴趣的内容，并通过微信支付进行打赏，这是一种典型的价值交换方式。当然，在斗鱼或者熊猫等直播平台中打赏主播虚拟礼物也是一种价值交换方式。而 VR 设备、e 家洁、河狸家等则代表了一种全新的生活方式。

时间、地点、人物、事件及连接方式是场景的五大构成要素。以视频会议场景为例，明确时间、地点、与会人员、会议主题、移动互联网连接，就可对该会议场景进行精确描述。

在传统生活理念与新消费需求的激烈碰撞下，消费场景不再有新旧差异，其释放价值的关键在于向场景中的用户提供全新的体验和价值。

① 朱国安．新零售下实体零售店消费场景的创新实践与商业改革 [J]. 经济视野，2019（4）：33.

从商业的角度来看，缺乏场景，人们不会更新自己的社交状态，不会在互联网中分享内容。因此，场景决定了付费模式，也决定了人们的生活方式。在场景时代，商业生态和生活图谱将由一个个场景组成，未来将会是一个通过各种新的消费场景提高产品及服务增量价值的新消费时代。

场景不仅涉及线下，更涉及由互联网组成的各种虚拟空间。对于服装企业而言，如果在数字化布局方面较为深入，那么未来通过在各种虚拟空间中提供数字化服装产品同样可以获取海量的价值。

随着智能化设备和制造技术的不断发展，未来大数据将给人类社会生活带来前所未有的巨大变革。在服装领域，未来会有越来越多的服装企业选择转型成为大数据企业，同时将会出现一些能够与人们进行互动交流的服装产品，届时能否满足人们的情感需求将会成为衡量服装产品价值的重要指标。

（三）营销的发展趋势

在某种程度上，移动互联网可以理解为互联网的移动化，甚至是整个人类社会的移动化。以家政、餐饮、零售为代表的各行各业的企业都在移动媒体中进行营销推广，竞争变得更为多元、更为复杂。

场景营销已成为企业营销的一大主流发展趋势，无论是借助网红经济打造服装品牌，还是打造柔性化供应链，都需要顺应这一发展趋势，尽可能地创造出更多的消费场景，从而实现商业价值的最大化。

“80后”和“90后”作为年轻一代消费群体，对丰富多元的场景消费有着十分强烈的需求，尤其在人们生活水平和消费理念不断提升的情况下，无论是出于追求更为高品质的产品及服务的目的，还是本身就更加注重文化消费，都是如此。

（四）最本质的服务

场景运营模式为服装企业的转型升级提供了一种新的思路，尤其是在中国经济长期面临下行压力的市场环境下更是如此。但服装企业要想精准地掌握当前的市场形势，绝非一件简单的事情。很多管理者仍在用传统思维模式对企业进行管理和运营，这种企业很难在日益激烈的市场竞争中生存下来。

场景化消费是服装企业为了迎合用户需求而做出的一种必然选择。从现有的服装产业发展情况来看，用户群体规模很难出现大幅度增长，因为人口规模增速趋于平缓，如今绝大部分产业都已经进入产能过剩阶段，服装企业提供的产品数量远超市场的需求量。所以，服装企业想要实现进一步发展，最为关键的就是从现有客户群体中获取更多的价值。

通常情况下，顾客进入门店或者打开网店的频次越高，花费的时间越多，产品销量就会越多，而极具创意的产品陈列方式及人性化的服务，能够吸引更多的消费者进入门店和网店，从而为商家创造更高的价值。

第三节 聚焦线下场景，抢跑新零售时代

一、搭建智慧场景：转型新零售的关键

“新零售”的概念诞生后，以蓬勃之势迅速崛起，引起业内人士的普遍关注。而新零售的产生离不开国家政策的引导。

国务院于2015年出台政策促进消费升级，并将其纳入国家级战略中。自此，“消费升级”成为众多领域关注的热点。如今，“80后”“90后”成为社会消费主力，这代人更加注重产品的质量、个性化元素及相应的体验。在此背景下，新零售逐渐发展起来，并成为一股不可阻挡的潮流。

新零售特征如下：线上渠道与线下渠道及物流体系结合。从根本上来说，物流运营的关键不在于速度，而在于加快库存周转速度。虽然这样理解新零售有为阿里巴巴物流慢辩白的嫌疑，但确实揭示出了新零售的显著特征：线上渠道与线下渠道的一体化运营。

当然，新零售在今后的发展过程中很有可能体现出更多的特点。从零售行业发展历程的角度来思考，新零售是应用现代化的网络技术、数字技术对传统零售行业的革新，其运营是围绕用户体验来开展的，经营重点将由传统模式下的产品转移到用户方面。

富有洞察力的传统实体企业在新零售时代到来之前就已经开始注重客户数据、采购数据的收集及统一管理，并采用客户关系管理系统、企业资源计划系统为企业决策提供依据了。线上渠道及线下渠道的一体化运营，能够体现出实体企业主动寻求与互联网及移动互联网的结合，但这种转变仍局限在渠道方面，还不算是新零售。

零售企业要想成功转型为新零售，就要朝智慧化的方向发展。而在具体实施过程中，要注重场景的应用。在消费升级的大背景下，消费者的需求不断提高。为了更好地服务市场，企业必须在发挥互联网优势的同时学会在线下进行场景打造，并将两者融合起来，搭建智慧场景，从而在激烈的竞争中凸显自己的核心竞争力。

为了对智慧场景有更加深入的了解，有必要先分析一下场景消费，了解一下场景消费的作用。所谓场景消费，就是商家为消费者提供视觉、听觉等多样化元素，使其联想到自己期待中的场景，通过氛围的营造来感染消费者，使其产生心理认同感。

在互联网尚未普及时，用户看重的是产品的实际功能。随着信息时代的到来，伴随着互联网发展成长起来的年轻消费者，不仅注重产品本身，还会对其背后的故事、人物感兴趣，即对由人物、空间、环境氛围等组成的场景心怀期待。

也就是说，虽然消费者拿到手的是商品，但消费场景才是能够激发其购买欲望的关键因素。若场景符合消费者的心理期待，就能促使其做出决策。

如今的消费已经不同于以往，对消费场景也提出了更高的要求，传统场景已经无法对接新时代的市场需求。为了解决这个问题，商家必须打造智慧场景，使其能够符合消费者的深层期待。

从这个角度来分析，所谓智慧场景，是指通过互联网技术对传统场景进行改造升级，将现代信息技术应用于其中，提高其智能化水平，使新型场景更加具有感染力，能够从心理层面打动消费者，使消费者获得更加优质的产品、服务和体验。

上文中说过，消费者的消费升级推动了新零售的出现，新零售只有满足消费者在产品质量、个性化设计、体验等多方面的需求，才能继续生存与发展。新零售逐渐占据主导地位，传统的电商模式无法对接新时代的消费者需求。为了解决这个问题，电商经营者必须进行线下探索。

所以，商家要向新零售转型，就要进行场景搭建，否则其运营仍然无法摆脱传统的电商模式。不过，即便建立了场景，也需要进一步把握消费者需求。很多消费者之所以选择线上购物，就是因为他们充分认识到了网购的优势。如果线下购物无法带来同样的便利，就很难让其在线下实体店里购物。

为此，实体零售企业需运用互联网技术对传统经营模式进行改革，搭建智慧场景。由此可见，企业在向新零售转型的过程中必须学会打造智慧场景。

二、聚焦线下场景：创造全新购物体验

在零售行业发展过程中，场景发挥着十分关键的作用，而在场景搭建中，现代信息技术的作用同样重要，所以很多实体企业纷纷聚焦智慧场景的建设及应用。

当电商行业与互联网进一步融合发展时，很多有实力的电商企业争相打造线下场景。与此同时，前期没有抓住电商发展机遇的实体企业也开始尝试转型升级，朝新零售方向发展。如今，该领域的竞争日益加剧，那些能够成功打造并运营智慧场景的企业在竞争中更具优势。

可以确定的一点是，传统电商虽然能够充分发挥互联网平台的优势，但却缺乏线下场景的支撑，无法为消费者提供现场体验。大多数电商经营者只是在节日期间推出主题活动，也有部分商家会在消费者成长的各个人生阶段，如儿童时期、上学期间、职场生涯等阶段，打造虚拟场景，激发消费者的购买欲望。然而，消费者体验真实场景的需求是无法通过虚拟世界来满足的。

近年来，无论是阿里巴巴还是腾讯，都在布局线下渠道，并通过发展移动支付、用户交流平台等发挥自己的互联网优势，但这些措施都没有对零售商的核心系统造成影响，没有掌握智慧场景的打造及运营方法。

与电商企业相比，线下实体企业在场景搭建方面具备更多的优势，难度要小一些。实体企业可以运用互联网技术对传统场景进行智能化改造，抢得向新零售转型的先机。

在现实生活中，实体企业通过战略推进超过传统电商的案例俯拾即是。举例来说，

万达、五洲国际、步步高企业等打造的购物广场，不仅经营多样化的商品，还设置了餐饮、娱乐等业态形式，供消费者休闲娱乐，通过场景搭建满足消费者的个性化需求。

万达与腾讯、百度共同打造的飞凡开放平台能够将互联网运营与实体商业经营结合起来，通过打造智慧场景，为顾客提供智慧餐饮、智慧电影、智慧购物等多种体验，对消费者形成较强的吸引力，将部分习惯于网购的消费者吸引至线下实体店进行消费。

万达、百度及腾讯在 2016 年的“618”期间，描述了零售行业在与飞凡平台合作后，可能实现的智慧消费场景。

第一，消费者登录飞凡客户端应用，查询附近的大型商超、购物中心，接收品牌商推送的营销内容，下载自己所需产品的电子优惠券。

第二，消费者可到实体店进行消费，在到达购物中心后，用 App 导航功能查找相应门店的具体位置并自动导航。

第三，可利用闲暇时间参与 App 的抽奖活动。

消费者从到达购物中心到整个消费过程结束，可享受免费的无线网络，利用智慧系统实现智慧停车、地理位置服务，还可享受会员优惠等。经营者能够实现线上及线下运营的融合，通过打造智慧场景，为消费者提供全新购物体验，推动自身向新零售转型，而多数传统电商却无法做到这一点。

三、场景零售路径：思维、科技与实践

不过，无论是依托网络渠道发展的电商企业，还是在场景方面具备先天优势，但智能化水平不高的实体企业，在进行新零售转型过程中都遇到了很多阻力。那么，实体企业怎样才能增强自身的核心竞争力？

经营者需在发展过程中同时关注思维、科技及实践三个层面，如图 4–3 所示。

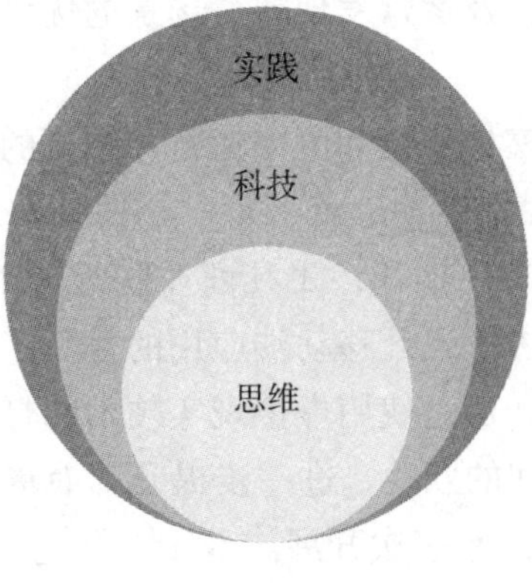

图 4–3　场景零售需关注的层面

（一）思维

如今，很多领域都在积极寻求转型，并且主动学习互联网企业的模式，更加注重

用户体验，完善自身服务体系。

举例来说，华为公司旨在帮助运营商解决信息与通信问题。为此，公司对运营商进行思维革新方面的指导，使其将用户需求作为运营重点，为用户提供即时通信服务。传统实体企业在向新零售转型过程中，也必须经历思维革新，根据用户的内在需求搭建智慧场景。

另外，在互联网行业发展过程中，能够把握先机的企业就能将竞争对手远远甩在身后，因此实体企业必须突破传统思维模式的限制，提前做好转型准备，以免在竞争中处于劣势。

（二）科技

在搭建及应用智慧场景时，要充分认识到科技的重要性，通过应用科技推动自身发展，发挥大数据、物联网、人工智能等现代信息技术的作用。

具体而言，企业可通过大数据技术来收集与产品、用户及企业相关的多种数据信息，并进行深度处理与分析，为自身决策提供参考；通过物联网技术的应用，实现人与设备、人与数据、人与产品及服务之间的连接，使企业能够以用户为中心展开运营；通过人工智能技术的应用，提高企业运作的智能化和现代化水平，加速企业运转。

不过，企业在战略实施过程中需要明确的一点是，从根本上来说，零售商从事的是零售，而非技术研发与应用，所以专业的经营者在企业发展过程中发挥着不可替代的作用，并且企业需要集中力量出击，从而提高整体资源利用率。

（三）实践

当企业能够以正确的思维方式和先进的科技来推动自身发展时，下一步要做的就是具体实践，通过真实的操作及运营发现智慧场景的优势及不足，并在发展过程中进行调整，逐步更新与完善。

百度、腾讯及万达采用实体经营和电商运营相结合的模式，多次举办大规模营销活动，是实践方面的典型代表。

例如，在2016年的“618”期间，飞凡商业联盟与3000多家实体企业合作，共同掀起场景体验的大潮，促进了飞凡移动端应用的普及。在“双十一”活动期间，飞凡联盟携手数千家实体企业，通过使用虚拟现实技术，打造智慧场景，并融入更多娱乐化元素，增强与消费者之间的互动，进一步提升了消费者体验。

迄今为止，电商经营者已经多次开展“双十一”与“618”活动，然而大部分电商企业在线下的运营都不完善。尽管经营者每次在活动期间都采取形式多样的营销策略来吸引消费者，但仍然存在严重的同质化现象，导致消费者的兴趣逐年降低，企业也无法获得迅速发展。

可想而知，除阿里巴巴之外，还会有很多实力雄厚的线上企业朝新零售方向发展，并将新零售作为吸引消费者的重要法宝。当前，传统电商的不足之处在于拥有互联网技术，却缺乏场景，这个问题恐怕需要很长一段时间来解决，因此在接下来的发展中肯定会有很多传统电商企业走向末路。而实体商家在场景搭建方面具有优势，应该抓住这次机会，积极应用互联网技术，在新零售时代积极转型，充分发挥自身的优势。

第五章　零售行业变革之“全渠道+零售”

第一节　打破渠道壁垒：构建全渠道零售运营模式

一、全渠道：概念、内涵与演变历程

（一）全渠道的概念与内涵

所谓的“全渠道”（omni-channel），是与单渠道、多渠道相对的概念。关于全渠道的定义有很多，各有各的见解。① 其中，英国 Webcredible 公司认为，全渠道的意思就是正确地做很多渠道，让标准的服务和相同的品牌在不同的渠道中传播，将不拘时间、地点，为顾客带来无缝化的体验。

在多渠道、跨渠道等概念出现之后，人们发现了其中的缺点，希望能进一步推动渠道融合，进而提出了全渠道的概念。这个概念是基于对客户需求和消费行为的分析提出来的，以将优质的购物体验提供给客户。

其核心价值在于在保证客户对产品的感知差异不大的情况下提升自身利益。其着眼点在于以客户为中心，借助多渠道和顾客建立联系，为客户提供相同的购物体验。这个相同指的是，无论顾客是在实体店购物，还是在网店或移动终端购物，其购物体验都是一样的。全渠道战略的特征是社交化、本地化、移动化和个性化。

关于全渠道的含义，从不同的角度理解能得出不同的结论。从零售商的角度来说，全渠道就是以客户为中心，借助信息技术打造一体化渠道，给客户提供一致的购物体验；从客户的角度来说，全渠道就是使客户能时时刻刻享受到无缝化的、无边界的购物体验。

① 李飞．全渠道零售的含义、成因及对策：再论迎接中国多渠道零售革命风暴 [J]. 北京工商大学学报（社会科学版），2013，28（2）：11.

（二）全渠道的演变历程

一般来讲，渠道演化过程可以分为四个阶段，分别是实体店时代、电子商务时代、多渠道、全渠道，其中多渠道还可以细分为跨渠道、O2O 等。

在实体店时代，零售业主要以实体门店为主，其模式以百货商场、超市等坐店经营模式为主。之后，伴随着互联网的兴起与发展，以淘宝网、亚马逊等为代表的虚拟网络商店出现，其模式有 B2C、C2C。

近年来，以苏宁、京东为代表的传统零售商开始拓展销售渠道，打破单一的店面经营模式，将零售业务拓展到了实体店、网上商城、微信、微博等多个场所，实现了跨渠道营销。在跨渠道营销的基础上，对各渠道进行整合、衔接，就产生了多渠道营销。

O2O 模式是虚拟融合模式，是目前最受我国零售商喜爱的一种模式，从线上吸引顾客到线下消费，实现了线上与线下的融合，为企业带来了优质的营销体验，也为客户带来了优质的购物体验，一举两得。

在多媒体时代，在多渠道整合的基础上产生了一个新的概念——全渠道。在全渠道条件下，营销的主动权掌握在消费者手中，消费者可以借助各社交媒体对零售商终端进行选择，享受极致的购物体验。从零售商的角度来看，全渠道就是在多渠道的基础上，对各个渠道进行整合，让各前、后台的系统实现一体化，为客户提供一种无缝化体验。从客户的角度来说，全渠道就是可以让客户在一个渠道挑选产品，在另一个渠道进行比较，最后通过第三个渠道进行支付购买。

在全渠道营销模式下，客户、商品、信息、资金等都能实现自由流通，在社交媒体的帮助下，全媒体营销模式能给客户提供无缝化的购物体验。

在零售领域，全渠道零售是最好的状态。就我国目前的行业发展情况来说，全渠道在应用推行方面面临着一定的困难，但是其理念已经为人们所熟知，很多企业都在尝试以 O2O 模式为基点向其推进演化。

为此，很多传统电商都在倾力打造电商平台或者手机终端业务平台来抢占虚拟市场。以“双十一”为例，在这个因电商而产生的特殊日子里，京东和天猫的对抗一直以来都是热点。此外，苏宁易购、1 号店、凡客诚品、当当网等也都在探索适合自己的电商模式，如京东的自营式 B2C 模式、1 号店的“网上超市”模式、苏宁的“电商＋店商＋零售服务商”模式等，都说明了传统零售企业已经开始突破单一的营销模式，朝着多渠道经营方式转变。

二、零售企业实施全渠道营销的制约因素

（一）外部环境制约

以前，我国百货公司发展主要依靠销售返点和租金支持。对于这类百货公司来

说，开展全渠道营销最大的困境就是没有自营商品，没有商品的所有权。另外，我国的中小零售企业过于分散，这种碎片化的经营模式也给全渠道营销的开展带来了很大的困难。

据调查，在全国百强连锁企业中零售企业仅占据了十几个份额，并且这些零售企业多为区域型零售企业，并非全国性零售企业。这些企业往往影响力小、覆盖的范围小；其提供的产品往往类型少，同质化现象严重。对于天猫、京东、淘宝等电商来说，这些企业无论是流量还是点击率都无法相比。

因此，从外部环境来看，缺乏技术支持和资金支持的中小型零售企业，在开展全渠道营销方面困难重重。面对这些困难，加入第三方电商平台或可成功突围。

（二）内部环境制约

除外部环境制约之外，企业内部环境也有许多制约企业开展多渠道营销的因素。

1. 组织结构

企业开展全渠道营销的第一步就是构建组织结构。企业规模越大，运营模式越成熟，其组织结构就越复杂，系统改造难度也就越大。在构建组织结构方面，全渠道战略的制定主体如何确定、预算如何分配、目标责任如何明确等问题都需要逐一解决。

2. 企业文化

每个企业都有自己的文化，企业文化是从企业创立就开始存在的，员工习惯了这种文化之后，再让其改变就很困难，特别是临时组建跨部门小组对问题进行创新解决，更是难上加难。

3. 内部流程

企业内部流程涉及的因素有很多，改造的难度很大。要推行全渠道战略，首先要改变看待顾客的视角，从全局出发对顾客进行审视；其次要采用新的工具对线上、线下数据进行整合，为员工提供丰富的客户信息，支持员工开展精准营销，从而为客户提供线上到线下的无缝化销售体验。

4. 技术难题

受技术人员技术能力的制约，很多企业的软件技术平台都得不到有效开发和应用，未实现线上、线下库存统一管理，难以满足全渠道营销要求。

5. 财政预算限制

企业推行全渠道营销战略离不开资金的支持。受投资回报率不确定等诸多因素的影响，企业高层人员难以做出投入巨资开展全渠道营销的决定。部分企业采取跟随战略，选择观望、等待，以期在好的时机切入，一举成功。这种做法虽然避免了失败的风险，但是也没办法抢占市场先机。

6. 全渠道履约以及供应链管理问题

全渠道履约面临的最大难题是难以实现无论何时何地购买、提货，都不会造成库存积压。在传统零售业中，商品依靠订单履约。随着电商的出现和发展，传统的订单履约方式不再适用，履约方式要做出改变。那么到底该如何改变？商品流通谁负责？库存来自哪里？不同渠道之间的利润要采取什么方法进行分配？这些问题不是几个毫不相关的问题，而是与整个供应链密切相关的。因此，无论是全渠道履约问题，还是供应链管理问题，对于企业推行全渠道战略来说都是很大的阻碍。

三、内部变革：构建企业全渠道平台

（一）建立适应全渠道的扁平化组织结构

企业推行全渠道战略要从企业全局出发，由企业高层管理人员做好顶层设计，各部门要统一认识，协调发展。要做好员工教育与培训，让员工充分认识到品牌的力量，认识到顾客体验的作用。在企业各部门之间、各渠道之间要建立协作机制，推动公司组织结构朝着扁平化方向发展，以促使其与企业的全渠道发展相适应。

（二）企业文化重塑

（1）破除部门之间、渠道之间的阻碍，各部门之间要建立协作机制。

（2）以客户为中心重新架构组织结构，完善内部制度，以使其适应分工协作。

（3）构建良好的客户关系，保证员工能够从全渠道的角度出发看待问题，让员工能够充分发挥个人能力。

（4）对员工进行培训与教育，为员工分享技能和知识提供一个良好的环境。

（三）传统实体店虚拟化，网店实体化

在实体店中增设虚拟化设施，如为客户提供免费无线网、POS 机结账服务、展示屏、智能电视、虚拟电视墙等，为客户提供一个良好的上网空间，让客户在实体店中就能享受到和在家中进行网络购物一样的体验。同时，还要为员工配备平板电脑，以方便其开展业务咨询和购物结算。

电商网店最大的劣势就是客户不能试用，不能获得真实的购物体验。为了克服这个劣势，网站可以选择一些标准化、易描述、便于比较的产品。如果是服装类产品，为了提升客户的购物体验，可以让客户上传自己的照片进行试穿。此外，还要完善购物系统和订货系统、支付系统、库存系统、网店退换货系统、购物评价系统等，方便客户和店家交流，为客户提供优质的购物体验。

使移动终端实体化，这样就可以存储购物单和产品价格信息；借助移动终端对二维码进行扫描以实现快捷支付；为客户提供店内导航，通知客户商店的促销活动信息；为客户发放优惠券；给客户发送发货通知；支持客户对商品进行评价、打分；支持客户购物单共享；与店家进行交流等。

（四）零售企业内部渠道打通

在全渠道背景下，虚拟电商、实体店商和移动终端等渠道的库存都必须实现一体化、可视化。要想做到这一点，零售企业之间的渠道壁垒必须破除。要打通渠道，需要从全局出发，推动货物在渠道间的自由流通。

依据地理位置就近原则，与顾客距离最近的门店是第一履约责任人，该门店要负责处理好实体门店的顾客购物履约问题，还要处理好来自电商和移动终端的订单履约问题，同时还要负责做好这三方面顾客订单的退换货服务。

采取这种与客户距离最近的门店为客户提供退换货服务的方法，节省了货物运输成本，能够打消客户购物的疑虑，推动线上客户向线下实体店回流，能有效防止渠道蚕食问题的出现，还能有效防止实体店沦为“展览室”。

（五）搭建全渠道平台

全渠道平台的构建需要企业从全局出发，需要企业对各部门的责任、职能进行整合。全渠道平台由两部分构成：一部分是前台，指的是和客户接触的终端；另一部分是后台，指的是能带给顾客无缝购物体验的终端。前台包括门店、网店、微博、微信、传统媒体、社交媒体互动等部分；后台包括结算系统、订单处理系统、库存管理系统、智能化 CRM、第三方平台接口等系统以及支持这些系统运行的数据库处理平台。数据库包括产品信息系统、订单管理系统、客户关系管理系统等。

第二节　全渠道转型：从渠道变革到商业战略重塑

一、逆境突围：进入全渠道竞争时代

近两年来，大型超市及百货商店等实体零售业态发展并不顺利，无论是利润还是销售业绩，都出现了下跌。根据商务部公开的统计结果，我国零售行业 5000 家企业的销售额增长比重较低，许多企业在利润获取及营收方面甚至出现下跌，并且这种情况并未在短时间内有所改善。

百货业的发展同样也不容乐观，相比于百货业态，超市的发展稍好一些，华润万家、永辉超市、步步高等零售超市的销售额都出现了小幅增长，其中以永辉超市、步

步高为代表的零售业的增长幅度超过 10%。

在整个零售业发展不景气的大背景下，便利店的增长率却高达 20%。总体而言，新开店铺减少、退出店铺增多，小规模实体店的发展速度较快，而大型超市及百货店增速减缓。

另外，虽然现阶段的“关店潮”多发生在经济发展水平较高的城市，但随着其发展，其影响可能会蔓延至经济发展相对落后的地区。届时，更多的实体店将面临停止经营的局面。

那么，为什么国内实体零售行业会出现“关店潮”？经营成本不断增加、电商迅速发展给实体零售业带来挑战、同类企业之间的恶性竞争，以及政策落地的影响等都是主要原因。“关店潮”的发生反映了市场的自我调节作用，当“关店潮”愈演愈烈时，实体零售业要维持自身的生存地位，就要主动进行改革，积极应对。近年来，零售业转型变得越来越普遍，很多企业开始打造独立品牌、采用 O2O 全渠道布局、采取自营模式等。

大型超市、百货店增速减缓，小型实体店增长突出的现象，也反映出我国实体零售业态的结构改革：以联华快客、罗森、好邻居为代表的便利店业态逐渐扩大覆盖范围，与此同时，零售行业内的其他形态经营者也试图在这个领域进行开拓。

此外，北京华冠超市在乡镇社区便利店的开拓上倾注更多的资源，从中能够看出，近几年便利店零售业态的发展呈蓬勃之势。

有业内研究者认为，在今后的发展过程中，会有越来越多的实体商超趋向于选择小规模零售店的运营方式，通过采用 O2O 模式，为社区居民提供购物服务，并通过这种方式促进自身转型。

小规模实体零售店有多种表现形式，如便利店、鲜花店、母婴店、蛋糕店等，这些店铺的经营具有较强的针对性，能够对接消费者的特定需求，具有开店成本低、发展迅速、能够有效缩短与消费者的距离、可与电商平台协同发展、利润空间大的优点，能够吸引众多消费者，这给大型商超的发展带来了压力。

此外，大型超市、百货商店的业态发展之所以与便利店的发展呈现出明显的差别，不只是因为它们具有不同的特点，还因为很多企业不愿放弃传统盈利模式，而部分企业能够积极应对外部环境的变化，进行调整与改革。

以安徽乐城超市的发展为例，该企业近年来发展增速十分明显，其在零售业整体发展下行的大背景下能够脱颖而出，原因就是不断提高自身经营能力，通过先进技术的应用及小规模实体店的建立对其原有经营模式进行了改革。

此外，还有多家企业通过整合供应链为自身发展创造机会。例如，王府井百货、利丰贸易以及百联股份创办合资企业，共同打造独立品牌，并发展自营百货；永辉超市、华联超市、百联股份、武汉中百共同建设供应链体系；步步高集团与包括三江购物、天虹在内的 20 多家企业联手推出全球联采众筹平台，建设能够覆盖至世界各地的供应链体系；永辉超市先与上海东展国际贸易有限公司、上海蔬菜集团等达成股份合作协议，之后又联合韩国CJ集团建设合资企业。

由此可见，面对行业整体的变化，众多零售企业开始通过提高自身能力、主动进行改革的方式维持自身运营，积极开辟新的发展道路。

从宏观发展角度考虑，供应链改革能够推动实体零售业的转型。其原因有两点：第一，电商行业的快速发展使实体零售面临严峻挑战，为了维持自己获得的利润，避免既得市场被抢走，实体零售企业不得不增强自己的竞争力；第二，整个行业的布局已经不同以往，为了实施全渠道战略，企业有必要加强与产业链上游企业的合作，保证商品资源的充足供应。

目前，业内人士一致认为，零售企业应通过O2O全渠道布局战略的实施实现转型。尽管包括旅游、餐饮、母婴、房地产等行业在内的众多行业在实施O2O模式的过程中都遇到了很多问题，但不可否认的是，实体零售业的O2O全渠道发展，将进入快速发展阶段。

数据统计结果显示，在国内连锁企业排名位居前100位的商家里，有接近85%的企业在电商领域开始崭露头角，零售业O2O全渠道已经从理论探索、初步试水阶段进入普遍应用的阶段，现在各类业态并存，商家的品类范围也在逐步扩大。与此同时，跨境电商的潜力逐渐显露出来，移动端消费的发展势头尤为强劲。

另外，许多实体零售企业在拓展线上渠道的过程中，其线上业务的运营逐渐步入正轨，预计可在不久的将来实现盈利。此外，很多实力型电商企业还主动联手线下企业，在资本合作方面达成一致，进一步促进了O2O模式的落地。

从总体上来说，实体零售的改革将加速进行，并朝垂直方向延伸，企业经营将突破传统的行业界限，体现出自身的独特性，将通过多种方式拥抱互联网，O2O模式的实施方式也会增多。随着全渠道转型的开展，很多创新模式会逐步完善，将对行业发展起到巨大的推动作用。

二、零售企业全渠道转型的四大关键

具体来看，零售企业在全渠道转型的过程中，需要注意以下四点。

（一）变化：消费者购物习惯和市场环境

随着以用户需求为核心的新消费时代的来临，用户消费需求越发个性化及多元化，许多零售企业在这场巨大的消费变革中被时代的洪流淹没。新消费时代，零售商扮演的角色也有了新的变化：零售商需要为用户提供实时、个性化的购物服务，将以用户为中心融入企业文化，让员工主动为用户创造价值，同时借助移动互联网，让用户享受到更为优质的售后服务。

随着消费需求的进一步升级，人们不再简单地满足于单一的购物方式，而是想要在各种各样的生活场景中通过丰富多元的购物渠道，随时随地购买自己需要的产品，并且获得较高质量的物流配送服务和完善的售后服务。在这种背景下，零售商必须积极进行全渠道转型，才能充分满足消费者的需求。

（二）挑战：仓储物流服务的整合

现阶段，如何将库存储备、销售渠道与仓储物流服务进行高度整合，成为零售产业亟须解决的一大痛点。此外，不断增加的租金成本与人力成本使得零售商面临的资金压力大幅度增加，很多零售从业者对线下门店在移动互联网时代的价值产生了质疑。而全渠道模式则可以帮助零售商有效解决这些问题，让广大消费者真正享受到前所未有的极致购物体验。

目前，绝大多数零售商的转型之路走得格外艰难，在渠道整合方面进展十分缓慢。无论是布局线上业务的实体零售商，还是探索线下业务的电商企业，在全渠道转型方面都遇到了巨大的阻力。出现这种问题的很大一部分原因是，零售商对自己在新消费时代的定位、全渠道转型背后的逻辑缺乏足够的认识。

事实上，在新消费时代，零售商首先要做的就是明确自身在市场中的定位，并尝试和更多的合作伙伴进行合作，来为消费者提供更为优质的服务体验，从而实现多方共赢。零售商需要明白的是，实施全渠道转型绝不仅仅是为了通过增加渠道来提升产品销量，还是为了使零售企业在新消费时代能够真正满足用户需求。

（三）痛点：供应链体系的完善

在新消费时代，零售商的供应链发生了重大变革，消费者的话语权得到了极大的提升，此时零售企业获取利润将建立在充分满足用户个性化购物需求的基础之上。

不断增加的运营成本及日益激烈的行业竞争使零售商面临着前所未有的巨大挑战。在满足用户需求的同时，获取更高的利润，优化库存管理成为一大重要因素。在全渠道模式下，零售商需要建立全新的物流仓储体系。因为企业可能要在线下门店为线上用户发货，在门店搜集用户订单等。此时，零售商需要做到库存管理的可视化和柔性化，能够实时了解每一种产品的库存状态。

零售商想要增加线下门店的客流量，提高线上产品销量，必须推进线下门店的数字化管理，拓展更多的功能。这将使零售商能以一种更高效、成本更低的方式为消费者提供产品或服务，同时能帮助零售商获取更高的利润。供应链所发生的巨大变革，使得线下门店与仓储中心之间的界限变得愈加模糊。

国内电商巨头阿里巴巴与京东在拓展线下门店的功能方面的措施，值得零售商充分借鉴。在很多零售商对全渠道模式毫无概念之时，阿里巴巴与京东已经悄然将线下门店升级为兼具销售、展示、配送等多种功能的服务网点。

零售商不仅要使自身的库存管理实现可视化和柔性化，更要为仓储物流、线下门店管理等建立统一的规则。此外，还要对员工进行培训，确保他们能够为顾客提供精准、实时的库存信息，并提供更多的物流服务解决方案。

随着提升用户忠实度在企业参与市场竞争的过程中发挥的作用越发关键，充分发挥线下门店的各种功能，并深度挖掘门店员工的潜在价值，成为供应链变革的关键所在。此外，零售商要想实现全渠道转型，必须提升线下门店的物流服务水平，使供应链更加智能化及自动化，这样才能更好地为顾客提供优质服务。

（四）技术：全渠道转型的基础

毋庸置疑，全渠道转型需要有足够的技术，以提供强有力的支撑。但是，国内能为零售商提供供应链服务解决方案，帮助零售商实现全渠道转型的技术服务商屈指可数。这也是导致国内零售企业全渠道转型难以实现的一大重要因素。

全球领先的供应链管理系统及仓库管理系统供应商曼哈顿软件在全渠道技术领域具备较强的品牌影响力。目前，曼哈顿软件已经与包括美国的 Giant Eagle、新加坡的 Red Mart 及英国的阿斯达在内的多家国际零售巨头建立了战略合作关系。

曼哈顿之所以能够为零售企业提供订单管理、仓库管理及供应链管理等方面的智能化解决方案，主要是因为其在以下几个方面具备较强的优势。

第一，通过帮助企业实现供需平衡、加强库存管理、提升服务水平、降低运营成本，来有效解决企业在推进全渠道转型过程中难以盈利的问题。

第二，通过对前端系统及后端的物流系统进行整合，使零售商具备更强的引流能力。

第三，推动企业实现全网库存管理可视化和柔性化，从而有效提升产品销量，并降低运营成本，使企业实现价值最大化。

第四，可以帮助企业根据用户需求，为用户提供个性化及定制化物流配送服务，从而提升用户购物体验。

第五，对零售产业链各个环节中的参与者的工作流程进行优化，并加强他们之间的交流合作。

第六，在为消费者提供优质的全渠道购物体验的同时，帮助零售商降低仓储及物流成本。

第七，提高零售商线下门店、配送中心、线上商城等模块的价值创造能力及资源利用率，从而帮助零售商获取更多的回报。

第三节　从全渠道到全零售：国美零售生态的变革升级

一、“互联网 +”时代，重塑企业供应链

“互联网 +”一经提出，即成为资本市场的风口，被机构和股民热切关注。同时，零售企业也在转型的艰难探索中获得了信心，国美就是其中一个典型代表。

在互联网时代来临之时，国美敏锐地嗅到了时代气息，对企业进行理性转型，后来又抓住了“互联网 +”这个风口，从观望到实践，从“全渠道”到“全零售”（图 5-1），在零售行业中闯出了一条成功的道路。当然，国美的一切实践都是基于国美对于消费者越来越多元化的需求的认识而不断进行调整的。

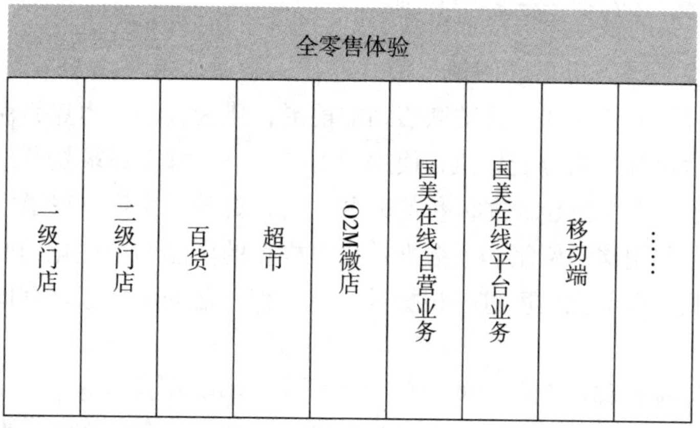

图 5-1　国美全零售战略

在针对消费需求进行战略调整的过程中，国美的供应链平台不断优化，经营模式不断创新，消费者的体验要求在这里得到满足，使得国美在获得业绩增长的同时赢得了消费者的信任，为其他零售企业展示出了一条成功的“互联网 +”转型之路。

国美以“开放式全渠道零售商”为核心，对开放型供应链平台进行持续优化，从采购到中间的物流环节，再到金融服务，整个环节都在逐渐完善。除此之外，国美还通过线上和线下的有效结合，加以移动终端的强力辅助和其他社会渠道的补充，形成了一个共享终端平台，主要阵地建立在资源丰富的核心城市，并借助其优势向周边地区进行辐射，综合跨区域与跨渠道，建立起了完整的服务模式。

这种开放型供应链平台最显著的优势首先在于供应链低成本的投入，其次在于高效率和商品差异化销售。这种优势为国美带来了较强的经营活力，无论是成本控制、销售增长还是毛利率、销售额同比增长等，各方面国美都处在一个较高的水平线上，远比同行业水平要高，开放型供应链的不断完善将成为其在未来竞争中获胜的法宝。

此外，供应链价值平台还有一个巨大的好处，即使国美库存周转周期稳定保持在一个常态水平，为 60 ～ 70 天。这个周转周期使得现金流转灵活，为国美带来了大量的现金流。供应链的成熟稳定和基础设施的完善为国美的经营打下了良好的基础，与此同时，采购平台的不断优化也使得国美商品经营能力与日俱增，为国美取得优异业绩做出了突出贡献。

商品选购能力、采购能力和零售价格控制能力决定了零售企业的供应链能力，其中商品选购能力是重中之重。国美控制零售价格的主要方式是买断和包销，通过直接对话厂家，一站式完成定价，为消费者带来价格和体验上的双重满足，同时显示出国美对消费者需求的强大掌控能力。

二、借助粉丝经济，构建全零售生态圈

现如今，由于线上和线下的销售渠道融合趋势愈加明显，国美形成了家电零售生态圈，适应了消费需求和行为的变化。这一行为使得销售渠道之间的概念界限变得模糊，不同消费场景的融合为消费者提供了更加便利的消费方式。

在此基础上，国美对自己的销售模式进行了微调，由“O2M 全渠道零售”调整升级为“全零售”体验模式。移动微店站在前沿，成为核心发力点，而在后方则以大数据为支撑，优化升级供应链价值，使得线上和线下、移动终端及其他诸多社会渠道为消费者提供了一个全方位、立体化的公共平台，打破了渠道与渠道之间的障碍，突破了设备制约，利用移动网络和大数据提供多样化的商品和个性化的服务，为顾客带来极致消费体验，智能化程度进一步提升，进而把上亿的消费者拢到国美自己的全零售生态圈中来。

这种战略无疑在移动互联网的时代大获成功，国美在其指导下迅速建立了以消费者为轴心的综合模式，其中包括消费场景的融合、线上大数据资源以及网络门店资源与线下实体门店的结合等，促进了电子商务的发展，借助移动网络发展移动微店，建立以消费者为核心的国美生态圈。

“互联网 +”推动了经济结构的转型，这对于各行各业来说都是无可阻挡的潮流。而国美正是借助这股力量成功转型，其发展路径也给其他企业提供了借鉴。

让客户获得极致消费体验始终是国美的追求，在未来的发展态势下尤其如此。采购、物流、信息系统等为国美提供了强有力的支撑，国美通过对数据的整合分析，可以深入挖掘消费者的消费需求，为消费者打造全方位、个性化的消费体验，从而形成全零售平台。这一平台将为消费者、股东乃至整个社会带来巨大的价值。

同时，集团战略也起到了重要的指引作用。通过整合线上和线下的采购、物流等价值平台，深入挖掘大数据的功能作用，提高商品的多样性和差异性，拓展品类，控制成本，以提高价格优势，从而打响了知名度，稳定了客户群体，提升了消费者的信任度。

除此之外，在移动互联网高速发展的时代背景下，移动 App 也成为国美的重要关注点。线下门店通过预装 App 后赠送小礼品等多种方式为国美的 App 吸纳了大量会员。

国美的目标在于通过全零售体验来打造拥有亿万消费者的全零售生态圈。为了实现这一目标，国美充分利用大数据的强大分析功能，深入了解消费者的需求，针对不同年龄段的消费群体，引入能满足其需求的产品，如针对年轻群体引入潮流商品、丰富通信产品的种类等。与此同时，国美对年轻群体对移动终端以及二级市场的需求进行了深入挖掘，激发新需求，从而打造出覆盖全年龄段、全渠道乃至整个市场的粉丝经济。

在整个经营界面上，国美通过微店来实现线上和线下的衔接，利用社交平台强大的信息传播能力，把产品信息以及企业信息传播出去，提高影响力。同时，10 万家

门店也给予了微店强大的后台支持，使国美能实现线上和线下全覆盖、线上和线下协调发展。微店有着惊人的容纳能力，不仅能够上架海量商品，还能够同时经营多个品牌、多个种类，打破时空的界限，实现跨区域经营。

同时，微店的经营模式也十分灵活，突破了店员机械地等待顾客上门的模式，员工可以通过线上交流为客户提供一对一的个性化服务。这样就把线下平台、网络平台以及互联网数据有效结合起来，形成了一个综合性的超级平台。

与此同时，线下的体验式卖场也是国美重点打造的部分，其作用在于进一步促进线上和线下的有效衔接，当然，它也是国美生态圈重要的组成部分。国美致力提高体验式卖场的产品数量和服务质量，加强与消费者的互动，通过消费与娱乐相结合，提升客户的满意度。①

三、以用户为中心，挖掘深层次的需求

随着移动互联网的发展，线下实体店、线上电子商务和移动端之间的界限被打破，线上的电子商务既是宣传平台又是销售渠道。因此，国美在未来的发展过程中要打破线上和线下之间的界限，满足消费者的需求和全社会对产品的需求，即满足客户需求和商品需求。

（一）客户需求方面

要将零售与销售区分开来。零售是售卖商品的行为，而销售包括商品和服务两部分。有一些企业入不敷出，最终破产倒闭。这些企业往往误以为其破产倒闭是由于受到了互联网的冲击，实际上是由于自身将消费者的一次消费当作零售的完成，而忽略了二次消费。要想真正做到以顾客为上帝，就要满足客户的需求，提供他们需要的产品或服务。

（二）商品需求方面

要利用优势，规避劣势，建立自己的营销模式。

（1）逆向合作，与供应商保持密切联系，发挥资源优势，并建立国美自己的线上电子商务与线下实体店结合的产业链。

（2）多元化采购，在一步到位报价采购的基础上增加采购方式，能够以较低的价格采购并保证产品的质量，以多种类型的产品形成差异化竞争，并且根据消费者的需求调整，增强产品的竞争力。

（3）充分发挥资源优势，及时抢购紧俏的产品，并加大对公司研发的投入力度，鼓励创新，达到低投入、高产出的目标。

电子商务借着互联网的东风迅速发展起来，一个很重要的原因在于它满足了消费

① 于昊．业绩飘红 国美升级“全零售战略”[J]. 电器，2015（4）：85.

者的需求：电子商务在发展的第一阶段就把握住了消费者的需求，利用消费者的消费心理，推出一批低价格的商品，以吸引消费者购买，树立了品牌形象，打出自己的知名度；在第一阶段吸引了大量的消费者之后，第二阶段的主要任务就是留住这些消费者，并以优质的售后服务、物流服务等吸引第二批消费者，使这些消费者成为固定消费者，增强客户黏性。

除满足了消费者的需求和全社会的需求以外，国美也具有其他优势，其充分发挥线上电子商务和线下实体店的优势，发展成一个多渠道的零售商，在售前、售中、售后都尽力提供令消费者满意的服务。

虽然国美重视线下实体店和线上电子商务的均衡发展，但两者在满足客户需求上存在着差异：

（1）在展示商品上，线下实体门店不如线上电商灵活，但是客户可以获得更直观的体验，可以进行现场互动。

（2）在大数据的利用上，线下实体店还需要适应移动互联网时代一切以信息为主的特点，调整不同时段产品的价格，给消费者提供更大的选择空间。

（3）在终端服务上，零售人员的服务能力还需要提升，产品的功能还需要完善，以顾客为核心。

（4）在价格竞争上，不能完全以利润为驱动，要帮助客户选择真正适合的产品，通过提高产品的附加值、提供良好的服务来吸引消费者进行消费。

由上文线下实体店与线上电子商务的比较可见，国美要着重加强对线下实体店的管理，提高服务能力。而在线上，国美始终以国美在线为发展核心，统一管理，资源共享，打造跨品类综合购物平台，在自己营销售卖的基础上，开放公众平台。与此同时，加大线上电子商务的发展力度，吸引客户，树立品牌形象，提高知名度，最终将国美打造成集自营、社交、营销于一体的家电连锁零售商。

四、搭建四个平台，全面提升服务能力

在移动互联网时代，国美大力整合业内最优秀的资源，打造物流平台、售后平台、O2O 体验平台、合作平台，全面提高公司的业务水平与服务能力。

（一）物流平台

国美将继续以“客户至上”为原则，为客户提供高效、便捷、快速的物流服务，降低产品在仓储、运输等方面的成本，采用科学的手段进行管理，提高工作效率，打造富有竞争力的物流体系，以“一日三达，精准送货，送装同步”为标准，构建完整的物流配送体系。

（二）售后平台

将售后服务视为一个独立的环节，以提升产品的售后服务水平和服务能力，以优

质的服务吸引客户、留住客户，提升客户黏度和忠诚度，进而扩大规模，肩负起社会责任和使命，打造全新的品牌形象，提升品牌知名度。

（三）O2O 体验平台

将线下的实体店与线上电子商务相结合，打造全新的 O2O 体验平台，实现产业链的一体化，充分发挥线下实体店和线上电子商务的优势。

（四）合作平台

国美在自主研发创新的基础上，以多种方式加强与其他企业的合作，在全渠道供应链上肩负起各自的责任，共同推动家电行业的有序发展，提高国美对全社会的贡献率。

第六章　零售行业变革之“大数据+零售”

第一节　大数据：新零售的重中之重

大数据对于新零售的作用毋庸置疑，如果没有了大数据的支撑，新零售企业就如同失去了双眼，完全无法了解消费者的需求，洞悉消费者的心理，其后续一系列以消费者为核心的营销举措也都注定变为泡影。所以，大数据是新零售的根本，是新零售的重中之重。

一般情况下，大数据分析可以分为以下三种流派：数据流、技术流和艺术流。

数据流是指企业通过对大量相关数据进行多维度的分析和解读，更精确地掌握消费者在某段时期的消费倾向。

技术流是指零售企业通过对大数据进行挖掘，进一步分析消费者的偏好。这就要求企业必须保证数据充足，以使其能运用各种各样的数据模型、运算方法对大数据进行深度解读。

艺术流是指零售企业通过分析大数据来了解时下社会生活的方方面面，如人们的审美情趣、思想观念、文化素养等。

零售企业不仅要高度重视运营过程中积累的大数据资产（如产品供应商数据、粉丝数据、零售行业数据、消费者数据、企业运营数据等），还要把这些数据充分利用起来，真正将其用于指导企业生产和营销等各个方面，使其发挥最大作用。具体做法如下：首先，零售企业要对手中的数据资产进行整合，对海量数据进行结构化分析；其次，零售企业还要对数据进行深入分析，从中挖掘出有价值的信息；最后，也是最重要的，零售企业要把大数据应用到实践中。

为了更好地做到这些，企业要充分结合大数据智慧体系的特点，对大数据进行创新性应用。具体来讲，企业可以从以下四个维度对大数据进行应用，如图 6-1 所示。

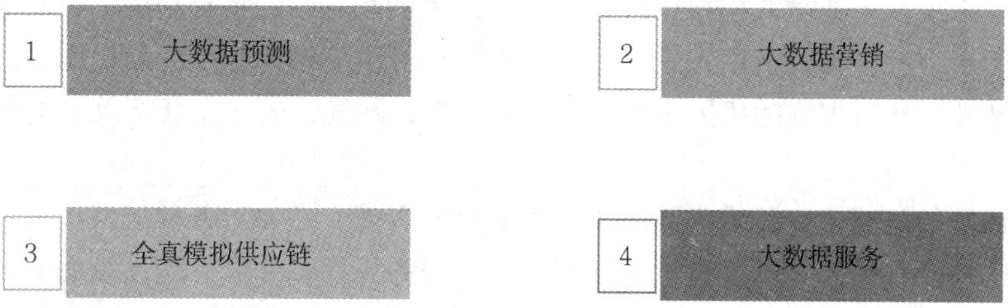

图 6-1　零售企业应用大数据的四个维度

一、大数据预测

企业利用大数据进行预测的核心目的就是预测消费者的下一步需求，并通过对消费者需求的准确把握，改进自己的产品和营销手段，为消费者提供更加精准的服务，以符合市场发展趋势和消费者的口味，达到提升企业的利润和口碑、降低生产成本的目的。其具体的做法如下：首先，企业要与消费者进行深度互动，以此来获得尽可能多的、有价值的消费数据；其次，企业要通过各种算法、前沿技术、数学建模等手段，对海量数据进行结构化分析；最后，企业要利用分析得出的结论，对市场进行科学预测，进而为消费者提供更加优质的消费体验，并开展业务创新，以吸引更多的消费者，使数据能最大限度地发挥作用。

二、大数据营销

在新零售时代，零售企业进行大数据营销，就是要充分挖掘大数据的商业价值，来提高产品的转化率。而利用大数据进行精准的广告投放就是大数据营销的一种重要手段。

亚马逊为什么可以发展得如此迅速？原因就是其借助大数据营销，为自己的产品找到了一条快速吸引消费者的捷径。通过大数据分析，亚马逊精准预测出了消费者的需求，并以此为依据，制定出了完美契合消费者需求的营销策略，其中包括实行精准的广告推送。

大数据时代的到来给零售企业带来了前所未有的机遇。只有利用大数据进行精准的消费者画像分析，零售企业才能实现广告的精准投放，为消费者提供令他们感兴趣的个性化产品，激发消费者潜在的购买欲望，为企业创收。

三、全真模拟供应链

大数据技术为零售企业带来了全新的决策和管理方式。企业技术人员利用大数据可以全真模拟其供应链的各个环节，进行科学的试验和测试，并对一些重要项目进行小规模的系统性验证，从而为决策者提供重要的决策依据。

一般来说，企业全真模拟供应链的方法是借助互联网的特有功能，以真实供应链管理的情景为参照物，运用先进的仿真技术，针对供应链流程中的随机因素，引入各种约束条件，然后根据随机因素的特定概率分布，构建出若干个相互关联的供应链场景模型。

在模拟的过程中，技术人员除了要反复计算以外，还要对各种经营决策进行全真模拟。这种全真模拟可以为决策者呈现真实的业务场景，并对管理决策的实行效果进行模拟，从而使决策者做出更加符合实际的最佳管理决策。

例如，大数据仿真实验室通过仿真模型来研究针对不同区域、不同消费社群的各种营销方案，然后对这些营销方案进行比较，最终选出最有效、投资回报率最高的方案。①

通过对全真模拟供应链中真实情景的把握，零售企业能够事先预知各种决策可能带来的结果，从而提高决策的准确性和合理性。

四、大数据服务

无论是在线上网店购物，还是在线下实体店购物，消费者在购物过程中所产生的消费数据都会被零售企业记录下来，成为重要的数据资产，用于指导企业的生产营销等活动。

由此，一些专门为零售企业提供大数据服务的平台应运而生。例如，勾正数据就是一家对中国智能电视用户行为进行大数据研究的企业。勾正数据会对用户播放电视剧过程中的跨屏行为进行数据分析，并构建数据模型。如果它发现一个用户做出跨屏行为主要是为了浏览“购置家电”板块，那么它就会告知相关家电广告商对这一部分用户进行家电广告的投放。以此类推，如果它发现一个用户做出跨屏行为主要是为了浏览“游玩旅行”板块，它就会告知相关广告商对这一部分用户进行餐饮食品、酒店预订和景区宣传的广告投放。在整个过程中，广告商不必自己对这些用户的数据进行分析，只需要借助勾正这一平台就可以实现广告的精准投放。这就是大数据服务平台给企业带来的好处。

此外，零售企业已经开始与多方进行数据共享。例如，与各种社交媒体和跨界合作伙伴之间的数据合作、与现有和潜在供应商之间的数据合作、与第三方软件开发商之间的数据合作、与第三方卖家平台之间的数据合作、与银行之间的数据合作等。

大数据作为一种重要的战略资源，已经使越来越多的企业紧密地联系在了一起，共享其带来的利益和好处。

---

① 泮家丽，周兴建，张文芬. 基于虚拟仿真的供应链运营分析 [J]. 物流技术，2021，40（12）：102-105.

第二节 如何利用大数据直达消费者

顾客就是上帝，消费者需求这一要素在零售业中的地位已无须赘言，它是零售企业一切生产营销活动的出发点和依据。如今，大数据技术的发展成熟使企业可以更加精准地分析消费者需求，优化日常运营。那么，零售企业应该如何利用大数据直达消费者？其主要可以采取以下三种策略：指导消费者画像、驱动品牌形象调整、利用 RFID 技术洞察消费者。

一、消费者画像概述及构建方法

（一）消费者画像的概念

消费者画像的概念最早在 20 世纪 80 年代由交互设计之父艾伦·库珀（Alan Cooper）提出。消费者画像是从真实的消费者行为中提炼出一些特征属性并形成消费者模型，它们代表了不同的消费者类型及其所具有的相似态度或行为，这些画像是虚拟的消费者形象。简单地说，消费者画像的绘制过程就是商家用一个或多个维度对消费者特征进行描述的过程。消费者画像将人们划分成不同的群体，每个群体内都有相同或相似的购买行为，因为具有共同的价值观与偏好，所以他们对某一产品或服务也会展现出类似的态度。因此，消费者画像描述的不是个体之间的差异，而是不同客群的特征。

消费者画像通常与 STP（STP 中的 S、T、P 分别是 Segmenting、Targeting、Positioning，即市场细分、目标市场和市场定位）中的市场细分概念合用，尤其在消费者细分中的地理细分、人口细分、心理细分和消费者行为细分方面。地理细分包括地理位置、所处的竞争位置、经济社会的宏观位置；人口细分包括年龄、性别、收入、家庭情况、职业等；心理细分包括购买偏好、社交习惯等；消费者行为细分包括购买次数、搜索行为、差旅习惯、社交人群、社交习惯等。根据各类细分变量形成各种分析维度，将消费者的特征转化为标签，从而构建出消费者画像。

（二）消费者画像的特点

如果说消费者画像的出现是为了更好地理解消费者需求、提升消费者体验，那么随着信息技术的发展，大数据时代的消费者画像则从另一层面颠覆了传统营销：它不仅可以理解需求，还可以预测需求。相对于传统的消费者画像，大数据消费者画像是全景式的（全样本）、透明的（多维度数据）、高精的（客观、粒度细微的数据）、动态的（实时性）。大数据消费者画像的这些特征使得营销计划更为精准、有效，结果更可以预测，从而提高投资回报率。

大数据时代消费者画像具有以下特点。

1. 全样本

样本范围广，层次多，数据量大，消费者画像能呈现真实消费者抽象后的全貌。

2. 真实性

消费者画像是基于企业实际市场调研或已有消费者的真实行为数据形成的，而不是基于编造或预测的数据绘制成的。

3. 方便性

通过互联网即可拿到真实数据，不需要实地调研。

4. 动态性

大数据时代消费者画像是动态的，可以实时搜集消费者数据。

5. 预测性

大数据时代消费者画像的重要性不仅仅体现为定位消费群体，更体现在通过现有的画像预测未来消费者的需求及找到产品发展方向上。

相对于普通消费者画像，大数据时代的消费者画像是广泛的、真实的、动态的、全面的、预测性的画像，不需要与消费者直接接触就能比较容易地获取消费者的消费数据和属性特征，把消费者画像精准而形象地描述出来，可以节省时间、人力等各类成本。

（三）消费者画像的重要性

大数据时代消费者画像可帮助零售企业解决营销中的四大问题：“如何让客户来”，即流量问题，可针对顾客的动态标签，如购买地点、购买方式等进行规划；“如何让客人买”，可通过客户的需求和喜好，推送相关的产品；“如何让客户多买”，可根据客户的静态标签以及动态标签，制定相应的促销策略；“如何让客人再买”，即老客户的复购率问题。

消费者画像的重要性还体现在为企业决策奠定基础上。通过实现精准的目标客户选择、渠道选择、投放时机选择、传播内容设计四项工作，并实现各类工作的无缝对接，以更低的成本给客户提供一致的、全过程的、整体的购物体验。

此外，有效的消费者画像有利于企业发现新的需求趋势与潜在市场，在企业进行市场、区域扩张时帮助企业更精准、更全面地分析客户特点，预测市场发展趋势，真正实现客户的价值管理，推动客户从低价值向高价值转换，提高企业高价值客户的比重。对库存管理要求高的企业，可通过对消费者画像的指标分析，以精准的需求预测提升备货管理与库存管理水平，提高库存周转率，保持良性现金流。

根据多维度的、动态的数据绘制的消费者画像具有极大的延展性，一个画像可以用于解决多个问题，从而减少调研次数，降低时间成本与营销成本，不仅可以提高企业与消费者的交互价值，还可以减少企业开支。

（四）指导零售企业绘制消费者画像

1. 数据采集

大数据营销的核心一直以来就是数据的产生、采集与运用。互联网本身就是一个数据库，自互联网建立以来的所有页面、访问、内容每一天都在这个数据库中增加字节。只要有网络爬虫技术，就能按一定的规则抓取网上的公开数据，再结合语义挖掘的技术，就能实现对用户的行为和观点的理解。这些数据包括用户属性、用户浏览数据、用户点击数据、用户交互数据等。基于这些数据，企业可以更加了解用户，绘制画像。在大数据时代，企业主要通过以下几种方式获得数据：对官方的公开信息的整理，包括统计局数据、上市公司年报、市场机构的研究报告等公开信息；各个平台的数据，如京东、淘宝、天猫提供的数据；直接购买数据库资源，如Bloomberg、OneSource、Wind等；自建数据库，收集一手数据，如对问卷调查或者企业运营数据进行整合。

2. 数据筛选

数据筛选包括去掉重复或无意义的信息，以及按照不同的细分变量将数据一一对应。数据分为静态数据和动态数据，静态数据包括用户的地理位置、性别、年龄、兴趣偏好等信息，动态数据包括购买时间、购买行为、购买次数、购买金额以及运用的平台等信息，对数据的筛选要确保数据的有效性。

3. 数据分析

在数据筛选后要建立分类标签或权重体系，不同的标签赋予不同的权重，形成度量指标。常见的度量指标包括浏览量，即页面被查看的次数；访客数，即各页面的访问人数；浏览回头客户次数，即最近7天内浏览的客户数与当天回访的客户数，在所选时间段内进行去重计算；平均访问深度，即客户每次连续访问浏览的店铺页面数；成交客户数，即成功拍下商品并完成付款的客户数；成交回头客户数等。根据这些度量指标，进行数据分析，包括聚类分析、回归分析等，研究消费者对产品的偏好程度，并建立数据模型，为日后研究奠定基础。

在进行数据的采集、筛选以及分析后便绘制成了消费者画像，该画像是通过对众多的数据进行汇总、整理、分析得出的，明确了企业的目标客户群。同时，企业需要合理地界定隐私范围，保障消费者的合法权益，避免数据落到不法分子手中。在实施营销策略的过程中及时分析消费者行为，不断根据数据更新消费者画像，验证决策的准确性，实现真正的精准营销。

二、驱动品牌形象调整

品牌不只是一种识别标志，还是一种精神象征，更是一种价值理念。从企业的角度来看，品牌可以包括各种各样的内容，如企业名称、产品商标、特殊服务以及其他有别于同类企业的标识等。

对于零售企业而言，品牌的重要性是不言而喻的。一方面，品牌可以在很大程度上影响企业产品的定价和销量；另一方面，品牌也可以为企业的长远发展保驾护航。然而，从目前的情况来看，大多数零售企业似乎并没有对品牌给予足够的重视，这一点在企业对品牌形象的调整方面表现得尤为突出。

以往，多数零售企业更注重产品调查、消费者满意度调查、广告效果分析、消费者使用习惯和态度研究等工作，但对品牌形象的重视程度则明显不够。有些企业塑造品牌形象方面的工作可能一年才会开展一次，有的间隔的时间甚至更长。

从长远来看，这些企业的做法其实是不妥的。当今时代，好的品牌形象会产生粉丝效应，会使消费者对其热衷、迷恋，从而忽视价格等其他因素，如苹果系列手机在国内掀起购买热潮。所以，品牌形象也是零售企业树立企业信誉、吸引消费者的一个非常重要的组成部分。

如今，大数据技术为各大零售企业把握市场需求、调整品牌形象提供了依据和条件。

在大数据的背景下，零售企业可以广泛收集消费者的购买行为数据，通过对这些有价值的数据的筛选、整合和分析，对发展趋势做出科学合理的预测，从而有针对性地调整品牌形象。

那么，该如何从大量的数据中发掘出企业需要的信息，并弄清楚数据背后的关联呢？这是每一家零售企业都应该认真思考的问题。要想解决好这一问题，零售企业就必须摒弃以往那种单一维度的内容研究，转而进行新背景下“内容＋关系”的多维度研究，进一步调整企业品牌的公关策略。

在这一方面，M 服装定制企业就是一个非常典型的案例。近年来，中国经济快速发展，人民的物质需求和精神文化需求不断提升。随着人们生活水平的提高，消费者在衣着上开始讲究品位、讲究个性，并希望服装能够将自己的个性、品位与修养体现出来，部分消费者还希望能够参与制作自己的衣服。服装定制的出现吸引了一部分消费者，他们希望通过服装定制获得更能彰显自身个性的衣服，与此同时，技术的进步也使定制服装逐渐变得不再那么昂贵。这些使服装定制成为当今服装产业发展的趋势之一。

虽然服装定制行业发展良好，但从整体来看，服装行业的竞争越来越激烈。中国是服装消费大国，也是服装制造强国。中国进入改革开放以来，国内服装业持续快速发展，服装企业数量迅速增加。目前，中国有一定规模的服装企业不少于 10 万家。企业仅仅依靠产品的特性和优势，无法在激烈的市场竞争中生存和发展，只有提升品牌形象，才能在行业中占据一席之地。

对于服装定制这一细分领域，拥有市场比拥有工厂更重要，而拥有市场的唯一途径是树立占主导地位的品牌形象。目前，国内的服装定制消费市场需要品牌，消费者对于服装定制品牌形象开始有了一定的认知和品鉴力，选择某一品牌也是基于对品牌形象背后的品质和文化的认同。同时，国外成熟的服装企业开始注重对中国市场的开发，开始推广自己的品牌形象，发展代理商，开设直营店。与此同时，国内服装定制企业也越发重视自己的品牌形象，但有些企业经不住市场的考验，昙花一现。M 服装定制企业的主业是提供定制服务，在这样的背景下，遇到了发展受阻、业绩下滑、利润降低、品牌形象难以提升的问题。为了解决自身发展过程中遇到的现实问题，M 企业从品牌形象层面着手，结合大数据，进行了一些调整和优化，具体调整内容如下。

（一）建设数字化基础设施，助力品牌形象提升

随着数字化技术和信息化技术的普及，服装行业实现转型升级迫在眉睫，M 企业需要建立一套完善的基于大数据的数字化管理体系。如图 6-2 所示，M 企业建设自己的移动商城、会员中心、营销助手、CRM 平台，助力场景、消费者、终端员工、品牌、数据和销售的经营，提升门店和在线的销售能力。待平台发展稳定后，M 企业开展 O2O 模式的销售营运业务，也就是消费者在线预约线下服务，同时线下设立门店、展厅、3D 体验室和会员俱乐部，增强顾客黏性，同时避开过度虚拟化的弊病。这种新的消费模式也满足了高档消费者的高附加值需求，同时推动 M 企业转型升级，进而提升自身的品牌形象。

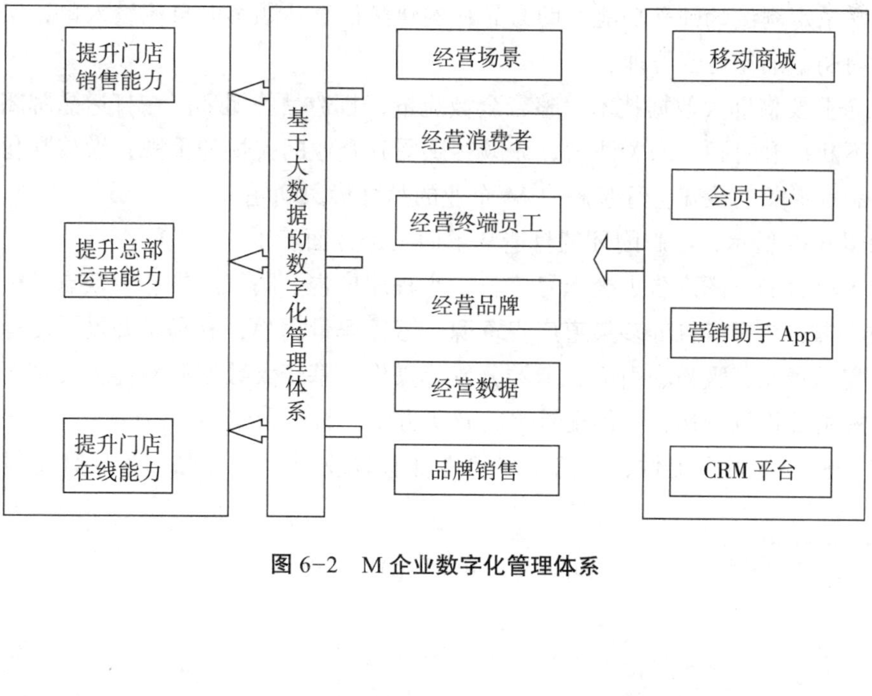

图 6-2　M 企业数字化管理体系

M 企业的数字化管理体系能够满足大数据时代企业开展业务的需求，储存并处理海量数据。一方面，通过采集消费者的消费行为数据，建立客户数据库，另一方面，云计算可以整合设计师数据库数据和服装生产工厂数据库数据，根据设计师的信息和设计师的订单信息以及服装生产工厂的信息，减少库存，打造便捷、高效的物流模式，缩短销售和生产的距离，保证定制服装的质量，同时避免因中间环节造成品牌形象受损。例如，京东自营品牌利用云计算，根据不同地区的消费者的消费行为数据合理调配资源，为避免库存积压，运用自有的物流渠道进行送货，不但维护了自身品牌形象，还保证了产品质量，对品牌形象提升有巨大的推动作用。①

M 企业利用大数据技术对门店赋能、对导购赋能，使得门店经营更加高效、智能，能发挥更大价值，有效提升企业自身经营效率。导购和门店是串联人、货、场的核心要素，通过数字化营销工具将终端导购与人、货、场连接，有利于提升品牌形象。

M 企业开发的营销助手 App 可以帮助终端实现精细化、高效管理。该 App 支持门店的业绩管理、会员招募、会员小组、销售机会管理、会员任务、会员资产、社区、培训等多种功能，赋予每个门店会员精细化管理能力，助力终端营销与服务，让门店管理更简单。该 App 也能提供便捷的区域管理，区域管理者通过管理 App 实现销售数据可视化，多维度了解门店运营情况，包括销售收入、会员运营分析、会员招募分析、活动收益等，让管理变得更简单。

（二）打造品牌闭环，提升顾客关注度

M 企业的数字化系统连接微信、京东、阿里巴巴等头部平台，帮助品牌实现全渠道消费者资产连接，塑造全平台流量池。依托丰富会员运营体系，除了自建的会员系统，也支持微信会员中心、会员卡、我的积分、我的券、我的订单、邀请有礼、附近门店、联系定制设计师等功能，助力品牌构建微信直达顾客的自流量入口，实现会员全生命周期精细化运营管理。

M 企业要借助大数据技术，整合全域流量，打造品牌闭环。在打造品牌闭环的过程中，不断提升对顾客的关注度，让顾客感受到企业的关怀和重视，潜移默化地改变顾客对品牌形象的认知，逐步解决 M 企业的品牌形象问题。

如图 6-3 所示，品牌闭环的打造从下面三个方面着手。

（1）整合朋友圈广告、公众号广告、小程序广告、腾讯广告、大众点评广告、今日头条广告、抖音广告等多渠道广告资源，覆盖海量用户，有利于开展深度运营，帮助品牌实现曝光、吸粉、引流、卡券分发等操作，基于大数据洞察能力实现对潜在客户广告的精准投放触达，提供全链路的解决方案，打造营销闭环。

（2）整合支付宝支付、微信支付等专业移动支付服务资源，为品牌支付保驾护

① 令净 . 用大数据研究消费者 [J]. 环球人物，2014（10）：64-65.

航，便捷连接消费者，打通交易闭环。

（3）为零售行业提供全链路解决方案，通过多样化营销实现门店的长效引流及消费转化，凭借数据产品能力打造数据闭环。

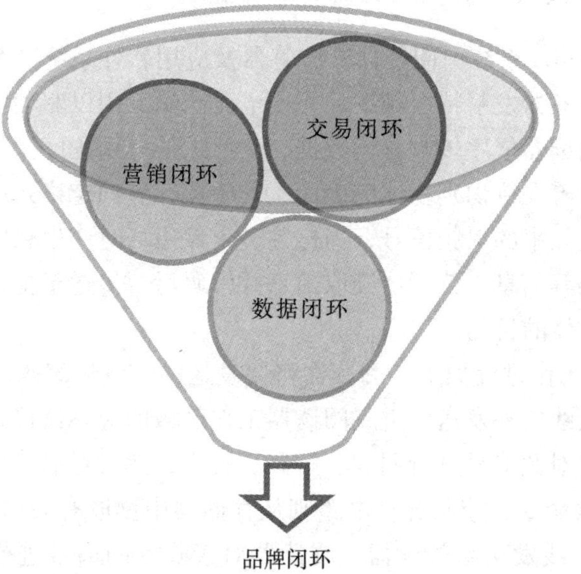

图 6-3　品牌闭环模型图

（三）统一具象符号，强化消费者认知

品牌符号主要由品牌标识、品牌口号、产品包装等要素构成，它是营销过程中向消费者传递品牌信息的主要渠道。新推出的产品注重品牌形象的塑造，有利于迅速引起消费者的注意。当产品进入市场并积累了一定数量的用户后，适当的品牌形象提升有助于在消费者心中形成新的品牌认知，解决品牌老化、竞争激烈等问题。

品牌的升级不仅需要自身进行产品改造、气质提升，还需要与消费者加强外部沟通，这就需要品牌对营销方式进行升级。借助新媒体宣传品牌符号，让品牌符号与终端消费者更接近。新媒体与传统媒体大不相同，因此在新媒体条件下，推广的方式也要不同于传统媒体，尤其要避免传统媒体那种强势的狂轰滥炸方式，否则会适得其反。M 企业需在充分获取注册会员喜好数据的前提下，发布精确定向消息。每个客户的推送消息都是个性化的，简洁明了，客户阅读的行为很重要，哪些是点开看了的，哪些是批量设置为“已阅读”的，都要精准记录。如果是批量设置为“已阅读”的，那近期就要降低推送的频率。同时，对每个推送消息都要进行编号，对于因阅读推送消息产生的购买，给予相应的折扣。总之，推送消息要在避免打扰客户的前提下，最有效率地推送新品消息。

好的产品有助于品牌在消费者心中树立良好的品牌形象，也有助于提升品牌的商誉和顾客的忠诚度。

三、利用 RFID 技术洞察消费者

（一）无线射频识别系统组成及其工作原理

一套完整的 RFID 系统由阅读器、应答器及应用软件系统三个部分组成。其工作原理是阅读器向应答器发射特定频率的无线电波能量，用以驱动应答器电路将内部的数据送出，此时阅读器依序接收解读数据，然后送给应用程序做相应的处理。在实际应用中，应答器附着在待识别物体的表面，其中保存有约定格式的电子数据。读写器通过天线发送一定频率的射频信号，当标签进入该磁场时产生感应电流，同时利用此能量发送自身编码等信息，读写器读取信息并解码后，传送至主机进行相关处理，从而达到自动识别物体的目的。

RFID 系统的工作过程如下：阅读器将要发送的信息经编码后加载在某一频率的载波信号上，经天线向外发送，进入阅读器工作区域的应答器接收此脉冲信号，卡内芯片中的有关电路对此信号进行调制、解码、解密，然后对命令请求、密码、权限等进行判断。若为读命令，控制逻辑电路则从存储器中读取有关信息，经加密、编码、调制后通过卡内天线发送给阅读器，阅读器对接收到的信号进行解调、解码、解密后，送至中央信息系统进行有关数据处理。若为修改信息的写命令，有关控制逻辑引起的内部电荷泵提升工作电压，提供擦写 EEPROM 时所需的高压，以便对 EEPROM 中的内容进行改写。若判断其对应的密码和权限不符，则返回出错信息。在 RFID 系统中，阅读器必须在可阅读的距离范围内产生一个合适的能量场，以激励应答器。在当前有关的射频约束下，欧洲的大部分地区各向同性有效辐射功率限制为 500 mW，这样的功率下辐射频段在 870 MHz，阅读距离可达到 0.7 m。美国、加拿大以及其他一些国家，无须授权的辐射约束为各向同性辐射功率不超过 4 W，这样的功率下阅读距离可达到 2 m，在获得授权的情况下，在美国可发射 30 W 功率的射频信号，使阅读距离增大到 5.5 m。

（二）无线射频识别技术应用的几个关键问题

RFID 技术将大量来自完全不同专业领域的技术融合到一起，如高频技术、电磁兼容性、半导体技术、数据保护和密码学、电信技术、制造技术和许多专业领域。RFID 技术所能应用和发挥效应的主要方面包括节省人工成本、提高作业精确性、加快处理速度、有效跟踪物流动态等。目前，RFID 技术已被广泛应用于工业自动化、商业自动化、零售、交通运输控制管理等众多领域。

当前 RFID 的应用和发展面临着几个关键问题，即标准、成本、技术和安全。

1. 标准

目前 RFID 技术的行业标准以及相关产品标准还不统一，电子标签迄今为止全球

还没有正式形成一个统一的（包括各个频段）国际标准。标准（特别是关于数据格式定义的标准）的不统一是制约 RFID 发展的重要因素，而数据格式的标准问题又涉及各个国家自身的数据利用和安全。标准的不统一也使当前各个厂家推出的 RFID 产品互不兼容，这势必会阻碍未来 RFID 产品的流通和发展，因此如何使这些标准相互兼容，让一个 RFID 产品能顺利地在民办范围内流通是当前重要而紧迫的问题。目前，很多国家都正在抓紧时间制定各自的标准，我国电子标签技术还正处在研发阶段。

2. 成本

目前美国一个应答器最低的价格是 20 美分，这样的价格导致 RFID 技术无法应用于某些价值较低的单件商品中，只有应答器的单价下降到一定程度，才可能大规模应用于整箱整包的商品中。随着技术水平的不断提升和 RFID 技术在各大行业的日益推广，RFID 的各个组成部分，包括应答器、阅读器和天线等，制造成本都有望大幅度降低。

3. 技术

虽然 RFID 应答器的单项技术已经趋于成熟，但总体来看产品技术还不够成熟，还存在较高的差错率（RFID 被误读的概率有时高达 20%），在集成应用方面也还需要攻克大量的技术难题。

4. 安全

当前广泛使用的无源 RFID 系统还没有非常可靠的安全机制，无法对数据进行很好的保密，而且 RFID 芯片在读或者写数据的过程中很容易被黑客攻击。此外，还有识别率的问题。由于液体和金属等对无线电信号的干扰很大，RFID 标签的准确识别率目前还只有 80% 左右，离大规模实际应用所要求的准确识别率还有一定差距。

（三）RFID 技术在零售企业中的应用

海澜之家自 2014 年起就开始与厦门信达物联科技有限公司合作，开展 RFID 流水化读取系统的研发工作。为此，它从该公司先后引进了多项先进设备，包括挂装设备、贴标机、单检设备、通道机等。一年后，这项工作顺利完成，RFID 技术也正式在海澜之家的各大店铺中投入使用。这使得海澜之家成为国内第一家大规模应用 RFID 技术的服装零售企业。

RFID 技术的应用使海澜之家发生了不少令人欣喜的变化，主要表现在其门店的工人数量减少到了原来的 1/3，而工作效率却提高到原来的 5 ～ 14 倍。这极大地降低了海澜之家的运营成本，使企业效益得到飞速增长。

第三节 实体技术，让一切看得见

对于零售企业来说，目前最应该掌握并引入的实体技术有三项：物联网技术、区块链技术和智能物流技术。这三项技术的应用为新零售注入了活力，对零售企业乃至整个零售行业来说都具有深远的影响。

一、物联网技术

我国零售业的发展存在许多障碍与问题，如物流运输环节经常出现难以控制的局面，使不良商贩有机可乘；售后环节跟进迟缓，难以与客户之间建立起长久的合作关系等。因此，必须运用新技术来改变现状。物联网技术在零售业中主要运用于运输、存储、销售等方面。

（一）运输

物联网技术应用于零售业中可以使运输过程透明化，对运输过程进行实时监控，不但可以减少运输过程的产品丢失与损失，还可以对车辆进行实时定位，随时随地了解货物的运输进程。通过互联网技术可实时获取车辆行驶的状态与位置，将其与车辆货柜上的无线数据采集器结合使用，可以有效预防和及时发现货物在运输过程中的损坏与丢失情况，使货物的运输管理更加有效；将车辆行驶状态和位置信息与路况信息结合使用，可以及时发现修路、堵车等状况，从而及时地对行驶路线进行调整，确保商品的运输过程畅通无阻。

（二）存储

物联网技术在零售业中的存储环节中也有广泛应用。商品入库时，带有标签的商品一经过仓库门口，即可通过阅读器对入库信息进行采集，准确地把商品放入适当的位置。商品出库时，管理员可以按照所统计的信息迅速找到要出库的商品，将商品下架，搬运到运输工具上。当产品到达仓库门口时，阅读器会读取商品信息，确保出库商品的准确性，并上传到系统。系统数据库在接收到出库信息之后会将货位状态重置归零。在货物盘点阶段，仓库管理人员通过手持设备对商品进行扫描，即可通过物联网技术对商品进行快速核对，并且对盘点结果进行核对，确保商品存储过程的准确无误。当前零售行业面临的最大难题便是断货问题，充分运用互联网技术，可以及时地了解商品的库存数量，防止断货，确保商品的供应。

（三）销售

对于零售业来讲，失窃现象时有发生，通过物联网技术，可以对销售商品进行实时监控。当商品被带出安全区时，可以及时发出报警信号，告知工作人员何种商品被窃，并且可以对失窃商品进行定位，帮助工作人员及时制止偷窃行为。[①] 通过物联网技术还可以及时地发现过期商品，并且及时对其进行处理，有效地提高产品的质量，同时快速统计滞销产品数量，有利于管理人员及时地做出促销决策。

二、区块链技术

（一）区块链技术的内涵

区块链技术是建立在特定计算机网络和共识机制基础上的分散式记账系统。它采用密码学里的经典技术哈希（Hash）散列算法，每一个记录的要点在于一个区块中的每一次交易信息都含有时间戳，以此来验证信息的有效性，防止信息被窜改，按时间序列生成下一个区块。

（二）区块链技术的特征

1. 去中心化

由于区块链是靠各个节点共同实现系统的维护和保证信息传递的真实性的，基于分布式存储数据，而没有某个中心进行集中管理，因此某一个节点受到攻击和窜改不会影响整个网络的健康运作。区块链也并不是绝对的去中心化，架构不同，去中心化的程度也不同。根据应用场景的不同，可以分为完全去中心化、多中心化和弱中心化。就像常说的公有链，它是一个向所有互联网用户开放的去中心化分布式账本，如比特币、以太坊，都是完全去中心化的公有链架构。

2. 去信任化

任意两个节点之间建立连接不需要彼此信任，双方进行数据交换时不需要互相信任。因为网络中的所有节点都可以扮演“监督者”的角色，所以不用担心欺诈的问题。因为账本的分布式共享、数据的分布式存储、交易的分布式记录，人人都可以参与这种分布式记账体系，账本上的交易信息也对所有人公开，所以任何人都可以通过公开的接口对区块链上的数据信息进行检查、审计和追溯。也正是因为区块链分布式共享账本的高透明性，所以所有关联方都可以确信链上数据库中的信息没有被窜改，也无法被窜改。

---

① 张萍，徐红，张宗国．物联网在零售业中的应用 [J]. 福建电脑，2011，27（1）：18-19.

3. 可扩展

区块链是一种底层开源技术，在此基础上可以实现各类扩展和去中心化、去信任化的应用。

4. 匿名化

数据交换的双方可以是匿名的，网络中的节点无须知道彼此的身份和个人信息，即可进行数据交换。

（三）区块链技术加持新零售

区块链的碎片化技术早在比特币之前就存在了，比特币的出现与应用促使区块链的各类技术有效整合起来，形成区块链的整套技术体系。区块链技术对零售业的物流、供应链和交易三个领域都带来了极大的影响。

1. 物流领域

这是区块链最为明显的落地应用领域。目前，全球范围内已经成立了全球区块链货运联盟（BiTA），京东物流及230多家全球公司均加盟其中。BiTA使用的技术包括三种：一是“智能包裹”（smart package）的区块链技术，这是一个包裹交付的追踪系统。此系统能记录包裹的环境条件、位置等信息。二是基于区块链技术的无人机包裹寄送追踪系统。此系统能实现包括卖家私人密钥地址、快递员私人密钥地址和买家私人密钥地址等一系列用于监管配送地址的加密技术。三是基于区块链的防篡改的物流追踪系统。此系统能确保上传数据的不可篡改，通过商家、海关等各方上传的物流数据，消费者可以交叉认证自己购买商品的各项信息，以防在区块链上进行数据造假而掺入假货。

2. 供应链领域

利用区块链技术构建数字化供应链是一项零售业的延伸性技术创新，尤其是针对全球跨境的供应链管理和流通。区块链技术的分布式记账功能、不可篡改性从根本上杜绝了供应链运作过程中由多环节的信息孤岛状态带来的不确定风险。在跨境供应链管理上，利用区块链技术，商品的全链路可追踪技术会更加精准地进行追踪。分布式记录让商品的全链路过程，从汇集生产、仓储、运输、通关、报检到第三方检验等信息，全部得到加密确证，不但不可更改，而且每个流程都可追踪、可监控。区块链技术还能打破不同系统之间的信息屏障，大大简化供应链环节的数据交换和作业流程。

3. 交易领域

区块链技术“去中心化”的特点，能改变现有的“商品原产地（品牌商）—交易平台（零售商）—终端消费者”的固有结构，直接跨过零售平台，达成从产地到终端的点对点交易，即所谓的产销直通。这样一来不仅能缩短消费者和生产者之间的信息距离，还能实现个性化定制、针对性服务。区块链对解决发生在跨境贸易中的承兑汇票数字化问题，解决人工操作中出现的问题，提升数据交换速度和加密性能方面，都具有革命性的影响。

区块链技术是一个去中心化的巨大账本数据库，给新零售赋能，可实现商品溯源、供应链管理优化、客户身份确认。区块链很好地解决了当前进行商品溯源所面临的问题，促使各个产品找到合适的客户，以低成本服务客户，实现与客户高频联系，体现新零售真正的价值。区块链的运营模式意在把握区块链的特性，使每一个参与元素数字化，建立一个标准的平台，以实现信息共享和一体化。

三、5G 技术与 AIoT 技术

（一）5G，让新零售迎来黄金时代

5G 是新一代蜂窝移动通信技术，即 4G（LTE-A、WiMAX）、3G（UMTS、LTE）和 2G（GSM）系统之后的延伸。5G 的性能目标是高数据速率、减少时延、节省能源、降低成本、提高系统容量和大规模设备连接。简单来讲，5G 具有三个特征：超大带宽、超低时延、万物互联。这些特征意味着传统零售企业在技术和数据的双驱动下，拥有了向新零售迁移的能力，其具有以下特点。

1. 精准定位

新零售时代，人、货、场各要素都在进行重构，门店从对货品的经营到对客户的经营，从服务万人到服务每一个人，从爆款产品到个性化商品，开始进入精准营销时代。定位精准能够让客户提出的个性化需求被门店准确掌握，提高客户体验，进而激发客户的消费欲望。

2. 提前服务

无论是新零售还是传统零售，都以如何更完美地满足消费者的需求作为最终目标。客户的需求、商品的价格、竞争对手的信息等都在时刻变化着。在新零售时代，商家不再局限于服务现在的消费者，还有能力向未来的消费者提供服务。换句话说，商家会比消费者更懂消费者。

3. 技术驱动

要做到前面所说的精准定位与提前服务，需要将大数据的收集与应用作为基

础。[①] 通常来讲，消费变革的起点往往都会发生在距离消费者最近的地方，其中最重要的环节就是增强商户本身的数据基础能力，这样才能够真正实现新零售中一直强调的以人为本、以客户体验为核心的经营模式。

在新零售的业态中，会产生大量的运营数据，这些数据不仅包括传统零售行业中可以获得的数据，如商品、销售、库存、订单等，还包括很多传统零售业中无法获得的数据，如客户的画像、订单的预测等。结合不同的业务场景与目标，门店可以利用这些数据维系客户、管理商品、制订物流计划。另外，门店还可以适配相应的算法，将应用场景进行数字建模，以实现实体门店与虚拟门店的结合。这些都需要一张可以信赖的优质网络来承载其中的数据传输，5G 的到来无疑让新零售迎来了属于它的黄金时期。

（二）AIoT，让新零售更有想象力

通俗来说，人工智能物联网（artificial intelligence & internet of things, AIoT）并不是一个全新的技术，它是人工智能技术与物联网技术的结合，是人工智能与物联网技术在应用过程中的相互融合、共同落地。AIoT 是物联网技术应用形态的延伸，与平时说的 IoT 技术有所不同。IoT 被认为是通过信息传感设备，按约定的协议，将任何物品与互联网连接起来，进行信息交换和通信，实现智能化识别、定位、跟踪、监控和管理的一种网络。AIoT 在万物互联的基础上更进一步实现万物智联，AIoT 的出现让单机智能（智能设备与设备之间不能发生相互联系）开始向主动智能（自适应、自动提供适合客户的服务）过渡。

强调服务、重视效率、操作难度低以及能够精准捕获客户的个性化需求成为现阶段新零售优于传统零售的主要特点。以无人便利店为例，从客户进门开始到扫货，再到结账，全程通过人脸识别和移动支付即可完成，这种基于 AIoT 技术的新零售模式已经在不知不觉间融入了大众的生活。

由于人们一些简单的消费要求被满足，加上门店节约了人工成本，其商品售价比传统门店更便宜，服务也更便捷，这种无人便利店的价值开始逐渐被人们挖掘并接受。在传统零售业的生态中，人们普遍倾向于去超市或便利店购物，但是稍好一些的商店在选址上往往考虑到覆盖范围以及交通便利程度，都会建在一些稍远的地段。互联网浪潮席卷过后，线下店纷纷开始通过线上平台提供服务，顾客轻触手机即可下单，商品用快递送到家。如今，进入新零售时代，5G 与 AIoT 技术相结合，让虚拟门店与实体门店能够互相融合，两者的边界正在逐渐消失，消费的模式也正发生改变。

① 史密斯 . 5G 将从哪些方面提升新零售体验 [J]. 软件和集成电路，2021（9）：22-23.

第七章　零售行业变革之“VR+ 零售”

第一节　零售业的变革升级：从虚拟到现实

一、VR 购物：数字零售时代的沉浸式体验

VR 购物的雏形在千禧之年便已显现，林登实验室的《第二人生》概念网游社区率先将网络购物与三维技术相融合，在三维虚拟世界中尝试开展电子商务，因《第二人生》的交易环境很好地满足了人们面对面交易的热切需求，到 2007 年注册人数已达到 600 万，注册人数之多、虚拟店铺成本之低与利润之高，驱使着包括世界 500 强企业在内的众多实体商家入驻，成为 VR 购物的先驱者。VR 购物在突破实体商场购物的空间与时间的限制的同时，能让消费者获得传统网购所缺乏的沉浸感。2015 年荷兰设计周，英国的设计师艾莉森·克兰克（Allison Crank）展示了他所构建的虚拟现实购物中心，引发密切关注。克兰克设计的购物中心如图 7-1 所示。

图 7-1　克兰克构建的虚拟现实购物中心

2016 年 3 月 17 日，阿里巴巴宣布成立 VR 实验室，并在 4 月 1 日公布了 VR 购物体验——Buy+ 的宣传视频，全新的网购 2.0 时代——“VR+”购物时代来临。VR 购物将颠覆“互联网 +”购物时代的购物体验，使人们在逛虚拟的网上商城时像逛实

体商店。2016 年 5 月 18 日，世界第一个虚拟现实百货商场由网络购物巨头 eBay 与澳大利亚零售商 Myer 合作推出。购物者只要在手机端下载它的 App，在 eBay 的视觉搜索系统的帮助下就可以足不出户，浏览 Myer 成千上万的商品。到了 9 月份，京东也宣布成立首个电商 AR/VR 产业推进联盟，将 VR 定位为核心技术研发方向之一。VR 购物打破了“互联网 +”购物时代的平面维度，开拓出新的虚拟时空，为人们带来崭新的购物体验。

VR 购物以人机交互技术为基础，借助计算机图形技术、模拟仿真技术、传感与测量技术等，形成集视觉、听觉、触觉等于一体的交互式虚拟购物空间环境，与传统的在 PC 端或手机端网购相比，VR 购物有诸多与其千差万别的特点。

1994 年，布尔代亚（Grigore C. Burdea）和夸费（Philippe Coiffet）在 *Virtual Reality Technology* 一书中概括了 VR 技术的三大特征——交互性（interaction）、构想性（imagination）、沉浸感（immersion）。

交互性是指通过虚拟现实系统与开放的虚拟场景及物体进行更加自然的交互，人们通过交互得到即时的真实反馈，获得的感受与在真实世界中获得的感受无二。互动的形式多种多样，如凝视、手部挥动、语音命令等。

构想性是指用户在虚拟的世界中得到部分信息，通过自己的联想、分析与判断构建出一个完整的虚拟空间，也指虚拟环境反映了设计者的思想，根据设计者的想象构建出一个超出人类认知范畴的未知空间，可以模拟探索因条件受限而在现实世界中难以实现的事。

沉浸感是指用户对借助计算机生成并由显示输出设备呈现的虚拟的环境、声音、气味、触感等进行全方位的感受，在虚拟世界中由原先抽离于事件之外的观察者主动转变为事件的参与者，沉浸在虚拟世界中并参与其中的互动。

（一）虚拟的真实——界面与维度

以淘宝为例，传统网购的交互界面是基于平面的，无论是 PC 端还是移动端，商品都是被拍摄成照片，标注上价格，有序地排列在二维平面上，并用文字描述商品信息。而以淘宝 Buy+ 为典型的 VR 购物则依托于 VR 头戴式显示器或体感装置，摆脱了二维网页的局限性，构建了三维立体的购物场景。

在传统网购中，商品和消费者“一屏相隔”，消费者除了被动地接受网店所提供的商品信息、评价和买家秀外，就再也没有其他途径对商品进行进一步了解了。即使有部分商品有多角度拍摄的图片，可 360° 旋转观看，也依旧禁锢在屏幕之中。VR 购物正是打破了这一冰冷的屏幕限制，使整个购物过程更接近于真实，消费者仿佛真的在实体店铺中选购商品，可以更加直观、全面、细致地了解商品的信息。

（二）自然的交互——交互行为

在 VR 购物中，了解商品信息的方式摆脱了传统的点击商品图片链接的单一模式，而是采用更为自然、自由的交互方式——可以由注视点的变化引导、触发与场景或商品的交互，也可借助设备在虚拟商城中自由行走观看，与虚拟商城里的商品进行互动，还可以借助装置随心地拿起一件商品进行全方位观看，观察它的细节、材质、整体结构等。相信随着科学技术的进一步发展，在未来人们可以更方便地借助手部穿戴设备对商品进行拿取，感受其重量、表面纹理的凹凸、柔软度等，获得更接近真实的体验。VR购物利用人日常行为习惯的动作实现与商品的交互，大大增强了互动性。交互方式的多样化在VR时代将成为一股不可阻挡的趋势。

（三）真实的氛围——情景渲染

传统网购中，从进入界面到购买完成的一系列动作都是在二维界面上完成的，VR购物消除了传统网购的生硬感，可以让消费者在进入界面之后完全沉浸于三维商城之中。在VR购物中，消费者可以随时随地、随心所欲地购物，摆脱了实体商城的营业时间与经营地点等的限制。VR购物的商城可以模拟或再现现实商城的灯光、音乐等，给人带来身临其境的感觉。同时，VR购物可以创建出各类极具吸引力的主题商城，在主题商城中可以把商品按照节日、季节、地域等元素有序地摆放好，使得商品也成为这一主题商城中一个积极的构成元素。同时，这些元素可以引导消费者的视线，提升消费者在购物时的体验，刺激消费者的购买欲望。

二、虚拟店铺：国外零售商的VR技术应用

（一）店铺改装

零售业经营者根据多年来的发展经验总结出一个结论，即要尽可能利用好货架上所有的位置。因而，零售业经营者在进行店铺改装的过程中，会综合考虑各个方面的因素。

美国有机婴儿食品商Happy Family的战略副总裁Riddhish Kankariya认为，消费者的行为习惯是经营者需要重点把握的，若顾客习惯以商品类型为依据进行选择，经营者需将商品清楚地分类；若顾客以品牌为导向，则需要将不同品牌的商品区分开来。为了使企业经营更好地符合消费者的需求，Happy Family应用VR技术对顾客的数据资源进行统计，并据此搭建出四种类型的虚拟场景。

（二）创新购物模式

如今的虚拟现实（VR）技术已经成为众多领域的新宠，但其当前还处在初级阶段，随着技术水平的不断提高，其应用范围会进一步拓宽，逐渐改变人们的生活习惯及行为方式。随着VR技术的日渐成熟，该技术将从根本上改变零售业的发展模式，而不仅仅是一种辅助性产品。VR技术在零售行业的应用及发展历程与网络视频在品牌宣传领域的发展历程存在共性，即便该技术在早期的应用会比较简单，但仍然会有

众多零售经营者采用这种方式。

如今，VR 技术已被应用到网上购物领域，使人们的购物方式变得更加多元化。在传统电商模式下，消费者无法近距离观察商品的材料，也不能试穿或试用，只能在商家提供的场景中查看商品的状态。应用 VR 技术后，这些问题都迎刃而解。这种新型的销售方式能够大大提升消费者的体验，满足消费者各个方面的需求。

有很多人把 VR 技术与 AR 技术混为一谈，事实上，这两种技术是不同的。增强现实（AR）技术是把真实世界与虚拟元素结合在一起，并且具有实时交互性。AR 技术主要是将虚拟世界与现实生活完美地连接起来，能够快速提升用户体验。这种技术能够将商品放置到特定的情景中，使用户对商品产生更加深入的了解，进一步激发用户的购买欲望，提高企业的盈利能力。VR 技术构建的是虚拟场景，使用户完全沉浸其中。VR 技术在发挥作用的过程中，用户需佩戴相应的设备，如 VR 眼镜。

（三）从多方面推动企业发展

VR 将从多方面推动企业的发展。利用 VR 技术，企业能够预知产品的市场接受程度，根据用户的反馈信息，及时调整产品包装，对其进行升级，掌握更加精准的数据信息，以此来判断产品是否符合消费者预期。

VR 技术的作用体现在各个方面，无论是店铺的整体布局、客流量分析、周边环境调查，还是产品包装、店内摆放及营销推广。线上商家不用为了满足消费者的需求而建立实体店，也不会出现严重的货物囤积现象。不仅如此，零售业经营者还能够把握消费者的行为习惯，清楚他们的消费目的，进一步分析他们的核心需求。

除了上述作用外，VR 技术也可以在销售人才的培训过程中发挥作用。Richline Group 主要经营珠宝产品，VR 社交体验开发商 CEEK 针对该公司的销售人员推出 VR 设备，使销售者能够利用 VR 技术，在虚拟场景中对类似于珠宝这样价格不菲、进货受限的产品进行近距离观察。如今，越来越多的经营商正在采用这种方式培训销售人才。

三、搭建 VR 虚拟场景，为消费者提供便利

（一）试穿的 VR

Trya Srl 创建的移动应用程序 Snapfeet 可以通过扫描购物者双脚的 3D 生物特征，来让购物者虚拟地穿鞋。在扫描客户的脚后，使用从多个角度拍摄的客户脚的照片，该应用程序的生物特征识别功能将创建脚的 3D 图像，据此推荐最适合客户的鞋子尺寸和型号。将图像保存在应用程序中后，其算法将对图像进行排列并在生物特征识别就绪后发送通知，客户每次登录商店购物时参考这些生物特征测量结果。①

① 周小丹 . 虚拟设备：VR 设备要卖给更多消费者 [J]. 商业周刊（中文版），2015：25.

（二）化妆的 VR

Image Metrics 开发的移动应用程序 Makeup Genius 可以让客户在购买化妆品之前进行虚拟试用。

该技术使用面部跟踪或面部动作捕捉技术，通过实时映射面部标志的 64 个数据点来确定图像中的图像数据和视频数据，以辨别头部姿势、面部表情和肤色，甚至可以确定年龄、种族、性别、面部毛发和其他属性。

要使用该应用程序，客户必须先下载该应用程序，然后通过打开的界面，应用程序扫描客户的脸部，然后根据提示选择产品和阴影。目录包括唇膏、眼影膏、眼线笔和粉底的产品和色调。该应用程序可向客户提供完整化妆外观。如果客户虚拟试用后，觉得效果不错，可以直接在应用程序中购买产品。

该公司表示，在欧莱雅商店中，客户可以选择扫描实际物品，以将其显示在屏幕上，然后进行虚拟尝试，而不使用产品测试仪。当产品的图像出现在屏幕上时，客户还可以测试其可用的阴影。

该程序还可根据客户实时数据提出相关建议。例如，发现客户一直在研究烟熏眼妆，该应用程序将显示更多可用于化烟熏眼妆的产品。

（三）家居装修的 VR

只要下载一个软件，无须过多操作，简单滑动屏幕即可以 VR 全景的形式，720°查看装修案例和装修工地，让顾客在方寸之间就能“掌控”装修。这是土巴兔全新 App“图满意”带来的别样家装体验。点开“图满意”App，用户可像刷抖音一样，观看设计师上传的众多装修案例。与以往不同的是，装修案例全部采用 VR 全景拍摄，从量房阶段便可以展示每一步装修所呈现的真实效果。

1. 全景展示装修效果，业主手机远程“监控”

众所周知，装修是一个环节多且复杂、极度依赖人工的行业，装修周期动辄百天，长则半年，其中任何一个环节出现问题，都可能会对整体装修效果产生影响。

以量房为例，过去使用传统手段进行量房，容易存在遗漏户型局部结构、耗时长等问题，而此次土巴兔推出的“图满意”App 通过 VR 全景功能，能够快速记录户型空间结构，不仅耗时更短，还可以避免遗漏房屋细节。

量房结束后，通过“图满意”3D 云设计，10 分钟即可成“实景—效果图”。在签约环节，设计师与用户可通过 VR 全景案例沟通需求，极大提升双方沟通效率。

除了装修前的获客、量房等阶段的赋能以外，VR 全景在施工过程中也能发挥极大价值。装修公司可借助 VR 全景相机记录施工全过程，每个阶段施工完毕时，都将施工情况进行拍摄存档。这样一来，不仅可以让用户实时掌握装修的每一个过程，也有利于售后维修的调查考证。

不仅如此，在材料选择时，VR 全景家装还可以实现线上选品，助力海量展厅在线化。装修公司、家居建材门店通过 VR 全景可使样板间、展厅和商店实现在线化，使用户线上逛店、沟通与选品，提升看样和选品的效率。

2. VR 席卷大家居市场，业内率先实现一系列研发创新

近年来，国内互联网技术持续高速发展，各项技术的迭代升级不断助力传统行业的服务升级，得益于此，家装行业也持续向在线化、数字化的方向迈进。

2021 年，在《中华人民共和国国民经济和社会发展第十四个五年规划和 2035 年远景目标纲要》中，已明确将云计算、大数据、物联网、工业互联网、区块链、人工智能、虚拟现实和增强现实产业列为数字经济七大重点产业。

规划一出，不仅赋予了产业新的历史使命，还加速了 VR/AR 相关产业链发展，VR 全景广泛应用于各行各业，如房地产、家装、汽车、教育、文旅等行业。

贝壳 VR 在线看房讲解、天猫线上家居 VR 店……VR 全景在大家居产业逐渐盛行，再加上 2021 年元宇宙概念的发展，“VR 全景 + 家装”已然成为家装界发展趋势。

VR 全景装修打破了传统的二维空间模式，让用户得以更真实地体验和感受装修效果。

VR 全景作为图、视频的升级形态，可以进一步解决信息不对称的问题。土巴兔的调研结果显示，85% 的用户会在装修前查看案例内容，对同户型装修案例及装修前、装修后实景对比有兴趣的比例高达 72%。未来互联 + 家装的发展趋势必然是可视化效果更强和能带来身临其境感的 VR 全景家装。

第二节　零售业的技术应用：VR/AR 技术

一、利用 VR 重构消费场景

不仅国内的电商平台在积极布局 AR/VR 技术，海外市场的 VR 购物技术在创业公司的推动下也在快速发展。意大利 VR 创业公司开发出一款面向零售商的 VR 软件 *Shelf Zone*，该软件可以让零售商借助 VR 技术在虚拟空间中构建电商平台，人们借助 VR 设备 HTC Vive，就可以体验 VR 购物。

AR/VR 技术的应用范围十分广泛，诸多行业都可能由此带来一次巨大的产业革命。具体到零售业，AR/VR 技术为零售商提供了一个前所未有的重大发展机遇。

很多时候消费者会遇到线上购买的商品与线下体验的商品存在一定差异的情况，而且受制于文字搜索的局限性，很多只拍下商品图片的消费者在线上也找不到自己想要购买的商品。

因为人们使用文字搜索时，很可能会因为自身的主观判断、文字组织能力等导致搜索的关键词不能和线上商家给出的关键词相匹配，这就使得很多消费者不得不终止消费。

而 AR/VR 技术通过创造沉浸式体验，极大地丰富了在线购物的体验，使消费者可以在虚拟环境中更直观地了解产品。例如，通过 VR 技术，消费者能够在虚拟空间中“试穿”衣服，或者在自己的家中“摆放”虚拟家具，以更好地做出购买决策。

二、如何将 VR/AR 技术用于零售店铺

在电商产业发展势头如此迅猛的当下，之所以仍有很多人愿意前往线下门店购物，很大程度上就是因为在线下门店中人们可以直接体验产品及服务，而且和自己的亲朋好友一起外出购物也能增进彼此之间的感情。但随着生活节奏日渐加快，人们可以用于外出购物的时间越来越少，AR/VR 技术的出现将逐渐改变人们的购物方式。人们不用亲自前往线下门店，只需要上传相关数据，就能在运用 AR/VR 技术构建的虚拟场景中试穿衣服、定制家居产品等。

新生事物出现后，如果它能够在某一领域解决市场中存在的痛点，或提升服务品质，或为人们创造一种全新的生活方式及服务理念等，其必将引发一场产业革命。而 AR/VR 技术与零售产业的碰撞融合有望使零售产业发生颠覆性变革。

对于零售商而言，在将 AR/VR 技术应用到企业产品、服务过程中时，需要考虑以下三个方面的问题。

（一）运用 VR，还是 AR

AR 技术是将虚拟的事物、场景等置于真实的世界中，人们借助于智能手机等终端设备就可以体验。比如，任天堂（Nintendo）、口袋妖怪公司（The Pokemon Company）和谷歌 Niantic Labs 公司通过 AR 技术共同研发的 Pokemon Go 游戏，在全球范围内掀起了一股捕捉宠物小精灵的热潮。

VR 技术则是为人们创造一个虚拟世界，人们要使用专业的眼镜、头盔、控制器等硬件设备才能体验。它能够给人们带来更具快感、更刺激的体验，VR 视频、VR 主题公园等都是典型的代表。

显然对于零售企业而言，选择不同的技术，其具体的战略会有巨大的差异。

（二）店内应用，还是店外应用

从技术发展的角度来看，未来零售商不会存在这一方面的困惑，但在当下 AR/VR 技术的发展还不成熟的情况下，在商店内使用与在商店外使用是完全不同的。在商店内应用主要是在传统的购物场景（销售区域、试衣间等）中通过运用 AR/VR 技术带给人们全新的购物体验；而在商店外使用，则主要是让人们在家里或者碎片化的场景（排队付款、等公交车等）中体验 AR 购物或者 VR 购物。专注于电子商务的零

售商可以借助 AR/VR 技术，为消费者创造一个专属的购物频道，让其体验在线下场景中购物的感觉。

对于这种尚未发展成熟的新兴购物模式，零售商需要保持谨慎，决定好在商店内使用还是在商店外使用 AR/VR 技术后，还要考虑时间成本及资金成本。需要注意的是，将 AR/VR 技术应用到零售领域是为了让人们享受到更为方便快捷及个性化的购物服务体验。比如，虚拟试衣间让人们随时随地体验不同服装的上身效果，而且缓解了线下门店因为客流量大，所以需要排队试衣的问题，及线上店铺因为无法试穿衣服，频繁出现的退换货问题。

（三）将商业模式和 AR/VR 技术挂钩

AR/VR 技术并非近年出现的新技术，但在近两年它却进入了快速发展阶段，与该技术相关的创业公司也受到了许多资本巨头的青睐。阿里巴巴、京东、亚马逊等国内外电商巨头目前都在积极探索 VR 购物模式，对于中小零售企业而言，面对这种有可能引发零售市场格局重新洗牌的新机遇，需要尽快布局，从而避免日后自身陷入被动的局面。尝试为 AR/VR 技术创造一种商业模式，从而获取足够的价值回报。

三、VR/AR 营销：解决痛点，提升购物体验

无论对于传统零售，还是对于现有的网络零售，AR/VR 技术的应用都将带来购物体验的颠覆性变革，让广大消费者实现“体验式消费”。如今，线下商店产品品类有限，而且人们能够用于外出购物的时间越来越少，虽然移动购物的出现极大地满足了人们的消费需求，但产品体验缺失一直是网络购物难以解决的痛点。而 AR/VR 技术则使两者的优势都能够得到最大程度的发挥，可以让消费者借助 AR/VR 设备随时随地前往“实体店”购物。通过 AR/VR 技术可以打造出各种各样的购物场景，如购物时的咨询，购物过程中的选品、体验，购物之后向消费者进行同品类产品推荐等。

由于家居产品的购买更注重线下体验，网络零售渗透率不高，AR/VR 技术的出现很大程度上解决了这一问题。比如，借助于 AR 技术，人们可以将产品的 3D 模型实时叠加到现实环境中，从而让用户直接在现实环境中观察到该产品是否真正适合摆放在自己房间里。比如，家居品牌商宜家开发出了一款厨房装修应用产品，它可以让广大消费者体验到厨房产品的 3D 模型实时叠加到厨房中的效果。

从商家的角度看，将 AR/VR 技术应用到营销环节后，将会使零售产业发生重大变革。虚拟现实产业数据研究公司 Greenlight VR 此前发布的研究数据显示，很多消费者对于能够带来 VR 体验的产品表现出了浓厚的兴趣。

在 AR/VR 技术的帮助下，商家能够为消费者在虚拟环境中模拟产品的实际效果，从而实现体验式营销。比如，沃尔沃曾经为顾客提供沃尔沃 XC90 VR 试驾。一些商家还制作出了高品质的全景视频，从而让消费者获得沉浸式体验。和传统营销方式相

比，基于 AR/VR 技术的营销能够让消费者产生更为强烈的参与感，极大地增强了人们的购买欲，这是传统营销方式很难做到的。

在肯定 AR/VR 技术将给零售业带来巨大变革的同时，也需要注意到目前的 AR/VR 技术在生活场景的模拟方面还存在一定的不足。比如，它很难让人们获得沉浸式的触觉体验及嗅觉体验，也没有改变线上购买、快递送货上门的产业模式，和音乐、视频等 VR 内容产品所不同的是，VR 购物最终还是要通过普通快递运送产品，所以并不能说是颠覆了零售产业。

此外，AR/VR 技术的应用也使得近年来被人们高度重视的个人隐私数据泄露问题变得更为突出。如果在技术及硬件方面长时间不能取得实质性突破，VR 购物不但不能提升消费者满意度，反而会引起消费者的反感。

目前 AR/VR 技术和设备距离真正商业化应用还有很长的一段路要走。Facebook 的创始人马克·扎克伯格表示，VR 设备能够像智能手机一样成为大众消费品至少需要 5 ～ 10 年的时间，而 AR 设备全面普及至少需要 10 年的时间。对于如今的零售产业而言，没有成熟的 AR/VR 技术及设备提供强有力的支撑，AR/VR 购物很难迎来爆发式增长。

第三节　零售业的发展布局：虚拟现实生态圈

一、线下零售如何布局 VR 战略

近年来，电商产业市场规模处于快速增长阶段，淘宝、天猫、京东、唯品会等电商巨头年度交易额不断刷新纪录，跨境电商、生鲜电商、网红电商等各种新玩法层出不穷。与电商平台不断发展壮大形成鲜明对比的是，传统零售商线下门店陷入了关店潮，服装、美妆等领域的传统企业陷入发展困境。

当然，在一些强调产品体验的领域，线下商家仍具备较强的核心竞争力，高品质的服务让许多消费者与商家建立了良好的信任关系。此外，一些商家也尝试通过推出非同款的商品来与电商平台展开差异化竞争。

如果未来电商平台的 VR 战略能够成功落地，“体验”这一电商产业目前的最大短板将得到有效解决。在 AR/VR 技术的支撑下，人们可以在各种各样的虚拟消费场景中获得媲美线下门店的消费体验，而在家装等领域，AR/VR 购物甚至要比线下门店购物更具有优势。

就目前来看，那些注重产品体验的领域的传统零售商不必太过担忧，因为 AR/VR 购物在技术方面还存在一定的不足。以服装行业为例，现有的 VR 设备更多的是捕捉用户的头部动作，然而用户如果要试衣服，必然要全身转动来观察整体效果。如

果想要实现对全身动作的捕捉，必然要使用全套的AR/VR设备，但显然不是每个人都有这种设备。

随着AR及VR技术的不断完善，网络零售对线下零售的冲击会越来越大。以家装行业为例，一旦电商企业能够通过AR及VR技术构建出丰富多元的线上家装场景，人们只需要上传自己房间的参数，后台便可在线上创造出同等比例的虚拟房间，从而让人们可以直接观察装修效果。不过，从现有的AR/VR技术发展情况来看，要实现这一目标仍有一段很长的路要走。

尽管如此，电商平台还是纷纷出台相应的战略来布局VR购物，引发了社会各界的广泛关注，一些媒体在报道中对几大电商平台的VR购物实力进行了排名。但现在就对电商平台的VR购物大战的结果下定论，未免有些草率。①

毋庸置疑，随着VR购物的持续发展，整个零售产业将会迎来重大变革，在VR购物大战中最终胜出的企业将会成为市场规则及行业标准的制定者。这从阿里巴巴与京东急于制定AR/VR购物标准，并积极和硬件生产商及软件开发商建立合作等动作中可以看出。

至于到底谁能成为VR购物领域的主宰者，目前还无法得出明确的答案，巨头企业确实在这场竞争中更具优势，但谁能胜出还是要看谁能在AR/VR技术领域取得实质性突破，毕竟有不计其数的后来者凭借技术创新，超过行业巨头。

二、国外零售商的VR战略布局

（一）宜家：宜家VR体验馆

2016年4月，全球最大的家居品牌商宜家上线“宜家VR体验馆”移动应用产品，邀请广大网民进行测试。需要注意的是，宜家VR体验馆需要搭配VR设备HTC Vive（国内售价高达6888元）使用。

宜家VR体验馆可以让消费者体验厨房产品布局，调整橱柜及抽屉颜色。目前，体验馆内共提供了三种厨房风格让消费者选择。

（二）eBay：第一个VR百货商店

2016年7月7日，电商巨头eBay宣布与澳大利亚零售巨头Myer达成战略合作，双方共同建立了全球首个VR百货商店。目前，eBay平台中Myer提供的产品品类达到了1.25万种，其中有上百种商品是以3D形式展示的。

---

① 罗定提，王柏森.AR/VR体验下制造商对线下零售商的选择研究[J].南华大学学报（社会科学版），2019，20（4）：8.

（三）Wayfair：VR ＋ 庭院家居设计

2016年，美国家居电商品牌Wayfair宣布进军VR领域，并公布其首款移动应用产品Patio Playground。

Patio Playground为消费者提供了85种布局庭院的产品，可以帮助广大消费者对自己的庭院进行设计。在一个模型中，消费者最多可以放置15件产品。消费者完全可以根据自己的需求对庭院进行设计，通过改变光线、观察角度等感受布局效果，最终找到令自己满意的庭院布局方案。

第八章　零售行业变革之“人工智能+零售”

第一节　人工智能：零售真正进入“人工智能零售”阶段

一、人工智能发展简史

人工智能（artificial intelligence, AI）一词被人们熟知始于1956年在美国达特茅斯学院（Dartmouth College）召开的一次讨论会。从此，AI进入了第一个发展期。这段时期的AI研究主要分为四个方面：纽厄尔（A. Newell）、西蒙（H. Simon）和肖乌（J. C. Shaw）等人领导的小组从心理学的角度展开研究，致力以计算机来模拟人类思维，并于1956年提出了逻辑理论机（LT）程序，用计算机来证明数学定理；麦卡锡（J. Macarthy）、明斯基（Minsky）和赛夫利奇（O. Selfridge）等人领导的麻省理工学院研究小组提出了著名的适用于人工智能的LISP语言，并于1958年提出了一种咨询问答系统，这是后来的“专家系统”的雏形；IBM公司的摩尔（T. More）和塞缪尔（A. Samuel）等人研发了一款跳棋程序，1962年曾击败美国一个州的冠军，达到冠军级水平；罗森勃吕特（F. Rosenblatt）从仿生学的角度研究AI，于1958年提出了感知机模型。

经过了几年的沉寂之后，20世纪70年代中期AI发展开始进入兴旺期。这一时期最突出的特点是各种各样的专家系统如雨后春笋般被研制出来，如1971年费根鲍姆（Edward Feigenbaum）和莱德伯格（Joshua Lederberg）提出的可自动分析化合物结构的DENRAL程序系统，1975年肖特利弗(Edward H. Shortliffe)等人提出的可进行细菌性炎症诊断咨询的MYCIN程序系统，1976年杜达（Richard O. Duda）等人研制的用于地质勘探的PROSPECTOR专家系统等。

之后，在经过几十年的平稳发展之后，随着大数据技术和计算机硬件技术的进步以及深度学习概念的提出，AI再次进入了高速发展期。2006年，Hinton提出了深度置信网络（deep belief network, DBN），使感知机模型学习模式由浅层学习转变为深度学习。此后，几种核心的深度学习模型相继被提出来，如受限玻尔兹曼机、自动编码器以及卷积神经网络等。谷歌旗下 DeepMind 公司团队研发的围棋人工智能程序 AlphaGo 就是应用了深度学习理论，模拟人类大脑神经元的工作机制，采用多层神经网络来进行落子的选择和棋局的评估。2017 年 10 月 AlphaGo 的改进版 AlphaGo Zero 采用对抗机制进行训练，让机器进行自我学习，摆脱了深度学习需要大量数据样本的困境。AlphaGo Zero 仅仅训练 3 天就以 100 ： 0 的战绩击败了老版本的 AlphaGo。

二、人工智能技术与零售行业的有机结合

（一）人工智能与零售业融合的优势

人工智能与零售业融合的优势如下。

1. 革新零售购物场景

零售业与人工智能融合最先应用于购物场景中。零售业购物场景中已经推出的创新业务主要集中在迎宾导购、购买体验和结账支付环节。例如，由法国 Aldebaran Robotics 公司自主研发生产和销售的 Nao 机器人，能熟练介绍各品牌产品的特色，其幽默有趣的语言、滑稽的动作有效地激发了客户的购买欲望，目前在大多数零售卖场中已广泛使用。又如，韩国连锁超市 E–Mart（易买得）推出的 Eli 智能购物车可以在商场里，完成定位、导航、避障、追随、自动结账、智能辨认、自主返回等功能。通过由触摸屏实现的人机交互，Eli 可以引领或追随购物者到达所需购置物品陈列区域，可以在行进的过程中完成智能避障，并对购物车内的商品进行扫码，在屏幕上显示价格，顾客扫码即可完成支付。同时，它还能及时辨别购物者是否付款买单。购物完成后，Eli 便自己前往充电站待命。Eli 可谓是人工智能、机器人和“互联网 +”等的完美结合，达到世界领先水平。

2. 助推零售商业模式变革

当下零售企业已不能仅仅依靠噱头营销，赢得市场，而要以互联网技术和人工智能技术为依托，根据企业自身条件进行合理定位，根据消费者需求进行差异化营销，从而赢得市场。传统零售以货品为基础，再围绕销售数据及经营经验对人、货、场进行调整，这种零售模式已逐渐失去对消费者的吸引力，购买效率较低。以人工智能技术为依托的智能零售以消费者为中心，依据实时的、不断变化的数据调整人、货、场，从店铺规划、货品组合、销售促进、门店运营等方面实现差异化营销，满足消费者的个性化需求，提升了客户的黏性和零售店的经营活力。比如，苏宁小店围绕社区、中央商务区、大客流地段来构建不同的店面模型：社区小店主要针对家庭用户，除了提供便利店的常规商品，还增加了生鲜类商品；中央商务区小店的目标客户群是在写字楼里上班的白领，故主要提供轻餐饮和高品质生鲜、方便速食等；大客流地段

主要指的是医院、车站、地铁等附近的地段，这些地段的小店主要通过销售商品和广告宣传获取利润。未来的苏宁小店将基于智能零售场景增加娱乐、餐饮、家政、包裹代发、数码办公等服务。

3. 为打造智慧供应链提供数据支撑

零售业处于销售的最前端，直接与顾客接触，而智能零售又能精准捕捉消费者购物全流程信息，将消费者一举一动数字化，而利用这些数据反过来又可以与生产企业进行信息资源的共享和互动。例如，制造商根据智能零售捕捉到的数字化信息来构建上下协同的生态系统，使生产实现定制化的柔性生产，较好地满足消费者的个性化需求。例如，Amazon Go 超市天花板上的智能摄像头可以追踪、记录顾客在货架上拿起（放下）的商品、在不同货架停留的时间、顾客关注的商品及观察商品时的表情，再将这些关于顾客购买行为的数字化信息与 Amazon 电商平台数据整合，可以形成面向全价值链的服务方案，这样不仅实现了超市的智能化运营，还为制造商提供了更为精准的销售信息。

4. 融合促使一系列技术创新

人工智能技术与零售业融合引发了一系列技术创新。伴随着技术的迭代发展及越来越多的零售商引入人工智能技术，人工智能技术在零售业的商业化应用越来越成为一个发展趋势与潮流，一系列应用于零售业的智能技术相继落地。目前，应用于零售业的创新技术主要有 18 项，分别是智能停车和找车、商品电子价签、室内定位及营销、智能搜索及管理联动、基于视觉系统的应用、智能购物车、智能穿衣镜、智能试衣间、智能推荐、机器人导购、机器人店员、虚拟商品墙、自助支付、智能比价、在线客服机器人、库存盘点机器人、商品管理机器人、物流机器人等。

（二）人工智能与零售业融合面临的挑战

人工智能与零售业融合面临的挑战如下。

1. 智能技术有待优化

在智能零售发展过程中，技术是影响其发展的关键因素。虽然智能零售的相关技术在逐渐完善，已经实现无人零售模式，但是在人工智能、人脸识别技术方面还有待完善。例如，无人零售店内安装的传感器与摄像头主要用于识别商品被拿起 / 放下的次数、商品是否被购买、被谁购买等。传感器的使用对店内商品摆放的位置有严格的要求。若商品被拿到远处或顾客放回时未摆放整齐，会影响其追踪的准确性。同时，安装在门店里的摄像头的识别技术识别的准确性也受到顾客人数的影响，例如，Amazon Go 号称可实现“拿了就走”，顾客不用排队、不用结账，能大大提高顾客购买效率，但开店当天，由于受识别技术的限制，店内最多只能容纳 20 人，并且店内顾客的移动速度必须比较缓慢，否则 Amazon Go 的系统会因信息量太大而无法正常工作。

2. 运营成本高、是否盈利有待时间检验

这具体表现在以下几个方面：一是基础设施、设备研发和部署投入成本高。传统零售企业要想转型升级，在前期部署阶段需要大量的诸如自助支付系统、智能识别系统、数据管理系统等软硬件投入，转型升级的资金投入比较大。例如，引入 Amazon Go 解决方案，需要的资金投入至少是上千万美元，因此并非多数传统零售店能支付得起的，其推广进程也就不可能太快。二是能否盈利有待时间检验。智能零售虽然节约了导购员和收银员等部分人力成本的支出，但在软硬件投入、运营成本支出方面则大幅增加，目前单纯依靠零售业务本身很难盈利。有关数据显示，阿里巴巴旗下的盒马鲜生其实一直在亏损，就算是利润较高的门店，其后台数据也显示月利润是负数，最高者一个月亏损 120 万元。

3. 服务体验差

消费者出门购物，一方面是希望能买到价格合理、质量可靠的商品，另一方面是希望能获得优质的服务体验，这也是为什么有的老顾客常常光顾自己熟悉的实体店铺，有的甚至与店铺的经营者、店员建立了友好的关系，由于彼此很了解，每次购物时消费者都能获得优质的服务体验。智能零售由于缺少店员的服务，在获取商品信息、促销信息和退换货等方面仍无法让顾客感到满意。另外，智能零售可能导致购买者不能顺利购买物品，如结账过程依赖于手机，如果消费者没带手机或手机没电便不能购买，同时部分不懂如何进行电子支付或对电子支付不信任的人，也难以在无人零售店购买物品。

4. 少数消费者诚信缺失给零售店带来损失

智能零售对购买者素质要求较高，多数购买者进店取货时都能自觉地进行扫码结账，但个别不诚信的购买者会不结账或少结账，从而给商场带来损失。[①] 一份来自美国和部分欧洲国家零售商的研究报告显示，采用自助扫描结账和智能手机结账方式将导致 4% 的商品丢失率，是商场平均水平的两倍。

（三）智能零售发展的对策

1. 进一步完善核心技术

我国要在智能零售方面有所突破，必须走创新驱动的路子，依靠技术创新来带动

① 任丽娜．“新零售”背景下人工智能技术刺激探究 [J]. 信息系统工程，2021（4）：16-18.

商业模式创新。针对目前智能零售在技术方面存在的问题，科研院所、技术部门应加强对识别技术、电子支付等技术的研发，提高识别的精确度，提高自助支付的效率。

2. 降低技术成本

智能零售店虽然在运营过程中能够节约一些人力成本，技术成本却提高了很多，这制约着智能零售的规模化应用。因此，在智能零售运营过程中，要加强对技术成本的控制。可通过技术租赁的方法来降低智能零售店的技术成本，以此促进智能零售业的发展。

3. 采用差异化营销

如果智能零售店采用与传统实体零售店基本相同的营销策略，消费者很难体验到智能零售的创新之处，那么消费者自然就会失去兴趣。因此，智能零售店的经营者要注重打造店铺特色，在店铺选址、店面装修、商品品种、商品价格及包装、促销优惠等方面采取差异化策略来吸引顾客。

4. 加强对消费者的监管

智能零售对购买者的诚信要求比较高，智能零售店一般没有专门的管理员，完全信任消费者购物过程中能自觉支付。然而由于一小部分消费者贪小便宜的心理严重，不结账或少结账，威胁着智能零售店的发展。要更好地促进智能零售的健康发展，就必须加强对消费者的监管。建议采取以下三个措施：一是启用智能化监控系统和消费者识别系统。建议在智能零售店安装智能化设备，利用智能化技术手段，加强对消费者的监督管理。二是建立消费者诚信档案，将那些消费者不结账或少结账的行为记在诚信档案中，让那些不诚信的人得到应有的惩罚。三是加强消费者诚信建设。大力宣传诚信是中华民族的传统美德，是做人的基本准则，通过宣传让消费者认识到诚实守信的重要性。消费者诚信意识增强了，不结账、少结账的行为自然而然就少了。

三、制造企业纷纷拥抱 AI，打造智能产品

（一）智能语音助手

智能产品发展初期，人机交互体验差的智能产品层出不穷。为了解决人机交互体验差的难题，科技巨头研发出智能对话与即时问答的智能交互系统——智能语音助手。

大部分人第一次接触语音识别，是通过智能手机上配备的语音助手，其中最广为人知的是 iPhone 手机的语音助手 Siri。2011 年，苹果在 iPhone4S 上首先配备了智能语音控制功能，随后几年又陆续发布了 Siri 的新功能。可以说，苹果 Siri 是开启智能

语音助手功能的先锋。

而论起当前最火的智能语音助手，应属亚马逊 Alexa 语音助手。亚马逊在 2014 年推出了智能助理 Alexa，随后在 Echo 音箱也配置了 Alexa，而凭借 Echo 音箱的大火，Alexa 越来越受重视。如今 Alexa 正在逐步应用于数百万联网产品中。

随着科技实力的不断增强，我国在智能语音识别技术领域也有了很大突破。例如，腾讯推出的智能语音助手腾讯叮当，在语音识别率和识别精确度方面都上了一个台阶，与国外技术相比，完全不逊色。腾讯还与飞利浦、广汽、路畅科技、咕咚等一系列硬件科技公司达成战略合作，借助腾讯叮当共同打造更加智能化的产品。如今搭载腾讯叮当的智能产品已经逐步落地，产品技能中心页面如图 8-1 所示。

图 8-1　腾讯叮当技能中心页面

（二）智能电视

自人工智能火起来之后，各种各样的人工智能电视也相继进入人们的视野。国内海信、长虹、TCL、创维等传统彩电厂商以及小米等互联网电视品牌都开始推出人工智能电视新品。但是，这些人工智能电视对人工智能技术的应用都还处于初级阶段，或者仅是在电视中应用了语音交互技术，给电视加了一个声控功能，或者仅是将家居电器的控制应用放进电视而已，远远称不上是人工智能电视。未来厂商可以从以下四个方面来展开研究，从而生产真正的人工智能电视。

1. 智能人机交互

纵观人工智能的发展历史，机器视觉及听觉一直是人工智能研究的重点及难点。在电视领域，传统的电视机采用多按键的红外遥控器来实现人与电视的交互。随着电视功能的增多，遥控器上的按键从最开始的十几个增加到现在的几十个，人们对电视的操控变得越来越烦琐，人机交互变得越来越困难，特别是对于老人而言。

在智能时代，人工智能对于语音的研究有了突破性的进展，语音识别已经进入了实用阶段。在智能电视中应用语音识别技术，研究电视的语音控制，使电视具有“听觉”，是电视智能化的一个重要体现。目前市场上已有部分带有语音遥控器的智能电视问世，这类智能电视通过识别用户语音中的关键字来操控电视。但是语音控制不仅仅是语音识别的问题，还包括语义理解、方言识别等问题，而要实现脱离遥控器实体的语音控制，还需要解决远程语音识别、多用户语音干扰等问题。而这些问题现在并没有一个很好的解决方案，需要进一步地研究。

使电视具有“视觉”是电视智能化的另一个体现，目前已有相关机构在研究适用于智能电视的体感控制、面部识别等技术，但市场上还并没有此类的智能电视问世。体感控制能实现用户通过手势的变化来操控电视，而面部识别技术则可以让电视区分当前的使用者。相对于使电视具有“听觉”，使电视具有“视觉”更困难一些。

2. 智能媒体服务

媒体服务是电视的基本功能，传统的电视采用广播形式向用户提供音视频媒体服务，用户只能在给定的电视频道中选择某个频道来观看，缺少交互，无法满足个性化需求。在智能时代，智能电视需要为用户提供智能化的媒体服务，包括但不限于个性化点播、互动视频、智能搜索、智能推荐等。

个性化点播可以按照用户的需求来播放相应的音视频。有赖于有线电视双向化改造工程，目前大部分有线电视网络已经可以实现点播功能，用户可以按照自己的喜好来观看某些音视频节目。但在卫星等网络环境中还是只有单向的广播功能，没有双向的点播功能。

互动视频是另一类媒体服务，用户可以与视频的主播方交互，提出要求，主播方针对用户需求进行相应的反馈。目前互联网上的个人直播就属于这一类。从广义上讲，视频通话也属于这一类媒体服务，只不过视频通话属于双向的互动视频。

智能搜索媒体服务可根据用户提供的文字、语音、图像或视频等信息来搜索网络上符合条件的音视频资源。借助人工智能技术和网络前端的大数据资源，基于语音、图像或视频的智能搜索媒体服务有望在未来几年内进入实用阶段。

智能推荐媒体服务指智能电视或媒体服务前端系统对用户的个人喜好、观看习惯等进行分析后，向用户推荐当前热播或者用户可能感兴趣的音视频媒体资源的服务。依赖于用户的行为习惯数据，借助大数据分析和人工智能技术，智能电视或媒体服务前端系统能分析出用户的喜好，从而实现个性化的推荐。

3. 智能管家

作为家庭的媒体中心，智能电视除了可以提供智能化的媒体服务之外，还能作为智能管家，为人们提供专家级的咨询服务。

利用人工智能技术，运营商前端系统可以采录与家庭生活相关的知识，构建智能管家系统，为用户提供天气咨询、寻医问药、知识百科、多样菜谱、穿衣指南、电子购物等与人们生活相关的各种咨询服务，并可以记录家庭成员的生活习惯，给出相应的健康生活建议和提醒。例如，定时提醒老人吃药，监测用户的体重、血压等。

4. 智能物联中心

智能物联中心指的是借助于网络技术，将家庭范畴内的智能设备和系统连接在一起，由具有更大计算能力的智能电视作为网络中心，构建家庭物联网，从而形成智慧化的家庭综合性服务平台。

智能电视在智慧家庭中作为物联中心，负责对智能家电进行统一管理和调配。用户只需要通过与智能电视交互，就可以管控家庭的所有智能家电。通过人工智能技术，智能电视还可以自动分析智能家电的状态，向用户提出相应的建议。通过用户的授权，智能电视还可以直接操控部分智能家电工作。例如，自动启动智能扫地机器人打扫房间，自动在用户到家前煮好饭等。

第二节　百度 DuerOS：打通上下游产业链，打造人工智能生态

一、语音对话：人工智能产品大爆发，百度 DuerOS 应运而生

人工智能发展迅速，其在各行各业应用，将会衍生出更多的新技术、新产品、新应用。目前市场上的人工智能产品在语音控制方面仍有欠缺，能做到迅速响应、准确识别的产品更是凤毛麟角。换言之，时下人工智能还处于尝试摸索阶段，要实现真正的人机交互，还有很长一段路要走。但这也意味着，各大人工智能企业如能加强对语音操控等人工智能技术的研发，在技术上取得突破性进展，未来的价值不可估量。

总的来说，随着人工智能技术的发展步入正轨，人脸识别、智能汽车和智能家居等智能产品已经广泛应用到生活的方方面面。而对话也随着人工智能的全面覆盖成为人与设备的沟通方式，以语音识别、智能对话的形式来满足用户需求已然成为新一代智能产品的基础功能。

百度、阿里巴巴等国内互联网科技巨头纷纷对可以对话的人工智能产品进行研发和生产。其中，百度的对话式人工智能系统 DuerOS 自推出以来，就受到了众多智能硬件厂商的大力欢迎，并纷纷与其达成战略合作，DuerOS 赋能合作伙伴的能力也在逐步增强。

二、赋能上游：与ARM等企业合作，开启“可对话”智时代

众所周知，芯片是人工智能的核心基础零部件。而在人工智能领域，人工智能本质上是语音计算的应用。百度发布了DuerOS智慧芯片，并与紫光展锐、ARM以及上海汉枫达成战略合作。这款芯片搭载了DuerOS对话式人工智能系统，能广泛应用于智能玩具、蓝牙音箱和智能家居等多种设备上。

在人工智能领域，芯片公司所能提供的是各种接口、通信和底层芯片，以此实现人工智能入口的作用。对ARM和紫光展锐等芯片上游厂商来说，他们的主要方向是让人工智能产品降低功耗，更高效。而ARM作为全球领先的半导体知识产权（IP）提供商，在智能语音生态建设方面投入了相当大的精力和相当多的资金。ARM亚洲市场总监潘劭奇曾表示，ARM 26年来联合了1000多家合作伙伴，在世界各地推广、建立整个生态体系。

事实上，科技对芯片制造业的改变是非常大的，因为芯片制造等传统行业可以利用科技开发出更多的经济价值。因此，百度DuerOS与ARM等上游厂商合作，会让消费者和传统企业得到更多的经济价值。

百度将智能语音作为人工智能的交互入口，作为人工智能生态建设不可或缺的一部分。DuerOS与ARM、紫光展锐等芯片上游厂商达成战略上的合作，是为了夯实硬件基础，更好地赋能于人工智能产品，将智能语音交互能力拓展至更多智能硬件。这也意味着人工智能在赋能传统制造业方面往前迈了一大步，“可对话”智慧设备时代来临。

三、赋能下游：与TCL等厂家合作，落地“可对话”智能产品

近几年，人工智能在语音、语义和计算机视觉等领域取得了技术性突破，使其被加速应用于各个产业场景。在服务行业，“小i机器人”“小鱼在家”的“分身鱼”机器人等工业机器人和服务型机器人层出不穷，应用层产品或服务正逐步落地。家电行业也掀起了人工智能的热潮，TCL、长虹、美的以及格力等传统家电巨头瞄准了人工智能，潜心研发人工智能技术，试图将人工智能和智慧家庭更紧密地结合在一起。

人工智能是新一轮科技革命和产业变革的重要驱动力量，然而大多数传统行业的业务需求与人工智能的前沿科技成果之间尚存在落差，面向普通消费者的移动互联网应用与人工智能技术之间的结合还处于摸索阶段。在智能产品还不够“智能”之际，DuerOS凭借其能让用户随时随地通过语音找到自己想要的优质信息和服务的能力，深受诸多厂商和用户的青睐。

DuerOS是当前中国市场上规模最大的具备听清、听懂、满足功能的人工智能系统。在DuerOS的支持下，冰箱、电视等家电产品都将能“听懂”用户需求，实现自然语言下的语音操控、日常聊天、音乐娱乐等智能化服务，带来良好的人机交互体验。DuerOS与下游厂商的合作，一方面使硬件领域革新，为用户提供更便捷、智能

的使用体验；另一方面也能发挥示范作用，吸引新的合作伙伴，加速人工智能系统与硬件的跨界融合，并拓展人工智能系统与硬件的跨界融合范围，为人们创造更加智能的未来生活。

例如，百度 DuerOS 和 TCL 联合研发的对话式人工智能电视解决方案，获得了 2017 年中国用户体验创新大赛“精石奖”一等奖，得到用户和国家层面的双重认可。未来，可对话设备的落地应用速度将会越来越快。

随着赋能传统制造业的能力迅速增强，百度 DuerOS 正在打造一个共赢开放的人工智能生态系统。不会“说话”的人工智能产品是不完整的，若要继续研制人工智能产品，必须提高计算机的认知能力。只有加强人机交互技术的研发，才能创造出一个成功的人工智能产品。而要打造共赢、开放的人工智能生态系统，“唤醒万物”，关键是使上游厂商、下游厂商、对话式人工智能系统三者深入联系，共建人工智能生态系统。

一方面，人工智能技术是很多传统制造业企业所欠缺的，而对话式人工智能系统是把过去机械的产品与计算机相连，让其变得更加智能的重要手段。另一方面，随着对话式人工智能的发展，以往繁杂的人工智能操作组件被消费者摒弃，未来的人工智能产品不仅要能“听懂”“看懂”，还要会理解语义，实现真正的人机交流。

而这一宏愿的实现，需要硬件设备商、芯片模组方案商、内容资源方等加强合作。可以看出，百度 DuerOS 通过与硬件设备商、芯片模组方案商、内容资源方等上下游企业合作，已经有了人工智能生态发展的架构，从核心运算能力、大量资料的储存与处理，再到运算强化、分析能力的升级等，以及智能产品的生产制造等，全面赋能传统制造业的能力迅速增强，一个强大的人工智能生态系统正在形成。

第三节　暴风 AI 电视：布局人工智能，抓住“中国式机会”

一、“AI+ 屏”开启电视产业的第三次革命

彩电行业经过平板化和互联网化两次革命后，为用户带来了更轻薄美观的机身以及互联网的海量内容。但是电视仍然一直被当作放映设备，功能仍然单一，用户使用频率低、使用时长短，用户价值没有得到充分发挥。

2017 年 5 月，暴风 TV 推出了首款人工智能电视暴风 AI 电视 X5ECHO。暴风 AI 电视的面世，不仅打破了互联网电视竞争格局，还给自身以及整个彩电行业带来了全新的机会。

（一）改变人机交互关系

一直以来遥控器都是电视与人交互的重要介质，暴风 AI 电视的推出，让“AI+交互”成为一种全新的交互方式。而暴风掀起的这种“AI+ 交互”并不只是简单的语音交互，一方面，它是时刻待机的远讲语音系统，即便站在几十米之外，也能够随时唤醒它；另一方面，它能够在 200 毫秒内快速响应并完成服务。此外，它还能够实现多任务并行，让服务触发变得更智能、便捷。

（二）拓展电视服务能力

在智能手机盛行的当下，电视的使用频率日益降低，使用时长也有所下降，最为重要的是，电视的用户价值没有得到充分体现。暴风 AI 电视的推出，让“AI+ 应用”成为现实，电视不再只是观影工具，更像是家庭娱乐、生活的助手，全面拓展了电视的服务能力。

（三）推动个性化服务发展

传统的电视服务基本上输出的都是统一的内容，用户只能被动接受。但是暴风 AI 电视推出之后，能够对每一个用户进行单独计算、单独服务，从而进行服务的重新匹配，让个性化服务真正成为现实。暴风 AI 电视通过利用 AI 技术，让用户不用在海量片库中找影片，也让几千部影片资源能够得到合理的推荐，尽可能避免造成资源的浪费。

由此看来，随着暴风 AI 电视的面世，电视个性化服务成为现实，行业服务效率大幅提升，人机关系也将发生全面改变，这无形之中开启了电视产业的“第三次革命”。

二、AI+ 能力采用“自主研发 + 协同作战”双驱前进

暴风 TV 在推出了首款人工智能电视之后，并没有停止对人工智能技术的探索。对于最关键的 AI 技术部分，暴风并不像许多媒体或者外界传言的那样没有自主技术，其战略布局是以自主 AI 技术研发为主，引进专业人才和搭建联合实验室为辅。

一方面，“暴风大脑”从 AI 1.0 到 AI 2.0 的研发与迭代，完全是暴风自主研发。AI 1.0 有 3 个核心自主研发基础技术：一个是语音唤醒，即用户一说“暴风大耳朵”就可以实现电视唤醒；一个是自然语言识别，即暴风 AI 电视能“听懂”用户指令；最后一个就是数据优先与机器自主学习能力。

在 AI 2.0 的升级迭代中，暴风 TV 又做了四大优化，全面减少用户等待时间：3 米内唤醒率大于 90%；误唤醒率降低为每 24 小时小于一次；唤醒时间缩减为 200 毫秒；语音识别时间缩减为 500 毫秒。同时，暴风 AI 2.0 在应答能力方面进行了升级，可实现听音辨人、辨别同音词、结合上下文进行深度理解、主动问询、识别人物关

系、识别共同点和猜测意图等功能。

除了语音识别部分的技术是暴风与科大讯飞联合开发外，听见后的三大核心技术完全是暴风自主研发：一是自然语音理解，也就是神经网络算法等；二是声音形式的对话，也就是数据基础运算和训练能力；三是千人千面的算法、学习能力。

另外，暴风TV在坚持自主研发的同时，协同作战，不但引进人工智能领域专业人才，而且与科大讯飞联合成立人工智能服务实验室，与香港科技大学成立联合实验室，全面推动暴风TV人工智能技术的提升。

三、暴风TV新零售能力的全面展示

互联网经济时代，没有连接就没有流量，就不能搭建平台，更不能形成生态，也就没有互联网服务。从这个意义上讲，连接能力成为决定企业生死的关键。暴风TV除了注重产品升级、技术提升，也一直在深耕新零售渠道的搭建。

目前，暴风有6000多家门店，一切业务可全部在Boss平台上完成，实现了全部数据化、全部无人化。同时，暴风基于广泛的2C交互，建立了一个高效的2B交易结构，实现线上和线下流量共享。①

一方面，线上建立用户交互平台，利用其涉及用户的广泛性来形成数据优势，再把基于大量数据的AI赋能到新零售上进行机器深度学习，最终形成用户精准画像和更有价值的用户关系，以此来驱动技术研发和产品研发。

另一方面，在AI能力基础上建立高效的TOB交易结构，把所有人在平台上进行连接，共享流量，以此保证暴风TV基础能力能够不断产生业务行为，并通过AI再指导业务，实现单价提升，降低获客成本，提升零售能力。

与此同时，暴风TV始终把客户体验和客户价值放在第一位，让广告变成服务。这样做，一是不会扰民，引起客户反感；二是为客户精准提供服务，提供客户想要的东西，最终实现商业模式和场景创新的双赢。

第四节　美图美妆：AI测肤功能进阶智能化领域

一、线上or线下

选择线上购物，还是选择线下购物，往往取决于产品特性和消费者的个人偏好。就化妆品而言，尤其是口红、腮红等产品，虽然新兴的虚拟试妆技术提供了一种方便快捷的试妆方式，但很多消费者发现其效果与实际上脸的差异较大，因此仍然倾向于

① 李志刚．暴风AI电视领跑人工智能[J].电器，2018（4）：1.

传统的线下试妆。这种情况下，虚拟试妆技术更多的是作为一个辅助工具，而不能提供决定性的购买依据。

然而，随着技术的不断进步，一些高端产品，如底妆，开始通过先进的AI技术进行更精准的色号匹配，如欧莱雅的AI粉底适配器和屈臣氏的Foundation Finder功能。这些技术通过分析消费者的肤色和环境光线，提供更加个性化的产品推荐，从而在一定程度上缩小了线上试妆与实际体验之间的差距。

此外，还有更高级的技术，如AI智能测肤仪，虽然价格昂贵且面向的是专业市场，但它们的出现展现了未来个性化美妆体验在消费者市场上的潜力和发展方向。这些技术的进步不仅为消费者提供了更多选择，还推动了美妆行业向线上和线下融合的方向发展。

因此，在线上与线下的选择中，消费者可以根据自己的需求和产品特性，灵活选择最适合自己的购物方式。随着技术的发展，线上试妆的准确性和参考价值将不断提高，而线下体验仍将保持其独特的优势。

二、AI赋能更多想象力

其实对于品牌来说，AI测肤是一个与用户深度沟通的优质方式，可以让用户了解自身，同时品牌能建立每个用户的皮肤档案，进行持续性内容输出，是私域里的更精准方式，但很多品牌都没有用好这些功能。比如2020年底，御泥坊上线水羊测试小程序，尽管整个测试标准相对清晰，也能够在测试之后留存用户皮肤档案以及文字解决方案，但界面不足以吸引用户，后置摄像头的拍摄方式也很难让人再拍第二次。再如，花皙蔻等推出的AI测肤小程序没有直接的入口，用户只能通过购物界面间接进入，而且难以找到。

2021年7月，丸美推出AI智能测肤系统（图8-2），测试的维度包含“白皙透亮度”“毛孔细腻度”“肌肤弹力度”“眼周健康度”“水油平衡度”等，通过测试得出结果，从而直接推荐相关的匹配产品并进行综合分析、衰老预见等。小程序中能直接看到用户衰老10岁以及衰老5岁后的样子，但这一系统使用的前提是注册成为丸美的会员。

其实，现在AI在美妆层面的应用更多的是针对商家，为品牌做指引，而不只是为用户做推荐。

如今的美妆行业正迈入数字化与智能化的新阶段，在这个阶段，美妆行业正通过人工智能优化用户购买体验，用更精准的智慧营销获得更高的销售转化率，并在现有技术的基础上做更深度的用户沟通，实现高效的技术赋能。

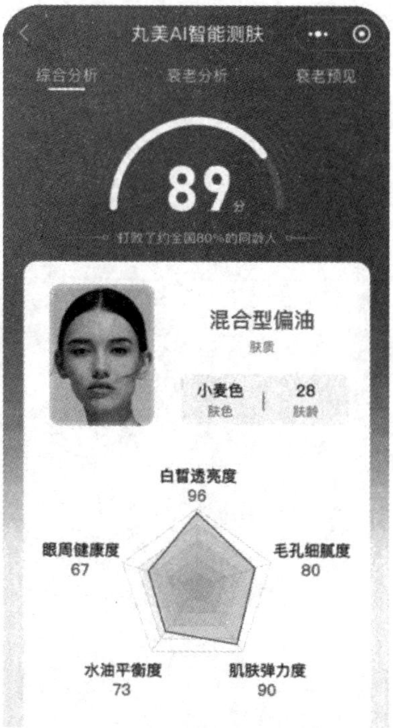

图 8-2 丸美 AI 智能测肤

零售发展篇

NEW RETAIL

第九章　传统零售如何迎接新零售时代

第一节　零售商必须把握的四大关键词

一、关键词一：电商高增长

随着互联网的普及以及电子商务的发展，近几年，线下实体零售一直处于比较低迷的状态。如果抛开政府相关部门对零售行业的支持和引导，那么线下零售的发展将更加不尽如人意。

近年来，网购的发展不断提速。在网购高速发展的背后，人们发现一个现象：网购的增长速度虽快，但是其零售额在整体社会零售总额中的占比却并不高。

从全球范围来看，电商对实体零售的冲击是大势所趋，只是在中国，实体零售业受到的冲击更为明显罢了。该问题是由国内电商的渗透率较高，外部没有成熟的市场可供参考所引发的。

目前，尽管网购的增长速度依然很快，但是其受到整体经济下行和基数扩大的影响，已经呈现出了较为明显的放缓趋势，根据中国电子商务研究中心提供的数据，2022 年全国网络零售交易总额 13.79 万亿元，而增速只有 4%，远低于 2012 年的 67.5%。影响网购继续发展的原因除人工成本上涨、土地成本上涨等之外，还有两个关键原因。

（一）物流成本攀升

伴随着电商行业的发展，我国的物流行业迎来了难得的战略机遇期，获得了高速的发展，中通、申通、顺丰等一批国内物流企业的相继上市，更使得物流行业的发展前景被看好。

但物流行业在大有作为的同时，也面临着一系列极为严峻的挑战，如物流成本的攀升对线上购物产生了巨大的影响，通过大打价格战而获得发展的粗放式发展模式已难以持续，整个行业迫切需要转型升级。

前几年，电商得以高速发展，较低的物流成本是重要条件。目前，“物流红利”出现了较大的回调，虽然相较于美国等国家而言，我国电商发展在物流成本方面依然存在优势，但是这种差距正在逐步缩小，电商发展的一大优势正在逐步消失。

（二）新增用户的获利成本快速上升

目前，国内绝大部分B2C市场份额被阿里巴巴旗下的淘宝、天猫与京东平台占据。在这样的形势下，B2C市场上新增用户的获利成本却在上升。新增用户获利成本的高低受到了两方面因素的影响：一是新增用户的稀缺性，二是电商的竞争程度。目前，电商平台上新增用户扩张交易规模的模式已经受到了限制，未来电商新增用户发展的关键点在于如何提升用户的消费意愿，如何增加单个用户的交易额。

基于以上两点，尽管电商的发展势头依然强劲，但是受到物流成本攀升和用户获利成本增加的影响，其增长势头会有所减弱。

目前，线上零售业的增长已经进入下半场，未来爆发式地持续抢占市场份额的情况将难以出现。为此，在接下来的时间里，电商平台要想获得持久的发展，一方面要提升其服务质量，提升用户的边际消费倾向；另一方面要开辟新的用户市场来获取更多的流量。

二、关键词二：跨渠道整合与极致体验

（一）跨渠道整合

当前我国零售业发展迅速，行业竞争日益激烈。基于产业不断升级，零售企业要想在不断变化的市场环境中获得市场份额，就需要顺应时代发展潮流，不断调整自己的经营战略，其中多条销售渠道整合发展是零售业转型的大势所趋。

阿里巴巴提出的“新零售”是指借助AI、大数据等互联网先进技术，以消费者体验为中心，对渠道间的行为进行控制，为后台提供技术支持，从而为前端场景赋能，实现零售发展的新布局；京东提出的“无界零售”主张打破消费者、零售企业等零售主体之间的界限，实现消费者、场景、供应链、营销的无边界化，以提升消费者感知；苏宁提出的“智慧零售”侧重于与社区零售结合，打造稳定的用户群，实现快速渗透……这些巨型零售企业先后提出的新零售有关概念都隐含着跨渠道整合的内容。

1. 满足消费者多样化购物需求

随着消费结构的升级和消费自主权的提升，零售业从“卖方市场”转向“买方市场”，消费者倾向于选择更为个性化、更为便利的消费方式，这促使零售企业以消费者体验为中心重新思考零售策略。微信、微博等社交媒体的广泛传播促进了消费者消费方式的改变；在快节奏的生活中，人们购物的时间是碎片化的，消费者更愿意选

择省时、灵活的购买途径。2021 年我国网络零售总额为 130 884 亿元，比上年增长 14.1%；与 2020 年的增长率相比，2021 年网络零售总额的增速再一次提高。网络零售持续增长的态势表明消费者越来越倾向于线上购物，渠道转换行为越来越多。

维持原有渠道的消费者忠诚度、提升新增渠道消费者的体验和对该渠道的偏好、整合不同渠道以及实现交叉购买、满足消费者定制化需求的跨渠道零售模式逐渐获得消费者的青睐。跨渠道整合为消费者带来了高质量的消费体验，主要表现为以下几点：借助移动端、实体店、PC 端的融合，同一渠道内部与不同渠道之间实现了互联互通、跨界融合，为消费者增加了购买途径；线上客服与投诉通道的设立可以及时解决消费者的疑惑或投诉，化解消费者不满的情绪；提供信息查询服务，方便消费者查询销量、评价等信息。

受市场的驱动和新兴技术的支持，零售企业以消费者需求为出发点，纷纷增设销售渠道，其目的是满足消费者多样化的购物需求。虽然有研究表明渠道越多元化越有利于绩效的提高，但在实践中，零售企业容易受到自身资源、能力和成本的限制，而不能采取全渠道策略，并且线上渠道和传统渠道之间存在一定的替代效应。因此，考虑到不同的渠道配置策略会对消费者及销售绩效产生不同的影响，零售企业有必要基于自身资源优势、能力水平和成本条件，优化线上渠道与线下渠道之间的关系，促进跨渠道的整合，进而实现协同发展。

2. 线上 + 线下渠道服务整合

零售企业应实现线上与线下渠道之间资源和服务的对接，加强不同渠道之间的融合和互动，达成多渠道的共享共赢，实现跨渠道的联动营销和即时服务，完善所有的零售环节，整合资源，以降低成本、提高运营效率。

在完善线上渠道的建设方面，零售企业可运用本企业的资源自建线上平台，如 App、微信公众号、小程序、官方购物网站等，也可与外部的平台合作，使自己的品牌入驻其他电商平台，借助该平台的优势开展线上营销，如入驻天猫、京东、微店、饿了么、美团等电商平台。除自建平台、与外部平台合作外，一些新的线上营销方式也在渐渐流行，如直播带货、社区团购、虚拟门店等。通过构建多样化的线上渠道，可逐步实现线上营销的常态化。

网单店取将线上信息搜索优势与线下体验优势相结合，意味着零售企业除了布局线上渠道之外，还要坚守零售的本质，注重线下实体店铺运营能力的培养。首先，适当优化门店的布局，增强规模优势，缩短企业与消费者之间的距离，为线上渠道良好运营提供支持。其次，合理调整企业内部的人员配置，对员工进行相应的培训，吸引更多有经验的电商人才，保证工作人员能够及时满足消费者到店取货和退换货的需求，保证线上渠道的良好运营，让消费者察觉不到明显的渠道壁垒，提供一站式、无缝化的购物体验，使消费者可以在各渠道之间无缝切换。最后，持续做出服务努力，利用消费者身处实体店的优势，引导消费者线下购物，为企业带来潜在的商机。

3. 加快实现数字化转型

零售企业的数字化转型发展已是大势所趋，数字化不仅有利于零售企业直接触达消费者，了解并满足消费者的需求，实现与消费者的价值共创，还能帮助零售企业重构自身的价值，提升组织效能。如今，消费者已经渐渐习惯了数字化的生活方式，数字技术也正在对产业进行重塑，若零售企业不能完成数字化转型，则会错失行业新发展机遇，逐渐落后，甚至被淘汰。因此，零售企业要深化数字化转型，将数字化发展与跨渠道整合相结合。

运用数字化的手段获得生产、物流、消费和服务方面的数据，对数据进行积累，形成企业独特的资源，从而帮助企业维持核心竞争优势，减少因信息不对称而造成的交易成本。大力推进信息化建设，通过会员管理数字化、营销数字化、门店管理数字化，为精准营销、精细管理赋能，为企业通用的电子会员卡、电子礼品卡、电子优惠券提供技术支撑。深化与移动支付、网上交易平台等第三方机构合作，完善网上零售体系。通过对消费者的大数据分析和数字化信息系统的运用，总结消费者的偏好、习惯，形成消费者画像，预测其购买行为，推送个性化的产品信息，满足消费者个性化的需求，提供场景式的消费服务体验。

建立专门的由管理者、技术人员、数据人员和流程管理人员组成的数字化转型团队。管理者需具有数字领导能力和组织变革能力，可以确定转型的需求和目标；技术人员负责评估引进合适的数字技术，保障技术的适用性和兼容性；数字化转型的关键在于对数据的运营，因此数据人员负责收集、挖掘、分析消费者数据，为决策的制定提供依据；流程管理人员以消费者为中心，选择合适的时机调整和改进现有流程。

需要注意的是，零售企业对数字化等信息技术的过度依赖可能会引发消费者的负面的评价。因为过度使用大数据会导致消费者处于信息劣势地位，企业与消费者之间的信息不对称加剧，消费者对价格信息变得敏感，如美团的大数据“杀熟”，由于价格设定的不同引发消费者的逆反心理，导致顾客流失；出于对个人隐私信息暴露风险的考虑，消费者会减少对线上渠道的使用；线上渠道产品信息过多也会给消费者带来困扰，甚至导致其最终放弃购买。因此，零售企业在进行数字化建设的同时要掌握数据使用的分寸，保护消费者的隐私，避免消费者产生抵触心理。

互联网技术的出现和数字化技术的进步为零售企业的转型提供了前提条件和保障，尤其是大数据、在线支付、物流配送等技术的快速发展给零售业带来了颠覆性的变化，加速了零售企业的商业模式转变。跨渠道整合过程是信息技术应用水平不断提高的过程，即从技术利用到支持决策的过程。零售企业作为跨渠道整合的主体角色，要强化渠道间的优势互补，可以利用大数据技术、信息技术等，建立全方位的灵活、即时、智能的信息搜集、共享、监测机制，使得整个零售服务过程更加高效、透明。消费者可以利用信息技术的发展，在多条渠道之间对比、选择，自由切换购物渠道，以达到购物的目的。

（二）极致体验

极致体验主要表现在以下几方面。

1. 极致的便捷：中国便利店进入快速发展期

中国便利店的快速发展有其驱动因素，具体包括以下几点。

（1）互联网影响了人们的消费习惯，使线下流量往便利店汇集。由于互联网对消费习惯的影响，原来在大卖场购买的标准预包装商品，基本上都能在线上获取，其具有整包购买或者不需要马上使用的特性。但是，这种改变对满足“即买即得”需求影响较小，便利店恰恰在满足“即买即得”需求方面做得很好，如顾客要买一瓶酱油或者一包烟，只需要走进便利店购买，即可得到一瓶酱油或者一包烟。便利店“即买即得”需求、满足民生需求的特点，使其自带线下大流量，在商超、大卖场购物不够便利后，便利店就成为解决生活需求的主要选择之一。

另外，随着时代的发展，便利店销售商品转变为售卖服务，便利店销售早餐和即食餐饮、提供快递服务等，都是以服务为原点的延伸业务。

便利店的这些特点使其成为线下实体中流量集中的业态，推动了便利店的快速发展。

（2）社区化趋势拉近消费者与便利店的距离，到家服务推动销售增长。随着居民消费观念的转变，社区零售正在成为新型零售业态的发展趋势。便利店一般辐射范围不会超过 500 m，开在学校、居民社区或者写字楼、中央商务区等附近，本质上都是服务于一定范围内的用户，具有社区属性。与洗衣店、生鲜超市和母婴店等集中分布于社区附近的业态相比，便利店是最靠近消费者的。

随着社区和社群经济的发展，很多便利店不仅仅在线下满足“即买即得”需求，还通过建立社群，与社区 O2O 平台合作，提供了到家服务。便利店通过线上工具将门店商品销售出去，优化和改良销售渠道，实现线上和线下融合，实现了快速发展。

（3）新零售模式下，便利店成为与线上连接的枢纽。新零售有两个特点，一个是提供更好的用户体验，另一个是数据驱动。由于便利店流量较大，离消费者很近，自然成为与线上连接的枢纽。社交电商通过数据驱动完成对便利店的赋能，又通过联盟和连接，实现了场景构建，为用户提供更好的体验，尤其社区团购、S2B2C。社区团购以快速消费品为主，S2B2C 是通过供应链连接 B 端和 C 端，没有比便利店更适合作为其线下合作平台的了，便利店也由此实现快速发展。

2. 价格和运营效率达到极致

以沃尔玛、大润发等为代表的传统零售巨头是价格和运营效率达到极致的代表之一。在新零售的背景下，传统大型商超积极尝试多业态模式，拓展线下城市市场，精耕区域市场，进一步提高运营效率。

即便在面临最严峻挑战的时期，高鑫零售、永辉、华润和物美等零售商仍然保持了相当数量的门店扩张。

而这种扩张，往往是因为要进行区域性的精耕细作，提高运营效率，如专注于发展在某一城市 / 省份的规模。例如，Kantar 和贝恩的一份报告显示，永辉在其第二大市场重庆的市场份额是其最大竞争对手的 2.5 倍；物美在其最大市场北京的市场份额是其最大竞争对手家乐福的 1.6 倍；而沃尔玛在其大本营深圳，市场份额是其最大竞争对手的 2.1 倍。在重点城市形成一定规模后，这些领先的零售商开始在周边地区扩大规模，以建立在城市群内的领导地位。

除了大型传统卖场外，在宏观经济不景气的大背景下，消费者对性价比的重视和零售商的库存处理需求，使得折扣百货店、折扣超市这种生态依然有一定的成长空间。目前，整个业态仍处于蓬勃发展期。

三、关键词三：个性化与专业化

（一）个性化

消费者购买力的提升和生活品质的提高进一步使消费者更注重自我表达。时尚和个性正在变得越来越流行。因此，以差异化、个性化、小众品牌占主导为特色的买手店模式正迅速发展。

买手店是一种由欧洲人开发的商业模式，也被称为买手式经营，是指以目标顾客独特的时尚观念和趣味为基准，挑选不同品牌的时装、饰品、皮包、鞋子以及化妆品等商品，并将其融合在一起的店。

尽管买手店在国内尚处于培育期，但买手制的商业模式是未来的发展趋势之一。人们已经可以看到各类以此为依托的电商平台的蓬勃兴起。

（二）专业化

近年来，不少高档有机食品店、药店、母婴店等社区连锁专业门店业绩增长较快。不管是实体零售还是电商平台，人们都看到了深耕某一行业或品类的独立专业店的崛起。

除此之外，在实体零售专业化的趋势下，由“大而全”到“小而美”的变革也在悄然发生，如无印良品的独立旅行商店——MUJI to GO。与无印良品的常规零售店相比，MUJI to GO 的面积更小，商品种类也更为集中，主要销售适合旅行人士的产品，包括锁轮拉杆箱、颈部靠枕、小零食、旅行装化妆品等，店铺位置则选在机场、火车站等交通枢纽地段。

四、关键词四：优质低价

数据显示，自 2008 年以来，发达国家的家庭收入没有增长，而发达国家的需求不足会直接对出口占比较高的国家的经济增长产生较大影响——全球经济唇齿相依的命运前所未有的清晰。

消费者应对未来的唯一做法只能是：紧缩银根，越来越“抠”。适逢信息爆炸时代，各种产品信息透过互联网随时随地传递给消费者，他们在“抠”的同时还变得越来越“挑”。

这就给实体店的经营者提出了难题：如何同时应对“抠”与“挑”的消费趋势？近年来以逆势扩张闻名的名创优品的全球联合创始人叶国富给出了简单的答案：优质低价。通俗些讲就是，五星级的商品只卖二星级的价格。

事实上，一些实体零售商已经将优质低价策略应用纯熟，并且达到了较好的市场效应，如优衣库、宜家等。从宜家、优衣库到名创优品，忽略其经营品类、门店类型、贩卖方式等的不同，可以找到其共同的核心的商业逻辑，那就是优质低价。

在品牌上，以高端的形象吸引消费者；而在价格上，则以平民价位促成交易。以优衣库为例，一件莫代尔面料的白衬衣，价格可低至 129 元，而同等品质的衣服在一些专柜价格要到 250 元以上，甚至更高。

这些案例无不显示未来的实体店要生存，就必须走优质低价的路。

（一）零售巨头都是以“价格破坏者”的形象出现的

“零售巨头都是以‘价格破坏者’的形象出现的。”这个观点是由首都经济贸易大学教授陈立平提出的。

作为日本零售研究专家，陈立平发现，日本几大零售巨头最初就是以“价格破坏者”的形象来超越其前辈，从而获取市场份额的。但事实上，将这一理论推而广之就会发现，世界上几乎所有零售巨头最初都是以“价格破坏者”的形象出现的，如 ZARA、H&M、宜家等。

以沃尔玛为例，其创立之初便想尽一切办法从进货渠道、分销方式、营销费用及行政开支等各方面节省资金，提出了“天天平价、始终如一”的口号，并努力实现价格比其他商家更便宜的承诺。沃尔玛的出现改变了美国当时传统百货店价格偏高的局面。

大卖场业态最初在中国诞生时是以“价格破坏者”的形象出现的，其解决了当时国营百货商场柜台销售、价格昂贵、体验欠佳的问题。但经过了十多年的发展，传统大卖场业态已经成了落后业态，这就需要新的“价格破坏者”来改变。

创立于 2013 年的名创优品就是以新一轮“价格破坏者”的姿态面世的。到过名创优品的人都知道，这里的商品定价大都在 10 ～ 39 元之间，同样品质的商品，价格可能只是其他卖场的 1/4。

实体店如果自己不超越自己，就只能被别的商家超越。

（二）“价格破坏者”的商业套路

宜家、优衣库等之所以能做到优质低价，事实上是有套路的。

1. 树立品牌形象

人们提到北欧风格的家居卖场，第一个会想到宜家；提到又便宜、质量又好的基本款男女服饰，第一个会想到优衣库。这些品牌在进行顶层设计，树立品牌形象时都强调了其特征，从而给人们留下了深刻印象。

2. 强大的产品研发能力和供应链掌控力

宜家、优衣库和名创优品都有个共同点：所有的商品均是自己研发的。此举一方面从源头上保障了产品品质，另一方面形成了对电商的天然壁垒——产品是我的，我可以选择上网销售或者不上。强大的供应链把控力是其实施优质低价战略的有力保障。为节省成本，它们可以规模化采购、全球布局产业链，以最低成本、高效率的方式组织生产。以服装为例，它可以在东京或纽约完成设计，在中国采购布料，从韩国采购拉链纽扣，将成衣加工放在劳动力价格更加低廉的东南亚。

（三）本土零售企业如何做到优质低价

对中国实体零售商而言，其很难效仿宜家、优衣库的做法，甚至学习名创优品的做法也不太现实，但这并不意味着中国的实体店就无法做到优质低价。总结起来，有下面两种做法。

1. 整合供应链，加强直采

这是目前大部分零售商正在做也比较容易上手的办法，具体的做法就是推动供应链扁平化、发展买手体系以及进行联合采购等。

2. 开发自有品牌

一些本土零售企业的实践表明，自有品牌不仅可以成为吸引消费者进店消费的爆款商品，甚至还有巨大的利润空间。比如，名创优品就有一款经久不衰的爆款产品——10 元 1 支的眼线笔，虽然它的价格只是专柜类似产品的 1/10，但是仍有利润。

“到什么山，唱什么歌。”面对全球经济形势与消费趋势的转变，或许只有通过借鉴“价格破坏者”成功的商业逻辑，不断琢磨如何做到优质低价，实体店才能找到未来的出路。

第二节　从传统零售到新零售的蜕变之路

一、传统零售商向新零售转型的驱动因素

（一）传统零售行业的发展瓶颈

由于“千店一面”的同质化竞争、网络零售的消费分流、消费需求发生深刻变化等，我国传统实体零售商早已风光不再，“关门潮”的报道更是屡见不鲜。从整体来看，我国传统实体零售发展仍处于初级阶段，流通效率普遍不高，存在业态雷同、功能重叠、市场饱和等状况。因此，实体零售商迫切需要改变原有的经营方式，通过向新零售模式转型，实现线上和线下深度融合，提高服务水平和经营效率。

此外，由于移动互联网逐渐发展成熟，用户群体逐渐趋于稳定，电商企业流量红利逐渐萎缩，增速也开始放缓。从内部因素看，电商企业有自身难以补齐的短板，其难以提供真实的购物体验，在售后问题的解决上也逊于实体店。面对形势严峻的发展环境，电商企业也亟待转型升级。

（二）新一代信息技术的推动

云（云计算、大数据）、网（互联网、物联网）、端（PC 终端、移动终端、智能穿戴、传感器等）是“互联网 +”背景下的新社会基础设施，也为零售行业数字化转型做了必要准备。这些技术能够帮助零售企业分析用户画像，进行精准营销，构建线上和线下有机融合的全渠道平台。基于对终端大数据的分析，零售商能够与供应商共享用户动态信息，实现个性化按需定制（C2M/C2B）。在这个过程中，新技术不仅能重塑用户的消费体验，还能通过数据共享，减少流通环节，降低交易成本，进一步提升整体运营效率。

未来新零售技术的发展将更具针对性，也会有更多的一体化方案落地，数据和科技对于零售行业的赋能将进一步加速。

（三）SoLoMo 消费群的拉动

2011 年，风险投资家约翰 · 杜尔提出“SoLoMo”概念，即社交（social）、本地（local）、移动（mobile）的组合。SoLoMo 消费群兼具社交化、本地化和移动化三大特性：社交化指随着社交网络的不断发展，微博、微信、论坛等社交平台为消费者提供了更多的购物与交流平台，影响了消费者的购买决策；本地化是指基于本地位置的定位与服务，消费者能够随时在附近找到各类商家以及优惠促销信息；移动化是

指随着移动终端的普及以及无线网络的覆盖，消费者的消费行为不再受时间和空间的限制。

SoLoMo 消费群开始出现，表明消费者数字化程度较高，消费者认知水平不断提升，消费行为呈现全天候、多渠道、个性化的特征。以消费者体验为中心的新零售能通过搭建全渠道平台，满足消费者随时随地购物、娱乐和社交的综合体验需求。

二、传统零售向新零售转型的主要路径

新零售的方法论用公式表示为“新零售＝商品 × 人 ^{2}”，即新零售以人为核心展开，关注消费者体验。新零售模式中对人的经营不仅包括客户和内部员工，还包括产业链上下游的商业伙伴。本书基于新零售方法论以及新零售实践动态，探索出传统零售向新零售转型的三种主要路径。

（一）线上＋线下＋物流

当前零售业较大的变化为线下渠道“社区化”、线上渠道“移动化”。这种结合不是简单地增加渠道，而是在数字化技术的驱动下打破一切渠道边界，充分整合商品流和物流，形成全渠道产品和物流配送网络。线上和线下连接能够通过实现线上和线下产品同款同价，商家可采用线下体验、线上下单，线上下单、门店提货，门店下单、仓库配送等多种零售形式。

新零售背景下，零售业的本质没有变，仍然是商品和服务。与传统的零售思维和经营模式不同，新零售重视对人的经营，强调通过商品和服务经营人。因此，零售企业可以从对人、商品和服务进行价值重构的思路出发，实现线上和线下的深度融合，如图 9-1 所示。

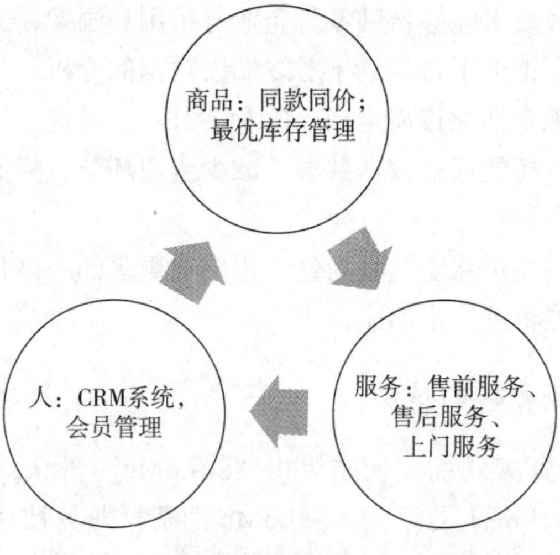

图 9-1　线上和线下深度融合的实践思路

（1）零售企业开展线上和线下产品同款同价策略，利用大数据实现精准营销；通

过优化供应链，完善物流体系，实现最佳交付体验、最短交付路径；科学订货，实现最优库存管理。

（2）利用大数据分析技术进行会员管理，优化 CRM 系统，让消费者体验到线下和线上完全一致的会员权益和服务，从而提升消费者对于企业的黏度和忠诚度。

（3）对于售前、售后和上门服务要求较高的品类，零售企业提供更为完善的服务解决方案，帮助消费者扫清购物障碍，提升消费者购物体验。

（二）零售 + 体验式消费

随着我国居民收入水平的不断提高，消费者越来越重视商品品质和消费体验。新零售模式下，零售企业的角色和职能发生了转变，零售企业不仅扮演着通过低买高卖获取中间利润的中介商，还成了商品和服务的提供者。新零售扩展了商品和服务的外延，更加关注消费者体验。"零售 + 体验式消费"也成为实践探索的主要路径。

"零售 + 体验式消费"即以客户体验为中心，通过全渠道融合，借助大数据分析，打造线上和线下融合的购物新场景，给消费者带来全渠道、多场景的购物体验，将客流转化为购买力。不同领域的消费场景存在差异，可以按照零售业态的不同分析其"零售 + 体验式消费"的落地形态，如表 9-1 所示。

表 9-1　不同业态下"零售 + 体验式消费"的落地形态

零售业态	场景特点	商业实例
百货商场	艺术 + 百货	北京三里屯太古里打造最潮流、最吸引消费者的商圈
超市	生鲜 + 餐饮	盒马鲜生通过 App 和线下门店为顾客提供生鲜食品和餐饮服务，通过智能传送带提升购物体验，通过堂食延伸购物场景
便利店	快消品 + 餐饮	7-Eleven 便利店的日配商品和鲜食加工食品占据单店日均销售额的 70% 左右

（三）零售 + 产业生态链

"零售 + 产业生态链"是指零售企业通过构建开放型战略平台，与内部员工、上游供应商、下游商家以及渠道内多方合作伙伴通力合作，形成互利共赢的良性循环。这一过程中零售企业以消费者为核心，重新配置要素资源，重构产业链和价值链，进而催生新的零售物种，孵化新的零售业态，提高行业的流通效率。

本书以阿里巴巴、京东、苏宁为代表，分析它们如何在新形势下抓住机遇，布局整体，整合产业生态链，如表 9-2 所示。

表 9-2　国内电商巨头“零售 + 产业生态链”布局动态

	阿里巴巴	京　东	苏　宁
布局特点	引领新零售，启动零售全生态布局	依托零售基础设施资源优势布局“无界零售”	构建“智慧零售”完整图景
整合消费者端	收购饿了么，投资美团、虾米网、陌陌	联手腾讯、百度推出“京腾计划”“京度计划”	收购 PPTV，成立苏宁体育，收购国际米兰俱乐部
整合供应商端	淘工厂解决找工厂难、新品开发难等问题	与供应商实现基于供应链管理服务的定制化产品销售	解决供应商产品研发、新品上市、尾货销售的问题
整合物流端	与申通、圆通、中通、韵达、顺丰联手，构建菜鸟网络	斥巨资自建物流网络	收购天天快递，整合双方的快递网络资源

三、传统企业实施新零售战略的要点

（一）回归本质

传统企业在实施新零售战略时，要时刻牢记零售的本质：用优秀的产品和贴心的服务满足消费者的需求。作为经理，需要思考是否提升了消费者的购物体验；是否提供了额外的增值服务；是否提高了企业的运营效率；是否有利于上下游参与者。

（二）改变思维

就像企业数字化转型一样，传统企业在实施新零售战略时，其组织结构和思维也要同步升级。“新零售”不仅仅是技术上的升级，也是企业经营者思维的升级。只有运用好数据，实现对消费者的智能识别，优化企业的服务模式，才能做到人、货、场重构。通过数据分析，可以改善商品库存管理状况，实现产品迭代，降低成本，提高效率。

（三）做系统≠转型成功

在新零售时代，纯线下商店的经营模式会导致客户越来越少，商店生存空间越来越小。许多传统企业迫于压力，购买了线上电子商务系统，最终落地使用时，才发现与想象中的差距很大，其功能看起来很丰富，结果不符合用户的使用场景。因此，转型不仅是做系统，还需要企业从用户价值出发，建立数据运营思维，以系统积累的用户数据为基础，促进业务发展。技术和组织能力的双重提升，才是转型的核心。

短视频的兴起、科技的更新变化和环境都将直接影响新零售的发展趋势，VR、

AR 等前沿技术也将拓展新的消费场景，但基本的底层逻辑并没有改变，即高效地满足消费者的需求。

（四）线上和线下融合

线下商店和线上电子商务不再分裂，它们将作为统一的场景进行运作，线上主导引流和消费，线下注重体验和服务，两者相结合，可以打破零售业的界限。

（五）多触点营销

过去，零售集中在商店，提供线下销售和会员卡服务。在新零售时代，企业将有多种营销渠道与用户连接，如应用程序、小程序和第三方平台，以及电子商务直播。

（六）人、货、场全方位数字化

以盒马鲜生为例，从生产到运营，从线上到线下，从员工到物流，实现人、货、场全方位数字化是一个漫长的过程。全方位数字化涉及技术、组织、文化、管理思维的同步升级，这是未来的趋势。

（七）情绪驱动消费

“90 后”和“00 后”的消费观念已经从物质消费转变为精神消费。产品不仅要满足功能需求，还要考虑消费者精神文化的需求。这需要零售商通过个性化和差异化定位，赋予品牌新的属性。

综上所述，新零售转型是一项漫长的工程，技术升级是第一步。每个企业的目标用户属性和产品定位都有很大的不同。匹配业务场景和用户需求，建立一个符合企业需求的系统尤为重要。只有完成第一步，新零售的转型才能开始。

第三节　实体零售如何迎接新零售时代

面对新零售转型趋势，尽管很多实体店经营者跃跃欲试，准备投身变革队伍，但实体店经营者只有梦想是远远不够的，还要了解自身的不足，对自己的人才储备情况、资源等有清晰的了解，要科学评估自己的能力和条件。

一、具备零售业运营所需的核心能力

新零售是从传统零售发展而来的，其本质没有发生变化。零售运营所需的核心能力有以下几点。

（一）供应链改革

国内零售业在供应方面离不开供应商的支持，缺乏独立性。为了改善这种局面，零售业需对自身的组织体系、信息传递机制进行调整，提高对整个产业链的把控能力。

（二）对实体经营的整体规划

实体店经营者要使线下运营与线上运营保持一致。在经营过程中，经营者通过注重品类组合，将现场体验与线上运营有机结合起来。

（三）品牌打造

在这方面，零售业需通过举办主题活动，对商品组合进行精细化管理，推出满足消费者需求的现场体验，提高品牌知名度。

（四）提供完美的购物体验

如今，零售业全渠道布局已经成为不可扭转的趋势，零售商要抓住机遇，就必须把握市场需求，实现对资源的高效利用，还要在场景搭建的基础上为消费者提供完美的购物体验，从而提高自身的盈利能力。

二、做好向新零售转型的准备工作

（一）心态方面

既要有足够的决心，又要有足够的毅力。

（二）组织方面

企业要对自身的架构体系、绩效评价标准等进行改革。另外，还要组建专业的人才队伍，积极吸纳优秀人才。例如，苏宁的员工大部分为“80后”及“90后”，之后会有更多的年轻人成长为苏宁的中坚力量，届时苏宁既要革新原有的技术，还要使企业的价值理念与时俱进，企业的管理难度也会有所提高。又如，乐语营销人员在以往开展营销活动时，并未将消费者体验作为重点，要扭转其关注点，不仅要重新引导，改变其价值理念与行为，还要组织专业培训。

（三）系统方面

企业的整体系统在其转型过程中发挥着不可替代的作用，零售后台为其整体运作提供了基础支撑，这一点是企业不能忽视的。

三、改变消费者的刻板印象

一旦消费者对企业形成刻板印象，企业要想改变就要付出大量的时间及精力。例如，苏宁虽然对自身转型进行了大力宣传，但很多消费者仍然将其视为电器销售平台；乐语从通信商发展而来，很多人仍然保留着这个印象。所以，实体零售商很难在短时间内完成转型，企业领导者在转型之前就要认识到这一点。

但无论过程多么艰辛，新零售终将会为企业发展掀开新的篇章。

第十章　零售新物种抢占新零售高地

第一节　零售云转型下的智慧门店——卡西欧

卡西欧作为著名的手表品牌，站在新零售的风口上，与天猫合作，成功打造了零售云转型下的智慧门店。卡西欧智慧门店充分运用大数据、云计算等创新技术，并将其与现代物流充分结合，整合线上和线下，分析用户数据，建立用户大数据模型，从而充分满足了用户购物、社交、娱乐等多方面的需求，开启了从实体零售向全渠道零售的转变。卡西欧所打造的智慧门店也成了新零售的典型代表。

一、线上与线下充分结合，实现双向引流

卡西欧智慧门店在线下实体店设置了很多电子屏幕，通过与用户的线上互动，连接商家与用户，将线上与线下充分结合，以此实现双向引流。

第一，卡西欧智慧门店在其门店的玻璃上设计了互动大屏。当用户进入卡西欧智慧门店时，第一时间就可以看到互动大屏，用户的人像会完整投影到玻璃上。当用户做出一定的动作时，摄像头会自动拍照。如果用户想要下载自己的照片，可以通过扫描屏上的二维码获取照片。除此之外，用户还可以将这些照片分享至微信朋友圈，以进行传播，并因此获得一定的优惠。

在这一过程中，卡西欧完成了与用户的互动。通过吸引用户通过扫描二维码下载照片，并将照片分享至朋友圈，卡西欧实现了引流、吸粉以及品牌传播等多个目标。

第二，定制触摸屏，展示商品信息。卡西欧智慧门店作为线下门店，需要展示多种商品。在其店内，设有专门定制的触摸屏。在这一屏幕上，会不间断滚动显示卡西欧的手表产品信息。当用户在屏幕上看到自己感兴趣的款式时，可以点击该款手表图片。互动屏可以感知人的位置，显示“点我”，引导用户互动。当用户点击某一款手表图片时，会即时显示出其价格、性能等详细信息。当用户决定购买后，可以通过扫描屏幕上的二维码，进入天猫旗舰店购买。

第三，根据用户特点，确定展示重点。通常，不同的用户喜好的产品类型和款式都有明显不同。卡西欧智慧门店为了实现针对性营销，充分利用大数据分析技术，根据用户的消费习惯和消费诉求，为不同的用户展示不同的商品，力求让用户看到最适合自己的商品，在最短的时间内使其做出购买决定。

二、利用大数据分析用户行为，开展针对性营销

卡西欧智慧门店将店内分为不同的区域，各个区域都设有摄像头，用以捕捉用户的行为。通过摄像头，可以统计出进店的人流量、各个货架的顾客逗留时长，以及用户对商品的关注度等。利用热力图，可以显示店内各个区域的热度，分析用户的行为，最终将分析结果应用于产品陈列和产品营销方面。

卡西欧智慧门店还充分考虑了很多用户不会当场购买商品的情况。很多用户不会在看好商品的第一时间付款，特别是对于价格较高的商品。卡西欧智慧门店充分考虑到这一点，当店员看到用户对某件商品表现出喜好后，便会引导用户用手机扫码商品，将该商品加入其 App 的购物车当中，以便用户考虑好之后在线上下单购买。同时，为了保证线下智慧门店的店员能够对用户进行积极引导，卡西欧规定，即使用户选择在线上下单，如果通过大数据分析系统确定该购买者来自线下引导，这些业绩也会算到该线下门店的业绩当中。这样不仅能够鼓励店员积极引导用户了解产品，将产品加入购物车，还大大提升了总体销量。

卡西欧智慧门店通过运用英特尔云到端、传感器、物联网技术，对线下门店进行改进，利用数字化大屏、互动游戏巧妙获取用户的天猫、微信 ID，大量获取新用户。同时，可以准确了解每日进店的人数，具体哪个用户了解了哪些商品，购买了哪些商品，加购了哪些商品。

三、全渠道数据整合

卡西欧智慧门店之所以是云转型，是因为整个智慧门店由游戏云、购物云、行为分析云三者构成。三者发挥着不同的作用，游戏云主要用于吸引用户眼球，帮助门店达到吸粉的目的，提高用户转化率；购物云连接并打通了线下门店与线上门店，实现了全渠道融合落地；行为分析云则用于收集用户行为数据，为商家的营销活动、货架摆放等提供依据，以实现精准营销。三者结合最终让卡西欧实现了由实体零售向智慧型零售转变的目标，成功打造出了智慧门店。

第二节 体验式零售营销名利双收——迪卡侬

迪卡侬是来自法国的体育用品零售商，专注于大众运动市场，是集运动产品设计、研发、生产、品牌、物流及零售于一体的全产业链集团。迪卡侬将“活力”和“责任”作为价值观，以用户为本，致力为更多的运动爱好者提供高性能、低价格的产品。迪卡侬无时无刻不在进行着创新，不断降低成本，提高服务体验，无论是在线上还是线下，都为广大的运动爱好者提供了设计优良、价格低廉、质量至上的运动产品。从运动体验到各项服务，迪卡侬始终坚持让用户满意或更满意的原则。让广大运动爱好者随时随地都可以购买迪卡侬的产品，享受运动带来的快乐是迪卡侬的目的。

1976 年，米歇尔·雷勒克在法国恩洛斯创立了迪卡侬；2003 年，中国首家迪卡侬商场在上海开业；2012 年，迪卡侬在中国拥有了 46 家商场；2015 年，迪卡侬在中国的商场数量达到了 166 家，所售物品数量能够满足 93% 的本土零售量；2017 年，迪卡侬在中国的商场数量增长迅速，达到了 267 家；截至 2020 年 1 月，迪卡侬在中国的商场数量已达 308 家。

迪卡侬能够在体育市场中占据一席之地，其所实施的创新战略无疑发挥了重要作用。它具体包括以下几点。

一、体验营销与传统营销的结合

迪卡侬打破体育运动产业的常规，将体验营销与传统营销相结合，来吸引更多的消费者。在传统营销模式下，顾客询问销售人员产品的功能和操作方式，没有什么质量问题就付款。传统营销是在顾客有强烈的需求的情况下才会产生交易，需求不强烈的顾客很难产生购物的欲望。体验营销是让顾客通过视觉、味觉、听觉、触觉等感觉器官，对产品进行更好的了解，以此来刺激消费的欲望。迪卡侬传统营销和体验营销相结合，在顾客有需求的情况下，让顾客了解产品性能的同时，体验产品性能。迪卡侬商场里大到健身器材、自行车、帐篷，小到乒乓球、篮球、高尔夫球等产品，都可以让顾客试用、体验，以调动消费者的积极性，激发消费者参与体育运动的欲望，满足顾客的体验需求。这种营销方式不仅能留住顾客，还能产生口碑效应，同时减少退货的麻烦。

对于小朋友来说，迪卡侬就像是游乐园，不仅可以买到漂亮的衣服、鞋子，还有很多的大型“玩具”。对于家长来说，迪卡侬不仅可以满足自己的运动需求，还为陪伴孩子提供了场所。这无形之中就拉近了商家与顾客的距离，激发了消费者的购物欲望。为了和顾客建立朋友关系，迪卡侬在允许顾客体验产品的同时，会邀请顾客加入喜欢的运动俱乐部，在俱乐部里分享自己运动的技巧和趣事；俱乐部也会经常组织活动，使体育爱好者体验运动为其带来的快乐。

二、免费场地的开放

迪卡侬为了让顾客更好地体验商品，会为顾客提供免费的场地。例如，射箭场地、足球场地、篮球场地以及滑板和轮滑场地等。这是在其他体育运动商场看不到的，无论顾客是否在迪卡侬商场内购买商品，都可以在迪卡侬的场地内运动。在夏天下过雨后，还有专门的人员对室外的场地进行清理，以方便运动爱好者使用。在室内，迪卡侬也会留出足够的空间，为顾客提供相应的场地。在场地管理方面，迪卡侬的管理制度特别严格，为了保证体验者的安全，也为了保证其他顾客的安全，人们只能在专门的场地内进行体育运动，不可以去场地外进行。平时，迪卡侬会在免费场地上组织一些比赛，销售助理也会参加，让运动爱好者结交更多的朋友，这让迪卡侬无形之中增加了不少顾客。

三、O2O 模式的引入

随着互联网的发展，线上购物的消费者越来越多，消费者的需求也越来越多样化和个性化。人们不再仅仅满足于线下的购物，逐渐喜欢上了全渠道的购物，在工作繁忙，没有时间去实体店进行消费时，可以在网上挑选自己喜欢的商品。线上购物不仅可以节省时间，还提供了安全保障。针对消费者消费模式的改变，迪卡侬顺应时代的发展进行了战略创新，与天猫合作，使人们在网上也可以购买迪卡侬的产品，并且购买产品满 99 元，还可以免配送费。迪卡侬的公众号会定期为顾客推荐一些产品，在节假日也会推荐一些活动和折扣，消费者不用去商店，在网上就能看到节假日活动的规则。这种消费形式的好处就是，商品的价格变得透明，消费者不用询问销售助理，也可了解相应的商品价格等信息。线下购物缺乏便利性，线上购物又缺乏对产品的体验性，迪卡侬将两者相结合，在便利性和多样性都具备的前提下，消费者能够拥有良好的购物体验。当线下没有合适的尺码时，可以在线上查找其他门店的库存，填好收货地址后，商品直接邮寄到家。迪卡侬在微信和微博上也有官方账号，在这些平台顾客可以分享自己的运动体验和技能，吸引更多的消费者加入，与其一起享受运动带来的快乐。

第三节　无人门店的零售“黑科技”——Amazon Go 商店

在电子商务以及零售领域，亚马逊公司堪称业内翘楚。在过去的 20 多年中，亚马逊遵循着“亚马逊增长飞轮”商业逻辑，不断提高易用性、增加消费选择、实现快速交付和完善整体用户体验，取得了很多亮眼的成就。其中，Amazon Go 商店无疑是这些亮眼的成就中较显著的一个。

第一家 Amazon Go 商店的面积约为 550 m^2，看起来就像是一家街角的便利店。里面有很多新鲜的水果、面包、沙拉、饮料等商品，供上班族取早餐、拿零食。没有用“买”这个词，是因为在这里人们看不到任何“买”的动作。

购买这个行为已经延续了几千年，一直以来购买行为不变的是物品以等值进行交换的商业规则，而变化的则是商品、购物环境、交互体验以及结算方式。随着云计算的兴起以及各种新技术的应用，购物体验不断被提升，购买流程不断被简化，人们得以更从容、更优雅地享受购物的乐趣。而 Amazon Go 就是以“不用排队，拿了就走”的全新购物体验在零售业和科技圈吸引了无数目光。下面来分析一下这个“拿了就走”的新的零售体验是如何实现的。

一、使用体验

（一）用户体验：手机 App

Amazon Go 的使用者首先需要下载并安装一个 11 MB 的名为 Amazon Go 的手机 App。安装后，使用亚马逊账户 ID 和密码进行登录。首次登录时，这个应用程序将引导完成 9 步动画教程的学习。该教程介绍了如何扫码进店以及如何购物。整个教程需要花费大约 1 min 的时间。接下来，应用程序将显示一个二维码，以识别使用者的身份，使用者通过扫描二维码进入商店。出于安全考虑，二维码每 30 s 在手机 App 重新生成一次，这可以提供一定程度的保护，防止人们仅通过对其他人的二维码进行拍照就可以在其他人的账户上购物。

（二）用户体验：进入商店

进入 Amazon Go 商店类似于进入地铁站，在商店入口有一两个身穿橙色衬衫的亚马逊员工帮助人们解决任何问题，常见的就是向顾客解释他们需要下载应用程序，并向他们解释它是如何工作的。随着越来越多的人习惯扫码进店的方式，Amazon Go 商店将会减少入口处工作人员的数量。

（三）用户体验：购物与付款

购物者可以拿走开放式货架上的商品，然后走出商店来购物和付款。购物的体验就是这样简单。因此，Amazon Go 的出现并非为了炫技，而是为了解决购物中排队、等候结账这些真实的问题。

二、Amazon Go 的技术复杂性

在一段广为流传的 Amazon Go 宣传视频中，顾客从进店扫码、取物到出门，一气呵成。流程简单到很多人第一次去都会隐隐有一种“我是不是在偷东西”的怀疑。

但细细想来，被这个名为“Just Walk Out”技术简化的只是商品价格的手动或自动的复核过程，而要实现它，只需知道哪些亚马逊账户在商店内购物，哪些商品被拿走，这样就可以在顾客完成购物时向其收取费用了。

但现实且自然的购物行为是人们并不总是拿上商品，然后离开。他们往往挑选一件商品，看看它，然后把它放回货架，甚至有时把它放回另一个错误的货架之上。这种购物行为的复杂性导致了结账的复杂性。亚马逊解决这个问题的方案被称作“Just Walk Out”。这个方案体现了工程技术的进步，特别是在复杂的计算机视觉、传感器融合和深度学习方面。

“Just Walk Out”技术框架如图 10-1 所示。

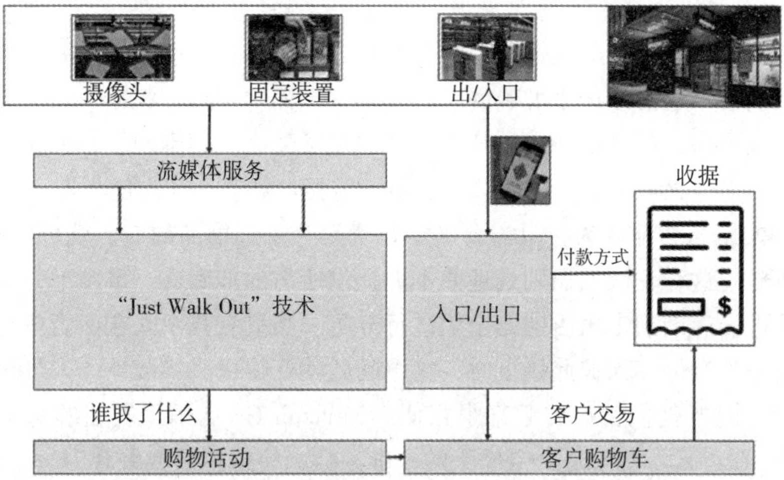

图 10-1　“Just Walk Out”技术框架

在图 10-1 中，顶部代表了店铺中部署的设备，这些设备包括定制的摄像头以及用于商品销售的重力传感器。这些摄像头实时捕获需要进行运算处理的视频，计算在亚马逊云中运行。在 Amazon Go 商店中捕获这些视频并将其发送到云中处理，统称为流媒体服务。

在图 10-1 中，核心是“Just Walk Out”技术。这个技术可以说是整个 Amazon Go 无人商店的大脑，其目的是解决“谁拿了什么”的问题。Amazon Go 商店与传统商店不同，没有收银柜台，但是仍然需要确认顾客的支付工具（信用卡），这样在顾客离开商店后，就可以向他们收取费用。Amazon Go 商店为人们提供了一种全新的体验，让顾客使用 Amazon Go 的移动应用进入商店，并将他们的亚马逊账户和存储的付款方式相关联。这些统称为入口和出口服务，负责管理顾客会话和相关付款方式。

由“Just Walk Out”技术负责将购物活动与顾客相关联，一旦顾客离开商店，就会向他们发送收据，并使用他们的付款方式进行扣款。

正如前面提到的，流媒体服务负责将视频从商店中运行的摄像头中传输到亚马逊云中。为了使算法发挥作用，就需要在顾客挑选或放置商品时可靠地捕捉视频图像，以再现真实场景。当然，商店中有很多摄像头。因此需要一组云服务器以及一种在摄像头和服务器之间传输的方法。而在现实世界中，事情并不总是顺利进行的，所以该技术需要有容错能力。因此，需要有检测摄像头故障、网络延迟和服务器故障的系统，并且系统要能够有效地处理这些故障。一旦将视频传入云端，就需要一种使用这些视频数据的方法，即一种使它们可用于算法的方法。因此，一套服务器负责存储和索引这些视频，它们提供了视频检索的接口，这些接口由视频处理应用使用。这些高可用、高吞吐量的服务集群提供了基础架构，在此基础架构上构建了“Just Walk Out”技术。可以说缺少了云计算，“Just Walk Out”的可用性以及容错能力就无从谈起了。

“Just Walk Out”技术包含对象识别、人员检测、姿势预估、活动分析、传感器融合以及校准等一系列的应用算法。重要的是，这些算法不仅必须像大多数算法那样有较高的准确率，还必须产生准确的购物收据。下面对“Just Walk Out”技术的一些组件进行深入了解，就是这些组件解决了“谁拿了什么”的难题。本书从“谁”这个部分开始，其中包含三个主要模块：定位器、链接器和复杂状态解析器。

大多数人想当然地认为，只需要确定在货架旁拿起物品的人，就可以确定“谁”在购物。但是，这种片段的识别处理并不能提供所需的准确性。事实上，这个场景需要对顾客从进入店铺到走出店铺的全程进行分析。当只有几个人在商店里时解决问题很简单，但是当有许多人彼此接近时，这个问题就变得极具挑战性。人群会导致顾客彼此遮挡，有时候他们甚至看起来很相似。Amazon Go 店铺里安装的每个摄像头都会产生一个 3D 点云。基于每个摄像头的校准参数，将这些参数聚合为一个全局表示，并提取出移动对象。并非所有的移动物体都是顾客，还可能是购物篮、推车以及婴儿车等。系统中的人员定位器查看分段的图像数据，并判断它是人还是其他，然后将顾客在一帧中的位置链接到下一帧，为每个顾客的数据分配一个标签。

但是，当人们彼此接近时识别将变得困难，这被称为复杂状态。因此，要对顾客位置进行建模，并通过运动特征和图像特征来解决顾客位置的不确定性问题。

“Just Walk Out”在技术方面的显著的特点之一是结合使用计算机视觉、传感器融合和深度学习来完成跟踪顾客拾取或放下物体的行为的任务。具体来说，系统推断出在拥挤场景中进行关节运动的姿势。换句话说，通过不间断地分析视频流，以建立关于顾客在商店中的位置和姿势的模型，包括每个人的四肢处于什么位置，以及它们如何在空间中移动。当图片中只有一个人时，这已经足够困难了。当有很多人时，这变得异常困难，因为很容易隐藏或暴露不同部分，此时需要弄清楚这些是什么。这就是在店铺中部署 200 多个摄像头的原因，即用以确保没有人可以欺骗系统。

现在大家知道了怎么确定“谁”购买商品，下面来看看怎么确定“拿了什么”。在 Amazon Go 商店中有许多商品，包括零食、饮料等，而且一些商品看起来非常相似。Amazon Go 商店结合产品分类（通过索引方案），用基于残差网络的细粒度计算机视觉算法来解决这个问题。这种方法可识别成千上万种商品，并且能够消除店铺里照明变化、阴影和反射带来的种种影响。

此外，亚马逊还打算将这项技术应用到商品类别更丰富、能容纳更多顾客的杂货铺 Amazon Go Grocery 中。也许就像 20 多年前电子商务兴起的时候那样，一种新的体验以及其背后的工程技术将会深度地改变这个行业。

Amazon Go 商店应比传统的商店具有更快的销售速度。因为人们不需要在收银台等待，人们可以更快地进出商店。这意味着一定规模的商店可以接纳更多顾客，在单位时间内获得更多的销售额。同时，原本用来放收银台和排队的区域可以用来放更多的货架和商品。相同的面积有更多产品，那么商店单位面积应产生更高的销售额。与便利店相比，Amazon Go 商店的商品中很大一部分是现场准备的新鲜食材和早午餐，这些利润较高的产品也可进一步提高商店的单位面积的收益。

当前，Amazon Go 商店在节省劳动力成本上还未达到预期。虽然没有了收银员，但是较高的销售速度意味着需要更频繁地补货，从而需要更多的劳动力。商店的酒水饮料专区需要专门的员工检查顾客的 ID。入口处必须有一两个人帮助人们下载应用程序并回答问题。除此之外，还需要有很多人加工新鲜食品。因此，与同等大小的便利店相比，这种形式的店铺实际上可能需要更多的劳动力。

总之，建立这样的商店需要大量额外的前期资本投入以及克服工程技术上的难题。随着时间的推移，单位面积的收入和利润会增加，劳动力成本可能不会降低。Amazon Go 能获得更高的利润可能是由于有较低的收缩率、较高的销售速度和较高利润率。目前这项技术似乎只能应用在小规模的商店中，但最终它将应用到大型的零售店中，但这可能需要一些时间以及技术上的不断优化、改进。

此外，Amazon Go 商店将生成大量的数据。亚马逊已经彻底改变了在线购物数据的使用方式，其根据消费者在网上的一举一动提出建议并尝试让顾客购买更多商品。对于亚马逊来说，将其运行 Amazon Go 商店时所观察到的每个购物者的购物行为数据加入其数据库中，以更全面地了解购物者的线上和线下购物角色、品位和购物模式，这才是更有价值的。当其他零售商还在努力提供全渠道统一的体验时，亚马逊已经有机会在其实体店和网上购物之间实现真正的无缝连接。

第四节　线下场景营销“黑科技”——天猫智慧快闪店

站在新零售的风口，电商巨头阿里巴巴着力打造新零售模式——快闪店。天猫智慧快闪店是天猫深入线下的重要方式，它连接了线上和线下，通过多场景营销，为顾客提供了更多种类的商品，让顾客在获得良好体验的同时，能够买到自己心仪的商品。

一、赋能品牌商家

天猫智慧快闪店致力商品、订单、客流、交易和会员的全域数字化，并在这一基础上精准匹配人、货、场。在天猫智慧快闪店经营的过程中，会将其中产生的数据反馈给各个品牌，赋能品牌商家，为品牌的各种营销活动提供依据。

通过各项新技术，天猫智慧快闪店可以将采集的某一品牌展示过程中各个节点的用户数据进行反馈，使得品牌数据不仅可以用于线上营销，还可以应用于商家经营活动的各个环节。

二、打通会员体系，实现购物体验无差异化

天猫智慧快闪店作为新零售的一种模式，非常注重会员的作用。在经营过程中，天猫智慧快闪店着力打通会员体系，以实现会员的购物体验无差异化。

以著名服装品牌李维斯（Levi's）为例，Levi's 加入天猫智慧快闪店后，与天猫进行合作，打通了双方平台的会员体系，通过线上和线下商品同步上线、同步营销，不断推进购物体验的无差异化。

三、新技术赋能，打造新零售快闪店

天猫智慧快闪店的打造利用了多项新技术，其作为新零售的一种新业态，与传统零售店相比，发生了巨大的变化。

天猫智慧快闪店中使用了人脸识别、云货架、智能化妆镜、智能试衣镜、无人零售等多项“黑科技”，让其软、硬件设施升级，购物过程更加智能化。

通过技术整合，天猫智慧快闪店使品牌可以对消费行为进行更加有效的跟踪，精准触达消费者。这样不仅拉近了品牌与消费者的距离，还有利于实现精准营销。

第五节　仓店一体的双向流量零售杀手——盒马鲜生

盒马鲜生是阿里巴巴在新零售趋势下孵化的零售新业态。盒马鲜生的定位是以大数据支撑的线上和线下一体化超市，采用“传统商超 + 外卖 + 盒马 App”的复合模式。

盒马鲜生提出了 3 公里范围内半小时送达的零售新概念，以线下体验为基础，将其作为线上平台盒马 App 的仓储、分拣以及配送中心。消费者可以在门店直接采购商品，也可以在盒马 App 上下单，由专业的配送团队在半小时之内送达。这样既保证了线下门店的人流量与销量，又可以利用门店达到线上引流的目的，实现线上和线下双向引流。盒马鲜生可以在新零售领域抢占先机，主要有以下几个原因。

一、大仓对店仓，缩短物流时间

盒马鲜生采用的是大仓对店仓的物流模式，而配送方面则采用的是半小时近场景即时配送的外卖模式。根据顾客下单的包裹数量和顾客收货地址所在位置等，系统会自动设计一条最佳配送路线。

盒马鲜生的智能化物流具有以下特点。

（一）智能履约集单算法

为保证配送时效性，并有效控制成本，盒马鲜生基于时效节点分布、区块分布，运用智能履约集单算法，将在一个路线上的不同订单整合，找出最优配送方式。

（二）门店智能调度

线下门店是盒马鲜生物流调度中的坐标中心。其门店为仓储式货架和库存设计，各个商品的货位和库存可以实时回传调度。这样的门店，既可以实现线下销售与体验的功能，又可以作为线上订单的发货仓库。

（三）配送智能调度

在线下门店商品完成分拣、打包、装车后，配送系统要在配送区域内，对具体配送位置、订单批次、品类做一定的分析，以实现最优智能匹配，做到智能效率的最大化。

（四）商品智能订货

盒马鲜生的门店不仅作为大仓使用，还在发挥大仓作用的同时，在智能化的基础上作为物流中心使用。盒马鲜生根据自己的历史数据以及阿里巴巴的大数据，进行智能订货和库存分配，以尽可能满足顾客需求，实现库存周转率、销售额的最大化。此外，分析每个门店周边盒马会员的需求，可以实现商品选择和分配的智能化，进一步提升库存周转率和商品动销率。

二、线下围绕场景选择品类，实现快速引流

盒马鲜生围绕“吃”这一场景选择商品品类。盒马鲜生不仅有众多新鲜的蔬菜、肉类、奶制品以及海鲜，还提供即时加工服务。

消费者选购水产品后可以拿到相应区域进行现场加工并指定各种海鲜的做法，如蒜蓉粉丝蒸、马苏里拉奶酪焗等。如果吃过后感觉味道不错，还可以直接购买盒马鲜生自行配制好的调料，自己回家加工。在盒马 App 内，还有相应的教学视频。

此外，盒马鲜生构建了各种各样的场景，以吸引年轻消费者拍照、分享。通过构建消费场景，盒马鲜生不仅为消费者提供了优质的体验，增强了顾客黏性，还实现了快速引流的目的。

三、线上发展会员，利用大数据开展精准营销

盒马鲜生的线上 App——盒马 App，是其发展会员的主要工具。盒马鲜生为培养用户的移动支付习惯，曾将盒马 App 作为门店的唯一支付入口，消费者必须下载并注册成为盒马 App 的会员才可以完成支付。

盒马 App 聚合了一般会员卡的筛选用户（习惯使用手机支付的消费人群）、准入（无盒马 App 无法结算）、支付（绑定支付宝账号）和绑定用户（售后和优惠码兑换）等功能，将线下流量强行导流到线上。这样不仅有利于培养用户使用盒马 App 和支付宝的习惯，还可以掌握用户数据，针对其喜好和消费习惯进行精准营销。

盒马鲜生正是通过仓店一体的模式，结合场景体验以及会员营销等方式，实现了线上和线下双向引流，让新零售成为现实。

第六节　多品类的“线上 + 线下”自营便利店——超级物种

在新零售浪潮下，各种各样的零售新业态不断出现，超级物种就是永辉超市推出的零售新业态。超级物种融合了鲑鱼工坊、波龙工坊、盒牛工坊、麦子工坊、咏悦汇、生活厨房、健康生活有机馆、静候花开花艺馆等八个创新项目，是一家新型的餐饮自营集合店。

总体来说，超级物种具有以下三个特点。

第一，由多个“物种”集合而来，位于不同商圈的门店经营的品类不同，它们可以进行任意搭配。每一个“物种”都是永辉超市自己孵化而成的。

第二，“线上 + 线下 + 餐饮”的经营模式。超级物种的线下门店集合了卖场、餐饮、仓储以及分拣等多项功能。它自建物流，配送方式为“前场库存 + 后场物流”的形式。

第三，经营品类全部自营。这样做一方面有利于永辉超市更加自由、自主地做好产品研发和推广，另一方面可以有效避免以往联合经营模式中合作商户因不挣钱而减少品类或者直接撤场等问题。

从上述超级物种的三个特点可以看出，超级物种作为零售新业态，是一家餐饮自营集合店。

一、定位：客群 + 产品

超级物种的定位是生鲜蔬菜型便利店，经营的产品品类较多，其客群主要为社区居民以及白领上班族等。

在经营品类上，超级物种主要为顾客提供家庭日常生鲜蔬菜，满足顾客生鲜蔬菜补充需求。与常规便利店不同的是，超级物种除了销售零食以及日用品之外，还增加

了蔬菜、水果、冷冻鱼肉以及中外名酒等产品。品类更加适配社区居民以及白领上班族的需求。其中包括超级物种的部分自营商品，如鲑鱼工坊的三文鱼、盒牛工坊的牛肉等，以冷冻保鲜包装进行贩售。顾客购买后，可以选择带回家自己做，也可以选择当场加工。

此外，在超级物种的线下门店中，设置了适合目标人群使用的休息区，顾客可以在这里休息、就餐以及社交，这也是超级物种吸引年轻顾客的重要原因。

二、“线上＋线下”打造立体化门店，提供“一公里”服务

新零售模式更加强调线上与线下结合给消费者带来的消费便捷性与及时性。超级物种作为新零售的代表，利用“线上＋线下”的形式，打造了立体化的门店，为顾客提供了“一公里”服务，让顾客真正感受到了新零售带来的消费便捷性。

其“一公里”服务体现在店内和店外两个方面。

（一）店内

在线下实体店内，陈列着一块巨大的电子触摸屏幕。顾客可以通过这块屏幕，了解当前门店内的各种商品活动，以便更好地做出购买决策。除此之外，门店内所有的商品都附有二维码，顾客通过扫描二维码，或者直接扫描商品条码，就可以直接在永辉超市的线上 App 上了解商品详情，并下单购买。

在结账方面，设置了专门的电子自助收银机，方便顾客快速结账。如此，便可以有效减少在人工结账入口排队的人数，为顾客节省时间。

（二）店外

永辉超市充分利用线上 App。用户无须亲自去线下实体店，只需要打开线上 App，就可以在线上选择商品，并享受送货上门的服务。

在配送方面，由永辉超市自有的物流企业进行配送，这样可以保证送达的时间和效率。

无论店内还是店外，永辉超市都将线上 App 与线下门店进行了深度融合。两者相互作用，不断增强消费的便捷性与时尚感，以满足年轻人群的消费需求。

三、为顾客私人定制，根据顾客需求孵化产品

在新零售模式中，有一个关键词，即定制。这也是以消费者为中心的新的零售模式未来的发展趋势之一。永辉超市在产品品类的选择上，充分考虑了顾客的消费习惯，根据顾客的消费习惯为顾客进行私人定制。例如，永辉生活线下实体店的产品中，进口商品与国产商品各占 50%，当门店靠近白领客群时，考虑到这一顾客群体追求时尚，喜欢标新立异，永辉超市便会将进口商品的比例提高至 55%，在产品品类上也会以休闲零食、饮料、酒类为主。

第十一章　新零售时代背景下零售行业新趋势

第一节　共享新零售：新零售与共享经济融合

一、“新零售 + 共享经济”的融合条件

（一）技术基础条件

新零售和共享经济的融合需要以先进的技术作为支撑。当前，人工智能、大数据、物联网等技术的飞速发展，为新零售和共享经济的融合提供了技术基础。在人工智能和大数据技术的支持下，共享经济企业可以更加准确地为客户匹配服务，提高效率。同时，新零售企业可以通过物联网技术将线上和线下的数据进行整合，实现供应链管理和客户服务的智能化。

（二）法律法规条件

新零售和共享经济的融合需要以健全的法律法规作为保障。新零售和共享经济的融合过程可能会涉及很多问题，如服务质量、安全问题等，需要有相应的法律法规进行规范和约束。同时，政府部门应该对这些企业进行监管，防止出现不正当竞争等问题。

（三）消费者需求条件

新零售和共享经济的融合需要以消费者的需求作为支撑。新零售和共享经济的融合都是基于消费者的需求而产生的，随着消费者需求的变化，新零售和共享经济的融合也需要不断地适应这种变化。共享经济企业需要更加关注消费者的需求和体验，提高服务质量；新零售企业需要不断创新，推出满足消费者需求的产品或服务。

（四）企业创新条件

新零售和共享经济的融合需要以企业的创新作为支撑。在竞争激烈的市场中，企业需要不断地进行创新，提高竞争力。新零售和共享经济的融合需要企业进行创新，将新零售的优势与共享经济的优势相结合，推出更能适应市场需求的产品或服务。例如，新零售企业可以与共享经济企业合作，共同打造智能化的自动售货机，在商场、车站等人流量较大的地方为消费者提供更加便捷的购物体验；也可以与共享经济企业合作，通过物流配送网络将商品送到消费者手中，提高消费者的购物体验。

（五）互联网环境条件

新零售和共享经济的融合需要以良好的互联网环境作为支撑。当前，互联网技术的普及率已经非常高了，这为新零售和共享经济的融合提供了很好的基础条件。通过互联网，消费者可以方便地获取商品和服务的信息，而共享经济企业也可以通过互联网技术更加便捷地向消费者提供服务。

新零售和共享经济的融合需要以先进的技术、健全的法律法规、消费者的需求、企业的创新和良好的互联网环境作为支撑。只有在这些条件的共同作用下，新零售和共享经济的融合才能更好地发展。同时，政府和企业需要共同努力，加强合作，推动新零售和共享经济的融合不断向前发展，为消费者提供更加优质的服务和体验。

二、“新零售＋共享经济”的共享内容

（一）信息资源的共享

对于供应链而言，企业积累的信息数据是一种闲置资源。虽然企业经营数据有助于企业提高预测能力与效率，但若将信息资源的使用权分享给供应链成员，将能进一步使信息资源的价值最大化，这些资源将使供应链成员提高对合作方的预测能力，实现同步生产和交货，并能够了解供应链成员的产能上限与下限，降低供应链的牛鞭效应的影响。

对于供应链管理而言，信息不清晰、不完全和不全面的后果是牛鞭效应，即需求信号的误差随着供应链自下而上的顺序逐渐放大，从而导致较高的市场调节费用。于是，海外越来越多的企业开始出现共享信息资源的行为，与供应链合作伙伴协同进行规划、预测、补货、库存管理和调度，积极推进跨组织信息系统建设，以便通过互联网平台进一步提升企业信息资源的可用性。在商品市场日新月异的背景下，任何商品市场的竞争都很激烈，微观企业具有高度的不确定性。此时，信息共享可以降低紧急需求模式带来的负面影响。因此，信息共享的意义有以下几点：第一，提高了供应链成员在网络中的可视性；第二，加强了供应链企业的协同性；第三，让供应链企业能够及时对供需变化做出反应。

（二）客流量资源的共享

我国商业集团联盟的发展已经趋于成熟，商业集团整合了多家零售商和餐饮商的数据，在商业集团内部可以将各个零售商和餐饮商的会员数据进行共享，这样能够采用多样化的方式积累用户积分、兑换积分。比如，跨渠道促销的模式能够丰富消费者的消费模式，这不仅能为商业集团旗下的企业带来收益，还能让消费者获得互补性商品，优化积分利用方式，从而提升消费者对会员系统福利的获得感。例如，消费者在商业集团旗下的餐饮店消费后获得账户积分，该积分同样能在零售店内使用，如积分换购商超商品；消费者在零售店内消费获得的积分也能在餐饮店内以买单折扣、餐品赠送等形式进行价值转换。除此之外，零售商可以将消费数据共享给制造商，为制造商优化产品提供支持，这有利于制造商开发新产品，降低新产品的市场风险。总的来说，在“新零售＋共享经济”模式中，客流量资源能够被多个流通商和制造商共享，这不仅提升了客流量数据的利用效率，令产业链围绕消费者的实际需要展开，还提升了供应链的精细化、有效性和敏捷性。

（三）空间资源的共享

“新零售”环境下，业态模式开始转向“小而美”的无人零售。无人零售的目的在于优化空间区域的利用方式。由于消费者的消费需求趋于多点化、碎片化和分散化，消费者的多点化需求必然受到重视。无人零售通过“小而美”的业态渗透到消费者日常出行的关键节点，如地铁公交站、办公职场、居住社区，或者步行道、公园、商圈等人流密集区。消费者若产生即时需求，通过“小而美”零售业态进行购买即可。一般而言，“小而美”的无人零售业态注重空间利用率和货架利用率，减少甚至免除了店铺租金。

“小而美”无人零售的品类管理灵活，利用大数据、云计算等网络技术对销售数据进行监控，不断调整、优化和更新销售产品品类，使其满足消费者的个性化需求。基于个性化需求，传统零售商与制造商的长期订单采购模式不再可取。无人货架、自动售货机等无人零售业态的货架空间将是一种共享资源，由各大制造商支付零售商费用，以购买无人零售货架的空间，提升零售供应链的灵活性，这降低了零售商与制造商的交易成本，实现了高灵活性、高市场化的商品更新。

（四）物流资源的共享

物流资源共享模式分为以下两种。

一是通过互联网平台，让碎片化、分散化、闲置化的社会资源集中起来，利用这些资源完成物流配送服务。传统物流公司的运输具有明显的规模经济特征，需要达到一定的物流配送规模才能与配送成本持平，而共享型物流模式前期固定成本较低，能够通过灵活的众包服务满足分散化、碎片化的物流需求，以适应新零售时代消费者随时随地消费的模式。

二是企业共享物流资源。对自建物流的零售企业或制造企业，也可以在“新零售+共享经济”理念下，将物流资源和网络等与其他企业共享。这种共享可以收费，也可以不收费，一般不收费是企业出于长期合作、边际成本极低、资源交换等方面的考虑。企业将内化的物流资源共享将提升综合收益，平摊前期投资成本，减少折旧费用。

（五）制造产能的共享

零售商实施自有品牌战略时，可能会依赖于制造业的产能共享。零售商的综合品牌模式会采用模仿的方式。零售商通过销售数据的对比，可找到销量较大的品类，对最畅销品类进行模仿，可以保障自有品牌上市后的市场份额。在对该品牌进行深入研究后，提出标准化制造方案，在定价方面一般比模仿对象更便宜，并采用相近的颜色、包装、样式。而在这个阶段，零售商为了保证产品质量，会选择采用与制造商相似的生产加工模式，与制造商的合作方合作，尽可能以同样的制造技术来制造自有品牌商品。依靠模仿的方式，能够降低零售商的产品开发、市场研究、品牌推广成本。

三、“新零售+共享经济”的共享模式发展趋势

（一）信息资源的共享——信息分享供应链

如前所述，新零售要求零售商以共享数据为供应商赋能，从而改善零售商与供应商的合作关系。传统的供应链环境下，供应商和零售商是推式供应链，简而言之，便是供应商将商品下压给下游渠道。而新零售合作方式下，供应商与零售商以消费者大数据为连接点，形成新型的互利合作机制，将合作方式从原来的“单向”变为“双向”。零售商将消费者大数据与上游供应商共享，并建立消费者画像，为供应商预测相关信息。供应商也能够更了解目标市场的需求量和偏好类型，传统的信息壁垒问题消失了，供应商能减少新产品研发周期，更精准地制订生产计划以及新产品开发计划。

例如，在商务部发布的《走进零售新时代——深度解读新零售》的报告中便有天猫与化妆品品牌合作、大数据成功赋能商户的案例。首先，天猫通过提供商户大数据分析服务，建立消费者画像，化妆品品牌便将数据应用于其研发环节，缩短了产品研发周期。根据天猫提供的数据，该化妆品品牌的研发周期从 18 个月缩短到了 9 个月，节省了约 9 个月的市场调研、挖掘潜在客户和市场评估时间。

（二）物流资源的共享——众包物流

众包物流指的是将本应该由企业负责的物流运输工作外包给社会大众群体来完成。由于信息技术和通信技术的进步，人们可以在任何地点使用移动设备进行交流互

动。在这种情况下，企业越来越多地使用众包物流。这样通过消费者和企业的价值共创，提高了企业的服务效率。传统物流行业是一种劳动密集型产业，如今在物联网和大数据系统的支持下，终端配送模式已经有了实施的前提条件，整合社会的闲散人力资源和运输设备能够更有效地提高物流效率。

当前，众包物流的优势如下。

首先，物流格局已初步形成，并且达到了一定的配送规模。“互联网+”时代背景下众包物流公司不断兴起和发展，现已形成一定的格局。具体而言，众包物流格局由人人快递、达达、京东众包、闪送、E快送、您说我办和51送等物流公司组成。其中，人人快递、闪送、京东众包、E快送主要负责为客户提供直送、代买等同城配送服务；达达主要为O2O行业提供最后三公里物流配送服务；您说我办以“跑腿”为核心业务，提供同城C2C服务；51送则基于LBS提供短距即时的餐饮外卖配送服务。同时，当前众包物流企业的配送人员数量庞大且分布广泛，已达到一定的配送规模。当前京东众包配送业务覆盖天津、北京、成都、上海等多个城市。而且，京东众包在上线不到一年的时间就为其主要服务对象京东到家完成了上千万的配送订单，充分满足了消费者的多元化需求。这些充分说明，当前我国众包物流体系格局已初步形成，且达到了一定的配送规模。

其次，配送管理体系日趋规范化，这极大地提高了配送效率。伴随众包物流的不断发展，物流配送管理体系日趋规范，促使配送效率大幅度提高。例如，达达众包物流曾推出专人直送配送模式，安排配送人员进行单一配送，不允许多单并在一起送。配送人员需为顾客提供15分钟上门取件、1小时送达的门对门服务，以及全天24小时配送服务。针对订单配送安全问题，采取100%实时追踪订单的配送体系，从而有效监管配送质量。此外，众包物流企业对产品和系统也进行了不断升级，让配送模式更加合理化，并通过较为严苛的管理制度，对配送时间进行严格把控。

最后，众包物流与O2O电商平台密切对接，大幅降低了物流成本。随着O2O电子商务的快速发展，传统标准化的统一配送模式已无法满足客户多元化需求。众包物流抓住这一机遇，逐步推进与O2O平台的对接，进而实现了物流成本的大幅降低。以达达众包为例，达达上线后与饿了么、美团等O2O平台展开合作，帮助平台商家完成送餐任务。2016年4月与京东到家并购后，新达达在保持为原有商家和外卖平台提供物流配送服务的同时，积极配合京东到家的O2O平台，完成订单任务。将达达系统接入京东自建的物流体系后，京东到家的每单配送成本降低了一半以上。

（三）客流量的共享——客流量转化为新价值

在线下零售商客流量持续下降的趋势下，其应当转变封闭式理念，将自身客流量作为一种共享资源，将客流量资源的使用权共享给供应商，从而获得范围收益。比如，步步高集团将线下10亿人次以上的客流量共享给云猴网内入驻的中小商户，促进了中小商户的初期发展。同时，步步高集团通过共享客流量，也能为线上会员体系“添砖加瓦”，步步高集团通过与云猴网共享数据，从更高的维度来分析顾客价值，从而采取合适的促销计划，如积分兑换、广告推送。

还有一种客流量的共享方式是通过各类零售商的扫码活动。零售商塑料袋上印有抽奖、兑换等赠送虚拟礼品的二维码，就算仅有1%的人选择扫码，也能积累上万的线上流量。零售商通过将扫码获取的客流量与其他商户共享（如滴滴出行、饿了么、QQ音乐等），可提升实体零售商对线下客流量的整合力。

（四）空间资源的共享——无人零售业态

首先，无人零售发展初期以供应链、品类管理等赢得市场份额，应注重试点并渐进地升级技术。无人零售的发展趋势必然是顾客“拿货即走”的消费模式，这是由机器视觉技术推动的，然而机器视觉与其他高精尖技术的结合需要大量的人力、物力、财力等方面的投入。本书建议中小型无人零售企业从场景化和碎片化需求切入，避免与技术导向的无人零售企业产生直接竞争；以细分市场来获取市场份额，以敏捷供应链作为企业前期立足市场的根本。

其次，无人零售的长期优势在于消费者的行为大数据。比如，无人零售通过消费者移动终端的App与其建立触点，在App内提供特定优惠券，并在店铺内设有免费Wi-Fi。无人零售不仅能够借助App向消费者推送广告，还能通过消费者身份信息与消费记录建立消费者画像，对消费者在无人零售内的消费行为数据进行收集，然后通过数字化的智能分析来实现精准营销。品牌商和科技公司等也可以考虑以联盟网络的形式来共享信息资源，以提高市场营销和供应链管理效率。

最后，建立用户社群，为忠诚用户赋予更高的情感互动属性，将无人零售的消费赋予社交属性，让会员能在App社交平台上分享与消费有关的个人动态。

第二节　社交新零售：构建社交消费生态圈

一、社交新零售的全面认知

（一）社交新零售的概念

社交新零售的出现是多方演变、进化的结果，其形式有新零售的社交化、传统零售的社交新零售化等。

1. 新零售的社交化

阿里巴巴、京东、小米、蒙牛、娃哈哈、星巴克、屈臣氏、瑞幸咖啡、东阿阿胶等新零售企业，在转型新零售的过程中，将社交元素融入企业的发展和运营中，借助社交网络，裂变自己的消费者及社交渠道（消费商）。

云集、拼多多、每日一淘等社交电商平台，以社交起家，借助分享、分销等模式迅速壮大，用低成本的运营方式发展出庞大的用户群及社交渠道（消费商）。

随着新零售的发展，为了使零售的效率更高，这些企业发挥新零售的优势，将品牌升级为社交新零售品牌。移动互联网时代各种社交工具的发展是该类型社交新零售企业出现的基石，社交是其内核。

2. 传统零售的社交新零售化

传统零售企业在转型过程中，遇到社交新零售，用社交新零售模式的优势武装自己，布局全渠道，加强线上板块、线下板块、社交板块，它们在获客拉新、开拓新渠道时会融入更多社交元素，并且充分发挥社交网络的优势，提高零售效率，降低运营成本，实现业绩倍增。

由此，便诞生了由社交电商与新零售融合演变而来的新型零售模式——社交新零售。

（二）社交新零售的特点

1. 层级简单化

产品从品牌方直接到消费者手中，不需要经过繁多的经销商之手，相当于只有一级代理，大大降低了零售价格。与传统零售相比，其成本大大降低了，真正实现了去中介化的扁平渠道流通，既让消费者得到了实惠，又让代理和商家赚到了足够利润。

2. 管理直接化

所有代理直接受总部管控，公司帮代理处理培训、服务、物流、账单等相关事宜。这样既避免了代理方乱来，又帮助代理获得了实际成果，形成了互利互赢的关系，让管理更加优化。

3. 代理创业化

所有代理均有机会成为总公司股东并参与公司总业绩分红，真正实现了共创、共生、共享的共享经济。用看得见的实在利益给予每一个代理归属感和安全感，激发代理热情，激发代理动力。

4. 推广整体化

传统媒体与新媒体相融合，形成整合营销传播矩阵，实现线上和线下全方位、多角度推广。由名人为品牌背书，再通过百度、360、搜狐、搜狗、今日头条、百家号、企鹅号、微博、微信等进行全网覆盖传播。利用线下招商会造势，与全国性的行业展会、商会、协会和各大社群组织达成合作，全面渗透品牌影响力。

5. 引流精准化

传统招商引流要么找不到目标人群，要么就是转化率低，费时费力，成本高，还看不到效果。

社交新零售通过团队作战、战略布局、覆盖全网、专人专事，利用大数据精准招商引流，快速找到合适人选，实现了招商的目的，大大降低了成本。

6. 零售社区化

传统微商朋友圈广告刷屏、群发广告惹人厌烦，同时很容易被人屏蔽或拉黑。

通过打造创新型朋友圈模式，社交新零售实现了以点连线、以线带面、覆盖同类别目标社群的目的，其用创意吸引人群，用实力聚合用户，以拓展社交新零售外部渠道，实现零售社区化，引领社交新零售潮流。

（三）社交新零售的模式

1. 代理云仓模式

代理云仓模式是一种基于云计算和仓储管理的销售模式，代理商可以通过云仓系统来管理自己的仓储和发货。

在代理云仓模式中，代理商无须自行存放货物，只需通过云仓系统来进行库存管理。云仓系统可以帮助代理商实时了解库存情况，包括库存数量等信息，从而避免库存积压和浪费。

2. 会员分销模式

会员分销模式是一种品牌方需要负责商城搭建，一件代发，直接面对分销商招募、培训、服务的模式。

选择这种模式的品牌方一般来说除了需要管理系统、管理会员以外，还需要配备像微商城一样的分销平台，让会员可以分享好的体验，让代理可以轻松分发商品信息、链接。这种模式拥有完备的分佣机制等。

按照模式初衷，分销代理是从会员、消费者中转化过来的，分销商资格的获得一般比较容易，开展业务活动也很轻松，非常有利于品牌方进行团队的裂变，扩大品牌的影响范围。

会员通过商城购物、每日打卡可以获取相应积分，积分可抽奖、换取会员权益或礼品，该模式通过不断消费、不断兑换的方式帮品牌方精准锁定客源。

3. 电商直播模式

直播带货的兴起让消费者利用碎片时间就能观看自己喜欢的内容，有效减少了选择商品的时间成本。

直播可以让消费者融入购物场景。相对于传统的图文介绍，直播以视频和实时互动的方式呈现，更有优势，让消费者更有代入感。在直播中直播销售员与用户实时互动，建立情感连接，更能激发用户的消费欲望，实现流量转化。

二、社交电商的优势与分类

（一）社交电商的优势

1. 社交电商的平台功能更齐全

社交电商的平台集社交、支付、电商平台等功能于一身。通过社交场景的应用，在“结识新朋友，不忘老朋友”的同时，不仅更容易将用户引导到电商平台进行消费，大大节约获客成本，还能够显著提升用户的购物体验，增加消费乐趣。

2. 社交电商的平台更有交互性

社交电商平台在互动方面更具有优越性。社交电商平台的客户一旦关注了公众号或者商城平台，商家就可以通过后台发布优惠信息或者促销活动，并及时推送给客户，让有需求的客户可以第一时间参与活动。

3. 社交电商的平台注册、购买更便捷

在社交电商平台购物更快捷便利，只要进入社交电商平台，无须注册（只要允许平台获取权限信息），就能拥有平台的购买账号。在付款方面也是比较便捷的，付款方式就是常用的付款方式。

4. 社交电商的运营效率较高

社交电商的精髓在于人和人之间的信息传递。比如，买到一款物美价廉的产品，直接将这个好消息分享到朋友圈或者社群里，这个信息就会迅速传播开来。正所谓哪里有社交，哪里就会有交易，不需要自上而下地传播。同时，平台利用大数据技术完成了对用户的管理，大大节省了时间、人力与推广方面的成本。

5. 社交电商的推广更有效

社交的核心是人与人之间的信任，只有信任才会产生交易，只有好的商品才能维持信任，进而实现持续销售。而社交电商的购物圈恰恰是沿着社交工具中熟人关系链拓展的，由此可以实现购物信息即时推广，并能够把对客户的影响周期从几秒延长到几天甚至几个月，还会有多次影响和持续销售的机会，从而社交电商能与客户进行更为良好的互动，提高转化率，实现用户裂变，从而带来更多流量。

（二）社交电商的分类

1. IP 社交电商

这类社交电商就是构建 IP 形象来吸引消费者，比较典型的案例就是同道大叔。同道大叔星座 IP 就是围绕星座文化创作的漫画内容，非常受粉丝追捧，特别是一些年轻的小女孩。其在各大平台有了粉丝以后开始开发衍生产品，很多衍生产品都卖得很好。

2. 品牌类社交电商

品牌类社交电商是一种帮助企业拓展经营渠道和扩大经营空间的社交电商模式，如华为商城、小米商城。这类社交电商只销售品牌旗下的产品。

3. 内容类社交电商

内容类社交电商比较典型的例子是小红书。在内容类社交电商平台上，人人都可以是内容的创作者。创作者需要不断地去创新、去迭代，所提供的内容和商品才能满足用户的需求。

4. 分享类社交电商

分享类社交电商典型的例子是拼多多，最早的时候它通过微信裂变、分享砍价的模式来达到流量快速倍增的目的，实现了平台、商家的共赢。

5. 会员社交电商

会员社交电商就是以老会员带新会员为粉丝裂变的核心，不支持游客或粉丝消费的一种社交电商模式。它需要人们缴纳一定的年费，缴费后人们会获得同等价值的物品，成为平台的会员。在平台购物时，会员可以享受平台商品七折或八折的优惠，可以成为社交商品的分销人员，可以分享商品到自己的社交网络空间，交易以后可以享受利润分成。社交电商平台和消费利益相关联以后，形成消费、带动消费、提高粉丝数量就变得更为简单了。这类社交电商平台不用担心用户流失和复购率问题，因为会员缴纳年费以后就会对平台产生更多的黏性。

6. 小程序社交电商

比起微商城，小程序社交电商更方便用户识别商品和消费。大家都在微信上开通这个小程序后，在社群裂变过程中小程序对商品信息的展现形式更具体、更清晰。

7. 自营式社交电商

以自营模式为主的社交电商平台，比较典型的案例是云集、微店。相对于传统电商和微商而言，采取自营模式的社交平台的商品品质更有保障，价格也非常亲民，服务也非常规范，因此它以后在社交电商领域将发挥更大的价值。

8. S2B2C 模式社交电商

S 是资源整合平台，B 是商家，C 是消费者，S2B2C 模式是整合行业供应链资源，赋能商家，帮助商家提升服务及营销等多方面经营能力，间接服务消费者的社交电商模式。赶谷榜就是这种模式。

9. 微商城社交电商

微商城解决了流量和粉丝池的问题。商家不需要不断地去吸粉、建群、拉群和讲课等，而可以多用自媒体、短视频及社群等方式引流。这种社交电商模式虽然不是最新的，但是它能帮助企业解决一些实际问题，帮助企业增加一定的销售额。

三、案例分享：京喜

（一）拼购（拼团）的相关概念

拼购（拼团）指消费者借助移动社交电商平台转发、分享自己想购买的商品，使得更多消费者熟知该产品，并产生购买需求，与之一起下单，进而达到低价购买的目的。这样平台也可以达到吸粉的目的。

（二）京喜

京喜是以京东平台为依托，利用多种营销手段以及工具，通过拼团价及不同的社交玩法，刺激更多的用户多层级分享裂变，以实现商家低成本引流及用户转化。截至 2022 年 3 月，已有超过 1.2 万家中小企业入驻京喜平台。京喜平台多端用户总数近 1.7 亿，日活跃用户人数近 1300 万，平台累计年订单量超过 6 亿，其流量规模和价值潜力不容小觑。

（三）京喜的商业模式

1. 内容类社交电商

内容营销是指商家将商品变成在线内容，并通过社交网络的形式将内容分发出去的电商模式。在选品策略上，京喜主要从商品品类以及应季商品等多维度进行拼团促销，以打造差异化。在选品方向上，京喜主要打造“IP款”“网红款”“性价比之王”等，贴上如此标签，用户便可快捷地搜寻到自己想要的商品。在内容引流方面，京喜主要打造自有品牌以及合作品牌。自有品牌主要依靠用户游戏来推广，合作品牌主要依托内容营销活动、网红带货以及官网与用户互动进行营销推广。在内容传播渠道上，京喜有拼团频道，即亲友转发、微信群等。此外，京喜还通过微博、微信公众号、抖音等平台，借助热点新闻、热点话题、热点人物或是借助特殊节日打造内容社交模式。例如，端午节期间，其公众号以及抖音号便会发布与端午节、龙舟、粽子等有关的软文或视频，在传播相关文化的同时，借助其内容社交宣传产品。

2. 社区团购电商

社区团购，即以社区居民为基础，以小程序或是微信群为依托，建立各自的社群，社群内可以较为实惠的价格购买日常用品或是生鲜产品。社群内用户下单后，商家将会在短时间内进行配货、分拣，最后统一送至各个社区的统一地点，并由工作人员统一进行分发。不同于其他拼团平台的地方是，社区团购基本以日常消耗品或是生鲜百货为主，以满足用户的生活需求为中心，进行拼团采购。2020年12月，“京喜拼拼”小程序正式上线，“京喜拼拼”依托京东供应链体系进行配货。与此同时，京东对生鲜电商平台美菜网旗下的品牌美家买菜进行了收购。美家买菜致力借助线上微信和小程序进行社区拼购，从而实现线下交付自提，由平台负责集中采购，提供物流仓储服务以及售后支持。如今，京东社区团购通过不同渠道孵化出了友家铺子、蛐蛐购、区区购。

3. 拼团类社交电商

在拼团类社交电商上，消费者无须在同一城市或同一区域，只需发布信息寻找拼团的“团友”，在一定时间内有“团友”愿意拼单，即可拼团成功。该模式可以形成一种强大的人际传播力。京东（京喜）在该社交电商模式下，设计了更多的游戏以及玩法。比如，“一分钱抽奖”。京东用户只需要支付1分钱，便可在小程序、微信购物入口发起拼团或参与拼团，等到成团后，便可参加抽奖活动，中奖用户即可获得该商品，而未中奖用户则会被退回1分钱，并且有机会获得优惠券一张。这种玩法的核心价值在于引流、吸粉以及促进复购，即通过分享引入大量的流量，未中奖的用户获得优惠券，促使其进行二次购买。再如，“一元新人”活动，新老用户都可在小程序上开团，但是每个用户只能购买一次1～5元包邮商品，其目的在于降低成本和带来流量，通过不断增加浏览量，增加该商品的曝光量。

第三节　红人电商:“粉丝经济”下的店铺运营

一、红人引流：商家与红人对接

红人指的是在不一样的社交平台上具有一定量的社交资产，并且有能力将这些社交资产变现（变现方式通常包括广告与红人电商）的人。零售商与各大红人合作的渠道，主要分为站内渠道和站外渠道两类。

（一）站内渠道

1. 淘宝视频直播

随着直播产业的快速崛起和不断成熟，视频直播已成为备受用户青睐的内容呈现形式。即便商家自己不善于使用这种交流推广方式，也应该找到一位能够进行淘宝视频直播的伙伴，让其负责以视频直播的方式帮助店铺吸引流量、积累粉丝。

2. 微淘大 V

微淘大 V 积累了自己的粉丝，其发布的内容会直接进入微淘的精选区或红人区。这类红人多是凭借在某个垂直细分领域的专业技能赢得粉丝认可和追随的，因此商家可以基于自己的行业或产品特质找到适合的微淘大 V，与他们进行合作，通过支付佣金等方式让其帮助自己的店铺引流。

（二）站外渠道

除了淘宝平台本身，商家还可以通过一些站外渠道寻找合适的红人，进行引流推广。比如，一些直播平台的主播，会在自己开店时找到固定的合作商，商家也可以通过支付广告费用的方式让其在直播过程中推广自己的商品。

此外，一些娱乐视频录制者也是很好的合作伙伴。他们虽然不直播，但会定期制作视频发布到相关网站中，同样拥有庞大的粉丝群体。因此，如果商家以支付佣金的方式让他们在视频中植入产品推荐广告，也能够获得十分可观的流量，大幅提高店铺知名度。

在红人产业全面爆发的大背景下，各类红人层出不穷。商家要利用红人实现引流和粉丝积累，就不能盲目选择，而要从以下几个原则出发，寻找合适的红人合作。

第一，不能只是盯着关注度，更要考虑红人的口碑和形象。商家不能找那些虽有很高关注度，但给人负面印象的红人，因为这类红人无法为企业带来商业价值，甚至会严重损害企业本身的形象。最好是找那些知名度高、口碑和形象好的红人，让其为店铺或产品代言。

第二，选择与产品或行业特质相符的红人进行合作。比如，若店铺的产品是零食、服装之类的商品，则可以让红人主播进行代言推广，因为这类红人的粉丝是对快消品有着较多需求的年轻群体；若销售的是家具、皮草这类客单价很高的产品，则可以和自媒体或专业评测机构合作，因为用户在进行消费选择和做出决策时，希望获得的是专业性强、权威性强的指导和建议。

第三，零售商在与红人合作时，要在利益分配、售后产品质量问题等各个方面提前做好沟通和规划，最大限度地消除合作过程中可能出现的不利因素，构建长期稳定的合作模式。

第四，对于实力雄厚、能力较强的零售商，不必局限于单独用某一个红人引流，可以选择多平台、多红人、多模式的推广方式，实现店铺的跨越式发展。不过，商家要做好数据分析，评判不同平台、红人、模式的推广引流效果，以便找到更合适的后续发展方向和路径。

红人大都是通过长期的粉丝积累，逐渐提高自身知名度的，而众多粉丝的背后是更为庞大的流量基数。因此，商家要打造红人店铺，必须尽可能吸引更多流量，不断提高店铺的关注度和知名度，如此才有可能积累规模可观的粉丝，获取粉丝的经济价值。

二、渠道引流：红人店铺的运营法则

打造红人店铺的一种方式是利用无线端的各种引流渠道，结合店铺精心设计的运营手段，进行长时间的引流和粉丝积累，不断提高店铺知名度和影响力，最终使其成为红人店铺。其中，前期的资源积累和粉丝获得是关键。渠道引流过程具体为店铺定位—前期引流—提升认知—获得认可。

（一）店铺定位

商家要打造红人店铺，应明确自己想要打造什么类型的店铺，而这又主要取决于店铺拥有的优势货源。因为只有基于最有优势的货源打造和运营店铺，才能保证收益的稳定和产品的完善。

若商家没有优势货源，也可以从最感兴趣或最擅长的行业领域切入，打造红人店铺。因为在后期的店铺运营和形象塑造中，需要商家与粉丝交流，所以需要商家感兴趣，并具备大量行业知识。比如，要打造动漫类的红人店铺，商家应对动漫内容有较多了解，能够与漫迷深入沟通交流，如此才有可能获得消费者的认可与青睐。

因此，可以从两个方面对店铺进行定位：优势货源或自己擅长的领域。如果两者兼具，自然更好。

（二）前期引流

红人拥有的大量粉丝是从规模庞大的流量基数中逐步筛选、积累而来的。与此相同，打造红人店铺也必须首先获取庞大的流量，如此才可能积累足够多的粉丝。因此，引流成为店铺前期运营的核心内容。较为常见的前期引流方式如下。

1. 店铺宝箱

店铺宝箱分为每日宝箱和进店宝箱两种，前者有利于新店铺增加粉丝基数，后者则能带来大量进店访客。商家若能合理利用这两个引流工具，将有利于快速增加新店铺的访客与粉丝数量。虽然这些流量的精准度不高，但为店铺积累粉丝提供了巨大的流量基数。

2. 社区流量的获得

网络社区是无线端重要的流量入口，可以通过用户在网络社区中分享购物心得和产品消费体验，帮助商家进行产品的传播推广，这种用户自发的推荐行为更容易让其他客户产生购买欲。因此，商家可以与老客户进行交流协商，采用多种激励手段鼓励老客户在网络社区中传播、分享产品或店铺信息，从而获取社区流量。

此外，淘宝平台中的直通车、钻石展位、淘宝客、麻吉宝等都能够帮助店铺实现流量的快速积累，不过这些推广方式的成本相对较高，商家需要基于自身的实际状况进行选择。

（三）提升认知

商家要通过对店铺的整体运营规划，有效提升访客对店铺的认知度，塑造良好的店铺形象。具体来看，商家可以从以下几方面着手。

1. 店铺整体“装修”

在无线端，商家要基于售卖的产品特质对店铺进行“装修”，打造店铺的整体形象，让消费者第一眼就能大致了解这是个什么样的店铺，从而对店铺形成初步印象，并在有相关消费需求时第一个想到的就是该店铺。比如，若店铺主要卖中低价的韩范服饰，则在店铺“装修”时可参考韩都衣舍、裂帛等女装卖家的风格，在店铺中多使用较为明亮的色彩，可采用活泼甚至略显浮夸张扬的构图方式，从而以青春潮流的店铺风格吸引年轻消费群体，让其对店铺有良好的第一印象。

2. 详情页或子页面

店铺可以在详情页或子页面中以图文甚至视频直播的形式，通过专业的产品推荐、搭配建议或感性的文字描述提升店铺形象，加深消费者对店铺的第一印象。比如，主要售卖服装的店铺，不要只是进行单件服装的推销，更重要的是要与消费者分享一些服装搭配和潮流等方面的内容，让消费者感觉在这里不仅能购买一件衣服，还能获得服装搭配、形象打造等方面的知识和指导，从而提高产品溢价能力，增强消费黏性。

对很多人来说，他们其实并不清楚自己到底需要什么，或者应该怎样搭配服装，因此他们希望在做出消费决策时获得专业性的指导和建议。店铺如果能够在详情页中提供此类信息，将十分有助于提升店铺形象，给消费者留下良好印象。

感性的文字描述主要适用于一些风格独特的店铺，通过合理搭配感性的文字与文艺的图片，能够提升喜欢这类风格的消费者对店铺形象的认知。这种店铺的形象打造类似于认知型红人，通过激发受众的认同感和心理共鸣塑造店铺形象，提高消费者认知度。

3. 微淘和微博

微淘也是商家与店铺粉丝交流的重要渠道，关注过店铺的用户可以看到店铺发布的微淘内容。通过与用户的持续深入沟通，商家可以基于店铺定位精准发现目标用户群体，并通过深入分析目标用户的行为习惯、消费偏好等内容以及与店铺的相关度，推送他们感兴趣或需要的内容，以此塑造店铺形象，提高用户对店铺的认知度。此外，微淘本身具有一定的转化率。除了微淘，商家还可以通过微博等社交媒体与粉丝进行互动，通过发布一些粉丝感兴趣的内容，增强与他们的信任关系。微博运营与微淘的目的相同，都是塑造店铺形象，提升用户认知，为店铺吸引更多流量，积累更多粉丝。

（四）获得认可

在初步建立了店铺形象并积累了一定量的粉丝后，接下来商家就要通过相应的有效的店铺运营以及粉丝的管理与维护等，真正获得用户的认可，不断提高粉丝忠诚度，从而为打造红人店铺奠定坚实的粉丝基础。

商家可以利用淘宝后台的客户管理系统建立会员制度和积分卡制度，并向用户宣传成为会员后可以获得的诸多特权与优惠，以此引导用户的消费行为。

商家可以建立用户群，即利用 QQ、微信等社交工具将用户集中起来，使商家与用户、用户与用户能够在群内便捷地沟通交流；商家要对用户群进行精心管理与维护，并时常针对群内的用户推送一些店铺优惠活动，增强粉丝黏性。

商家还可以通过短信或旺旺经常为粉丝发送一些祝福或促销优惠内容。比如，在粉丝生日时发送祝福短信并赠送一些小礼品，大多数用户在收到这类祝福短信或礼物时都会比较感动。店铺可以通过这些人性化、有温度的细节提高粉丝的认可度和忠诚度。

总体来看，无论是淘宝视频直播渠道还是无线端的引流渠道，打造红人店铺都要从利益和情感两方面切入：前期通过切实的利益吸引流量，让更多消费者关注店铺并初步形成良好印象；中后期则要对积累的众多流量进行有效运营维护，通过持续的情感互动，与用户建立强关联，从而逐渐筛选、积累高黏性粉丝，最终使店铺成为具有高知名度和影响力的红人店铺。

三、圈粉攻略：持续激活粉丝活跃度

（一）周期性输出内容，培养粉丝生物钟式获取内容的习惯

商家要长久保持粉丝较高的活跃度，应周期性地输出优质内容，让粉丝形成生物钟式获取内容的习惯。换句话说，粉丝对内容的获取不是偶发性、临时性的行为，而是一种习惯性行为。这方面的典型案例是逻辑思维，它通过每天早上 6 点的语音内容推送，既保证了周期性的内容输出，又培养了粉丝生物钟式获取内容的习惯。

必须注意的是，要培育粉丝获取内容的习惯，输出的内容对粉丝来说必须是有价值的，能够对他们产生较强的吸引力。对此，商家要有效区分内容与信息的差异，输出的是对粉丝生产生活具有实际启发作用或指导作用的优质内容，而不是简单的信息。比如，明天北京会降温 5 ℃，如果只是将这个信息告诉粉丝，那么价值并不大，因为粉丝在其他很多地方也能获得这一信息。如果商家进一步告诉粉丝如何穿着会更舒适，敏感体质的女性粉丝应该使用哪种护肤品，饮食上应注意哪些方面等，那么这些内容对粉丝来说就是十分有价值的。

在互联网时代，一方面，信息的极度膨胀和快速更新使每个人都面临海量信息，太多的信息对人们造成了一定的干扰；另一方面，人们难以从庞大的信息流中快速找到所需的有价值内容。因此，在信息爆炸的互联网时代，有价值的内容依然是稀缺资源，也是增强粉丝黏性、保持粉丝活跃度的关键。

总之，在粉丝面临着海量信息干扰的情况下，商家要通过周期性输出有价值的内容吸引粉丝，让粉丝形成生物钟式获取内容的习惯，以便维持粉丝群体较高的活跃度。

（二）互动活动带来参与感、价值感

大量信息的涌现和快速更新必然会造成粉丝注意力被不断分散，结果是单一内容难以获得粉丝的持续关注，难以给粉丝留下深刻印象，大多数时候粉丝对某个信息转眼就忘。当粉丝对输出的内容无法形成深刻记忆时，保持用户活跃度也就无从谈起了。

从这个角度来看，只是保证优质内容的周期性输出还远远不够。特别是在内容创业大潮的推动下，越来越多的社交账号、自媒体平台等能为粉丝提供有价值的内容，这将导致内容输出方式、内容领域和内容形式等各个方面的同质化越发严重，使粉丝产生审美疲劳。

当大量有价值的内容都在积极争夺粉丝注意力时，仅仅做好优质内容输出显然不够，还要通过各种线上和线下互动活动让粉丝获得一种参与感、价值感，以此增强粉丝黏性和提高粉丝忠诚度，如逻辑思维的霸王餐活动，以及很多商家持续与粉丝交流并不断鼓励粉丝打赏等。

总之，商家除了要周期性地输出优质内容，还要周期性地举办各种互动活动，让粉丝不仅能持续获得有价值内容，还能获得更深层次的参与感、归属感、成就感，如此才能长久维持较高的粉丝活跃度。

（三）多平台分发，覆盖更多粉丝群体

商家或自媒体要维持粉丝活跃度，就要进行多平台内容分发，满足不同粉丝的渠道使用习惯，尽可能覆盖更多粉丝群体。因为当前的粉丝群体越来越多元化、个性化，不同粉丝对内容分发平台的偏好不同。

比如，很多粉丝喜欢从今日头条中获取内容，那么商家或自媒体就应根据这一使用习惯，在今日头条平台创建账号进行内容输出，以覆盖更多粉丝。类似的平台还有网易、搜狐、UC 订阅号等内容分发平台。总之，在能力和条件允许的情况下，商家或自媒体要尽可能在更多平台进行内容输出，充分满足不同粉丝群体的使用习惯。

用户有多元化的使用习惯和偏好，促使商家尽可能在不同平台进行内容分发，以覆盖更多人。对商家来说，通过多元化的内容输出渠道覆盖更多受众，将更多活跃用户转化为自己的粉丝，也是维持粉丝活跃度的一种有效方式。这同样适用于经营品牌或社交账号。很多比较成功的品牌采用了多平台内容分发的方式，一些品牌通过公众号带动微博，建立粉丝社群，以此不断增加粉丝的数量。

要想维持较高的粉丝活跃度，就要先聚集足够的粉丝，保证粉丝规模，因此进行多平台内容输出十分必要。做微商同样如此，不能将内容分发渠道局限在朋友圈，要扩散到论坛、QQ、微博等更多平台，以获取更多活跃粉丝。

通过以上分析可以看出，商家、社交账户或自媒体要维持较高的粉丝活跃度，首先，要形成周期性的优质内容输出机制，并培育粉丝生物钟式获取内容的习惯；其次，要通过周期性的互动活动，将单向的内容输出变为双向互动，让粉丝获得存在感、参与感、归属感、成就感，提高粉丝忠诚度；再次，应与粉丝深入互动，让粉丝始终感受到自己的存在，随时与粉丝交流互动；最后，要通过多平台分发机制，扩大内容覆盖范围，从不同平台获取更多活跃用户。

参考文献

[1] 张艳 . 中国零售店铺开发实务 [M]. 北京：经济日报出版社，2014.
[2] 杜晓明，张荣 . 零售管理实务 [M]. 苏州：苏州大学出版社，2015.
[3] 张建锋，肖利华 . 新零售之旅：数智化转型与行业实践 [M]. 北京：电子工业出版社，2022.
[4] 孙一晖，郭婧 . 赢在全渠道：运营方法与实践 [M]. 北京：电子工业出版社，2020.
[5] 祁丹萌 . 华东地区经济发展水平的实证分析 [J]. 苏州市职业大学学报，2007，18（4）：37-39，43.
[6] 和贺文 . 外资零售企业在上海的“退”与“进”[J]. 中国外资，2019（18）：53-54.
[7] 顾国建 . 关于当前我国零售业发展若干问题的探讨 [J]. 商业经济研究，2015（31）：4-6.
[8] 赵俊帅 . 社区新零售人货场重构对消费体验的影响 [J]. 中国商论，2022（10）：10-12.
[9] 张蓉 . 新零售时代生鲜农产品“智慧 + 冷链”物流发展路径探究 [J]. 商业经济研究，2022（9）：112-115.
[10] 徐俪凤 . 新零售背景下电商企业与实体零售双向融合演进路径研究 [J]. 商业经济，2022（6）：56-59.
[11] 葛欣云，胡永铨 . 数字化迭代对业财融合的影响机制及案例检验：以苏宁易购新零售为例 [J]. 财务管理研究，2022（5）：42-47.
[12] 刘月馨，赵莉莉，朱艺 . 新零售技术与零售业创新路径探索 [J]. 老字号品牌营销，2022（9）：39-41.
[13] 董闰 . 新零售发展趋势研究 [J]. 经济研究导刊，2022（12）：51-53.
[14] 巫祖业 . 新零售背景下产品营销策略创新 [J]. 中国集体经济，2022（12）：84-86.
[15] 万颖 . 零售业线上线下融合中的问题与应对措施 [J]. 中国商论，2022（8）：13-15.
[16] 危芷澜，郦佳怡，周雨婕，等 . 直播带货带来的营销渠道变革研究 [J]. 现代商业，2022（11）：15-17.
[17] 廖文芳，黄伊宁 . 新零售背景下，体验式服务业态创新路径研究：以日本服务零售业态

为例 [J]. 上海商业，2022（4）：37−39.
[18] 李沐天，梁志坚 . 王府井转型的典型案例 [J]. 中国连锁，2016（9）：24.
[19] 王长斌，马永成 . “新常态”下传统百货零售企业战略转型与路径探索 [J]. 中国产经，2016（8）：90−93.
[20] 赖穗怡 . 开创“十四五”期间广州实体零售业发展的新局面 [J]. 中小企业管理与科技，2021（12）：64−66，133.
[21] 李强，蔡雅婷 . 新零售　新机遇　深圳国际智慧零售博览会暨无人售货展览会 [J]. 消费电子，2018（9）：40−43.
[22] 曾彩虹，赵静茹 . 深圳零售业发展现状及对策 [J]. 中国国情国力，2011（4）：62−64.
[23] 张鹏 . 重庆市大型零售商场存在的问题与对策 [J]. 商业研究，2001（9）：143−144.
[24] 刘向东，何明钦，米壮 . 全渠道零售系统：基于中国的实践 [J]. 北京工商大学学报（社会科学版），2021，36（3）：1−13.
[25] 罗熠 . “新零售”背景下电商巨头的零售业投资战略探讨 [J]. 投资与创业，2021，32（1）：32−34.
[26] 许硕，朱晓丹 . 新零售背景下传统零售企业的创新发展路径研究 [J]. 全国流通经济，2020（34）：35−37.
[27] 陈伟 . 新零售商业模式的特点和发展趋势 [J]. 营销界，2020（44）：7−8.
[28] 张慧珍 . 新零售发展模式探究：以盒马鲜生为例 [J]. 广西质量监督导报，2020（10）：236−237.
[29] 王玖河，刘禹 . 基于扎根理论的新零售商业模式创新路径研究：以无人零售为例 [J]. 燕山大学学报（哲学社会科学版），2020，21（5）：81−89.
[30] 王娜 . “新零售”背景下生鲜超市线上线下融合的可行性路径研究 [J]. 农场经济管理，2020（8）：38−40.
[31] 宋玉霞，辛磊，白玉祥 . 新零售供应链数字化的过程与机理 [J]. 商业经济研究，2020（14）：10−13.
[32] 龚佳怡，薛鹏 . “新零售”发展综述 [J]. 商业经济，2020（6）：69−70，74.
[33] 熊黎丹 . 新零售发展现状、存在问题及应对策略研究 [J]. 广西质量监督导报，2020（5）：218−219.
[34] 孙钰琳 . 分析全渠道模式下零售企业供应链的整合机制 [J]. 营销界，2020（12）：40−41.
[35] 王少婷 . “即时零售”赋能传统零售商业模式转型研究 [J]. 商业经济研究，2022（7）：40−43.
[36] 周晓枫 . 基于新零售时代研究跨境电商物流体系存在的问题与改进 [J]. 商场现代化，2022（4）：88−90.
[37] 曹依佳 . 新零售视角下跨境电商存在的问题及对策 [J]. 上海商业，2021（11）：10−11.

[38] 鞠立瑜 . 大润发新零售转型 [J]. 企业管理，2021（11）：90–92.

[39] 熊巍，季铁 . 大数据驱动的新零售博弈与品牌价值创新策略 [J]. 包装工程，2021，42（16）：251–257.

[40] 薛立刚，贾芳芳 . 新零售时代跨境电商物流服务模式思考 [J]. 全国流通经济，2021（23）：21–23.

[41] 范增民，路健，王立坤 . 社交网红电商风口下新零售的消费驱动因素与模式创新 [J]. 商业经济研究，2021（8）：42–44.

[42] 赖红波 . 数字技术赋能与“新零售”的创新机理：以阿里犀牛和拼多多为例 [J]. 中国流通经济，2020，34（12）：11–19.

[43] 李然，孙涛，曹冬艳 .O2O 业态融合视角下的数字化新零售发展趋势研究 [J]. 当代经济管理，2021，43（4）：13–21.

[44] 汪旭晖 . 新时代的“新零售”：数字经济浪潮下的电商转型升级趋势 [J]. 北京工商大学学报（社会科学版），2020，35（5）：38–45.

[45] 龚叶菲，张宝明 .“新零售”背景下进口跨境电商的发展路径研究 [J]. 物流科技，2020（6）：66–68.

[46] 李玫昌，贺小刚 . 数字化跨境电商赋能新零售供应链价值“智慧”升级探究 [J]. 商业经济研究，2020（9）：150–153.

[47] 秦钧茹，张朋朋 . 跨境电商平台线上线下全渠道零售融合发展研究 [J]. 江苏商论，2020（3）：51–53.

[48] 冯琳琳，朱思灿 . 新零售时代跨境电商物流服务体系研究 [J]. 山东农业工程学院学报，2020，37（2）：33–34.

[49] 庞燕 . 跨境电商服务供应链与服务集成商能力的提升 [J]. 中国流通经济，2019，33（9）：64–72.

[50] 黄英 . 探索新零售时代跨境电商的发展 [J]. 商场现代化，2019（15）：43–44.

[51] 陈少妮 . 全渠道零售视阈下跨境电商企业品牌塑造策略研究 [J]. 现代商业，2019（20）：23–24.

[52] 李书山 . 新零售进口跨境电商物流模式分析 [J]. 合作经济与科技，2019（3）：78–79.

[53] 刘波 . 全渠道视野下跨境电商零售企业海外扩张特点分析 [J]. 商业经济研究，2018（24）：119–121.

[54] 朱景伟 . 以全渠道零售实现进口电商企业品牌建设的路径探索：基于 5R 整合营销理论视角 [J]. 太原城市职业技术学院学报，2018（11）：39–41.

[55] 曾征 . 乐友孕婴童：只做有“出生证”的跨境电商 [J]. 标准生活，2015（11）：56–57.

[56] 张素杰，杨欣龙，侯择尧 . 应急无人机在物流配送体系中的优化应用 [J]. 集成电路应用，2022，39（4）：212–213.

[57] 胡永仕，陈琦，古红霞．“互联网 +”背景下实体零售与网络零售融合发展研究：生态系统重构的视角 [J]. 商业经济，2022（5）：55–61.

[58] 莫婷．零售商双渠道模式与全渠道模式的对比分析：基于消费者渠道偏好 [J]. 商业经济研究，2022（6）：78–81.

[59] 秦漪濛，曹鸣．基于新零售场景体验的售卖车设计研究 [J]. 设计，2022（4）：8–11.

[60] 李悦．全渠道零售体验，顾客参与价值共创与品牌形象塑造 [J]. 商业经济研究，2022（4）：69–72.

[61] 王宏莉．场景化视角下零售商业模式创新研究 [J]. 中国商论，2022（3）：1–3.

[62] 吕锦源．亚马逊在中国跨境电商平台发展的 SWOT 分析 [J]. 中国储运，2022（2）：160–161.

[63] 李雪松，班定东，张亮，等．基于无人驾驶技术及云平台的无人物流运输研究 [J]. 现代工业经济和信息化，2022（1）：38–39.

[64] 王廷勇，杨光情，杨丽．基于互联网的多元化生鲜农产品零售模式分析 [J]. 商业经济研究，2022（2）：24–27.

[65] 徐键，金诺．智慧零售场景下“短视频 + 直播”社群营销策略研究 [J]. 哈尔滨学院学报，2022，43（1）：47–50.

[66] 郭慧贤．中国跨境电商平台建设探析：以全球速卖通为例 [J]. 中国市场，2022（2）：176–177.

[67] 王美华．“新物流”背景下同城配送云平台构建分析 [J]. 智能计算机与应用，2022，12（1）：180–182，187.

[68] 王擎．“互联网 +”赋能零售业创新发展 [J]. 合作经济与科技，2022（1）：92–93.

[69] 张芳．新零售背景下大型综超场景经营探析 [J]. 商场现代化，2021（20）：32–34.

[70] 程欣，陈朝旭．大数据对跨境电商平台精准营销影响的研究：以 Wish 平台为例 [J]. 商业经济，2021（10）：57–59.

[71] 邵鑫玉，曾诚．基于互联网 + 新零售的云仓系统设计与实现 [J]. 无线互联科技，2021（18）：52–53.

[72] 陈宏宇．新零售背景下顾客的场景式消费体验研究 [J]. 河北企业，2021（9）：106–108.

[73] 王淑英，田莉平．空间视角下互联网渗透水平、物流效率与网络零售发展 [J]. 调研世界，2021（8）：35–42.

[74] 余永文．跨境电商平台运营模式分析及对策建议：以 eBay 平台为例 [J]. 商场现代化，2021（12）：22–24.

[75] 李彬．基于 Lazada 平台的中小跨境电商企业直播销售运营策略探讨 [J]. 南宁职业技术学院学报，2021，29（3）：90–94.

[76] 李谨竹，蒋涵，靳文奎．基于新零售背景下的迪卡侬体验设计研究 [J]. 设计，2021，34

(9): 152-154.
[77] 邹纯 . 智慧新零售：云和 AI 加持实现水果好吃承诺 [J]. 数字经济，2021（3）: 60-61.
[78] 赵皎云 . 普罗格：用物流科技打造科技物流 [J]. 物流技术与应用，2020，25（11）: 70-72.
[79] 刘晓燕，梁军 . 基于智慧物流技术的无锡高新物流空港物流园区转型升级研究 [J]. 中国市场，2020（30）: 161-162.
[80] 黄宇芳 .5G+ 云 +AI 与中国新零售体验式消费的发展 [J]. 通信企业管理，2020（3）: 37-39.
[81] 史亚娟 . 即时物流中的“伪刚需”与“真爆点”[J]. 中外管理，2020（1）: 106-107.
[82] 桂华明，洪洋 . 新零售背景下美妆行业 VR 营销对消费者购买意愿影响的实证研究 [J]. 中国市场，2020（3）: 14-17，21.
[83] 王素 .eBay：做跨境电商赛道上的“种树人”[J]. 进出口经理人，2020（1）: 58-60.
[84] 加塔尼 . 边缘 AI 为智能零售、智能工厂带来的改变 [J]. 电子产品世界，2019（12）: 15-16.
[85] 刘存丰 .eBay、Wish、敦煌网跨境支付模式比较研究：基于中国出口商视角 [J]. 科技经济市场，2019（11）: 144-147.
[86] 韦妙花 . 基于共享经济的新型物流模式：同城直递的研究 [J]. 商讯，2019（31）: 27，29.
[87] 杨望，张钰 . 得 AI 者，得零售 [J]. 科技与金融，2019（10）: 47-48.
[88] 李亦杨，朱向 . 同城配送发展的瓶颈及其对策分析 [J]. 产业与科技论坛，2019，18（5）: 101-103.
[89] 刘旷 . 共享经济、短视频、新零售、AI：寻觅 2019 年新经济未来走向 [J]. 大数据时代，2019（2）: 38-43.
[90] 星空 . 用 AI 抓住当下的力量，赋能新零售 [J]. 互联网周刊，2018（24）: 34-35.
[91] 半青 . 以 AI 感知零售未来 [J]. 互联网周刊，2018（12）: 58-59.
[92] 梁伦西 . 我国零售业经营效率的区域差异研究 [D]. 重庆：重庆工商大学，2020.
[93] 刘刚 . 上海批发零售商业结构演进、发展及效应研究 [D]. 上海：复旦大学，2008.
[94] 王双 .“新零售”态势下济南银座超市发展战略研究 [D]. 济南：山东师范大学，2019.
[95] 周成 .G 公司跨境电商模式优化研究 [D]. 株洲：湖南工业大学，2018.
[96] 秦佳军 . 新零售下我国进口跨境电商的物流模式及监管研究 [D]. 天津：天津财经大学，2018.